纳兰性德词传

情在不能醒

何 灏 著

长江出版传媒　长江文艺出版社

图书在版编目（ＣＩＰ）数据

纳兰性德词传：情在不能醒 / 何灏著. -- 武汉 ：
长江文艺出版社， 2017.3（2018.9 重印）
（浪漫古典行. 人物卷）
ISBN 978-7-5354-8965-4

Ⅰ. ①纳… Ⅱ. ①何… Ⅲ. ①纳兰性德（1654-
1685）－传记 Ⅳ. ①K825.6

中国版本图书馆 CIP 数据核字(2016)第 160656 号

责任编辑：张远林　　　　　　　　责任校对：陈　琪
封面设计：周　佳　　　　　　　　责任印制：邱　莉　杨　帆

出版：长江出版传媒　　长江文艺出版社
地址：武汉市雄楚大街 268 号　　　邮编：430070
发行：长江文艺出版社
电话：027—87679360
http://www.cjlap.com
印刷：武汉珞珈山学苑印刷有限公司

开本：640 毫米×970 毫米　　　1/16　　印张：17　　插页：1 页
版次：2017 年 3 月第 1 版　　　2018 年 9 月第 2 次印刷
字数：238 千字

定价：32.00 元

目录

不是人间富贵花

　　纳兰容若无数次凝望雪花，无数次陷落在那不可一世的冰冷里。面对漫天不以人世土壤生息的别有根芽之飞雪，他写下了一生最贴切的谶语："别有根芽，不是人间富贵花"。

　　他说的不是雪，而是自己。

Chapter 01

不是人间富贵花

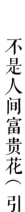

不是人间富贵花（引）

非关癖爱轻模样，冷处偏佳。别有根芽，不是人间富贵花。

谢娘别后谁能惜？飘泊天涯。寒月悲笳，万里西风瀚海沙。

（《采桑子》）

自然界中的生命是天地间最大的奇迹。相同的世界里，没有完全相似的两个生命。每片树叶，每朵飘逝的流云，每一次呼啸而去的春风，都有自己的悲欢。

每个生命都有自己的性格，即使在最低的温度里，也绽放着冷峻的花。那是雪之花，"飘泊天涯。寒月悲笳，万里西风瀚海沙"。它的美艳，是绝世的冰凉和寂寞。它自天而降，以最华美而不可思议的姿态临世，当它终化为水，流进千山万壑，流进每一个沉默的凝视里，更以彻底的消散诠释了生命最大的荣光。它来世上一遭，又遽然离去，它来去都那样坦然清澈，何曾真正眷恋凡尘种种？它是花，却"不是人间富贵花"。

不单是雪，人亦如此这般。

每个新鲜生命来临之前，有万般可能及想象，及至降生刹那，身世、容貌、性情，已被那看不见的手任意点染，未来贫穷富贵，幸福痛苦，纵有种种翻云覆雨，都必于这自胎成之时的根基开始，无法选择，也终生不可挣脱。

先天境遇不同，禀赋也不同。

《红楼梦》说，"天地生人……清明灵秀，天地之正气，仁者之所秉也；残忍乖僻，天地之邪气，恶者之所秉也。……置之于万万人中，其聪俊灵秀之气，则在万万人之上；其乖僻邪谬不近人情之态，又在万万人之下。若生于公

侯富贵之家，则为情痴情种；若生于诗书清贫之族，则为逸士高人，纵再偶生于薄祚寒门，断不能为走卒健仆，甘遭庸人驱制驾驭，必为奇优名倡。"

微末的生命可以长自华丽的土壤，壮观的风景未必不能出自深邃黯淡的深谷。只是，人之初，触目所及的第一片风景，谁能自主？平凡如你我，富贵如容若，谁都不能。

纳兰容若，清王朝最富丽堂皇然而又最惆怅的天才诗人，于顺治 11 年冬天，诞生于銮仪卫云麾使纳兰明珠之家。他降生时，漫天雪花如柳絮，美而终将消散，仿佛预示了他那非同一般的人生——美丽而充满不可名状的忧伤。于雪之方生方死，依稀可见他未来短暂而华丽的生命，既拥有满族血统带来的狂野，又始终闪烁着汉族儒家文化敦厚温良的理想光辉。这位被誉为"满清第一词人"的御前侍卫，他的聪颖秀丽、痴情与执拗，他笔下灵气逼人的锦绣文章，他于骄人富贵中展现的出人意料的忧伤出世姿态，以及英年早逝、于绝美处凋零的不堪命运，使他成为满人入关以来留给后人最绝美的背影。

然而，绝美的容若亦不能选择他的来处。不能，便有不同。

非同一般的人生，只因非同一般的禀赋。这是交错正邪之气的禀赋，必有出人意料的灵气，也必有出人意料的纠结。凡人最肯羡慕那得不到的际遇：荣华、聪慧、非同凡响的人生。其实，人生最大的幸福不过是平安。只因人世间另有一种逻辑，平凡人虽没有出人意表的聪明富贵，却能拥有平淡真切的日夜，安静从容，了此一生；而那些得到天地最珍贵灵气禀赋之人，世人只知盲目艳羡，却不了解这些耀眼生命往往平生多舛，命运忐忑，万人钦羡的背后，始终要交付昂贵的代价。《红楼梦》中贾宝玉如此，清康熙年间的翩翩浊世佳公子纳兰容若亦如此。因而，身世如同围城，"城外的人想冲进去，城里的人想冲出来"，所有不甘命运者，一律如此彷徨不可终日，这样的彷徨，容若用一首《采桑子》说尽了此中况味。

非关癖爱轻模样，冷处偏佳。别有根芽，不是人间富贵花。
谢娘别后谁能惜，飘泊天涯。寒月悲笳，万里西风瀚海沙。

这首词与其说是咏雪，不如说是容若自咏。那是康熙 17 年的 10 月，24 岁

的容若仗剑纵马，是康熙身边最得恩宠的近身侍卫，正享有多少人梦寐以求的光荣，然而他并不快乐。

快乐，是一种因人而异故很难定义的情绪。饱食终日者往往只觉无聊，但"一箪食一瓢饮"的颜回却很快乐；不甘寂寞的人恨不得夜夜笙歌，然而真的隐士却终身飘缈不可追索。可见，快乐是极其个人化的一种心态，心安处即是家，只有胸中坦然方才快乐。

而在锦衣玉食、仕途广阔的容若心底，快乐是一种"江南般"的自由。

容若年少时，当他游于碑林，在起承转合之间尤其被赵孟頫吸引；当他徘徊画卷，在浓墨淡写中独独钟情倪云林；当他深涉文海，在南腔北调中偏偏热爱李煜，他心中的江南情结便已悄然生发。

他是在离去的苏杭刺史白居易苍老的容颜里读到的江南："日出江花红胜火，春来江水绿如蓝。能不忆江南。"——他爱那水波荡漾、朝霞满天；

他是在断肠的过客韦庄寂寥的步履里看到的江南："春水碧于天，画船听雨眠"——他不能放弃那"还乡须断肠"的美丽与惆怅；

他打东晋会稽走过，见"千岩竞秀，万壑争流。草木蒙笼其上，若云兴霞蔚"；他去了前蜀江南，自此便跌落于李珣眼中情意繁茂的江南：

它是采莲女玉足纤过处，莲塘底的惊慌，它是船桨行处，微波中的窈窕夕阳：

> 乘彩舫，过莲塘，棹歌惊起睡鸳鸯，游女带花偎伴笑，争窈窕，竞折田荷遮晚照。
>
> 双髻坠，小眉弯，笑随女伴下春山。玉纤遥指花深处，争回顾，孔雀双双迎日舞。

他是兰舟中的春光少年，于暖风中醉卧船头，听红衫绿裙的渔女低声哼唱：

> 倾绿蚁，泛红螺，闲邀女伴簇笙歌。避暑信船轻浪里，闲游戏，夹岸荔枝红蘸水。

　　兰棹举，水纹开，竞携藤笼采莲来。回塘深处遥相见，邀同宴，绿酒一卮红上面。

　　拢云髻，背犀梳，焦红衫映绿罗裙。越王台下春风暖，花盈岸，游赏每邀邻女伴。

　　红豆蔻，紫玫瑰，谢娘家接越王台。一曲乡歌齐抚掌，堪游赏，酒酌螺杯流水上。

　　当黄昏来临，他化身远方的游子，听鹧鸪哀啼，顿时乡思如潮，在烟水中湿了眼眶：

　　渔市散，渡船稀，越南云树望中微。行客待潮天欲暮，送春浦，愁听猩猩啼瘴雨。

　　烟漠漠，雨凄凄，岸花零落鹧鸪啼。远客扁舟临野渡，思乡处，潮退水平春色暮。

　　在容若无法苏醒的江南梦里，江南是于刺桐花下看采莲女相携归去的怅惘，是暗里回眸、若有若无的深情：

　　相见处，晚晴天，刺桐花下越台前。暗里回眸深属意，遗双翠，骑象背人先过水。

　　携笼去，采菱归，碧波风起雨霏霏。趁岸小船齐棹急，罗衣湿，出向桃榔树下立。

　　云髻重，葛衣轻，见人微笑亦多情。拾翠采珠能几许，来还去，争及村居织机女。

　　在容若始终不能释怀的心情中，江南是霏雨碧波间的扣弦而歌：

　　归路近，扣舷歌，采真珠处水风多。曲岸小桥山月过，烟深锁，豆蔻花垂千万朵。

　　沙月静，水烟轻，芰荷香里夜船行。绿鬘红脸谁家女，遥相顾，缓唱棹歌极浦去。

　　最后，容若去了南唐，他走着，满怀心事，走在李后主的江南四季心境里：看春日飞絮，于秋日芦花深处想念：

　　闲梦远，南国正芳春。船上管弦江面绿，满城飞絮滚轻尘。忙杀看花人。
　　闲梦远，南国正清秋。千里江山寒色远，芦花深处泊孤舟。笛在月明楼。

　　容若如此倾心江南，以致无限迷恋吴侬软语的娇绵，他曾对友人梁佩兰说："仆少知操觚，即爱《花间》致语。"
　　他甚至以笔为足，在纸上寻觅千里之外的江南，他的《渌水亭杂识》中，有很多追索江南地名的记载："虎丘山，在吴县西北九里，唐避讳曰武丘。先名海涌扇，高一百三十尺，周二百十丈……"《吴越春秋》："阖闾葬此三日，金精为白虎踞其上，因名虎丘。"还有"吴会"、"三吴"、"姑苏"……他是看见文字，便如看见江南的心情。
　　后来，当他读到金主完颜亮闻歌柳永咏杭州的《望海潮》，"欣然有慕于'三秋桂子，十里荷花'，遂起投鞭渡江之志"的前朝往事，忽然有了想哭的冲动。那是因为他所爱着的一切也被人同样全力以赴爱着的感动和痛快，其中也间杂着对倾国倾城之美的不知所措。
　　就这样，生于北方的容若揣了一颗南方的心，在波澜壮阔的生活与优美的惆怅间起伏不定。人类的每个选择都是一种有关美的选择。而人类对于美的定义，往往代表了他内心对生活方式和理想的定义。
　　容若的定义，便是像江南那样活着。
　　像江南那样活着，是不以人世荣辱为意，但同江南的水、花与树木共悲欢；像江南那样活着，是放开俗世怀抱，将全部心事都付与众荷，都付与江南的空濛烟雨。

　　于是，在伴驾出巡塞外途中，容若写下了这首《采桑子》。在无数个深陷俗世功业无法抽身尽享江南悲欢的日子里，容若心中默诵着这首《采桑子》。

　　　　非关癖爱轻模样，冷处偏佳。别有根芽，不是人间富贵花。

　　天寒地冻，鞍前马后不足惧，惧的是唯唯诺诺、没有话语权的人生。侍卫容若无数次凝望雪花，无数次陷落在那不可一世的冰冷里。面对漫天不以人世土壤生息的别有根芽之飞雪，他写下了一生最贴切的谶语："别有根芽，不是人间富贵花。"

　　他说的不是雪，而是自己。

花月莫放相思醒

散帙坐凝尘，吹气幽兰并。茶名龙凤团，香字鸳鸯饼。

玉局类弹棋，颠倒双栖影。花月不曾闲，莫放相思醒。

——《生查子》

被豢养的鱼在仰望鱼池上那方局促天空的刹那，忽然明白了当初纵横四海、相忘于江湖的真意，可惜"纷纷水中游，岂是昔时鱼"，自由早已失去；当人自蒙昧中成长，于世间种种规则间，被称道、被期望，被望穿秋水，一步步远离了最初的混沌，也一步步远离最初的无限天真。生命的过程，原是一个被束缚而非解放的过程。不能自主的时空，无法放弃的责任，那些一经发生便难以挣脱的爱恨，都使生命丰盛，也使生命走向衰亡。

这是怎样令人无限伤感的生命进程。

在生命的最初阶段，那不问世事、一心同臆

想中人物濡沫相知的晨昏，曾再三激荡我们的灵魂；那展翼无声飞过，被月光将身影投射于白玉棋盘中的鸟儿，也曾无意惊扰了我们的青春；那举目所见最简单的人事：所饮之茶、所燃之香，它们习以为常却又意味深长的名字——龙凤、鸳鸯，如同那些清淡渺远的气息，曾惹动我们若有所得，又若有所思。

那是一段安静、缓慢而不知忧愁的岁月，它以最纯粹、最透明的色彩，以我们生命开始之际数年极致的幸福，诱惑着我们心甘情愿地踏上漫长不归路。是的，我们终究再也回不去，刺目的阳光下，现实纷至沓来，过去终将失散。

以规则来纠正、导引社会发展的方向，这是人类社会的必然，无需过于悲观或陷入哲人般的反思。只是，历经沧桑之后，回首方知，生命早期的不问苍生，也不问自身，最是唯美。"花月不曾闲，莫放相思醒"，但相思却终归将无可挽回地醒来。

Chapter 02

花月莫放相思醒

待春风

蜀弦秦柱不关情，尽日掩云屏。已惜轻翎褪粉，更嫌弱絮为萍。

东风多事，余寒吹散，烘暖微醒。看尽一帘红雨，为谁亲系花铃？《朝中措》

这一首《朝中措》，乃容若于某个暮春之际，见蝴蝶褪粉，杨花逐水，顿生伤感，竟至蜀弦秦柱之声亦觉刺耳。更兼谓东风多事，本欲令人间温暖，却更催动落红，反至伤春。可见，并非一切乐音皆能悦耳，也不是所有暖风都让人心醉。悦与不悦，醉与不醉，只在一念之间。

这一念，就是佛家常说的翻云覆雨之境界。昔时佛祖拈花，见者皆不解其意，惟迦叶微笑，既而步往极乐。伽叶能登极乐，乃是因为他明白了佛祖的深意，那就是"一花一世界，一木一浮生，一草一天堂，一叶一如来"。对修行之人，每个念头，都是一个自求解脱到达清净自在的契机；对凡尘俗子，则每个念头，都是一个悲欢的源头。因而，翻手为云覆手为雨，有人见春则喜，有人当春则忧。

当春忧伤，是因为看到了藏在阳光另一边的怅惘。那是我们共同的怅惘。

我们都曾伤春。那是春深时刻，习惯用喧嚣来纾解寂寞的我们，忽然背了人，独自承受一种感动。或驻足落英缤纷的道旁，或凭栏眺望，或是不经意间的一次怔忡，又或细细端详。那一刻，我们心中起了一场来不及躲避的惆怅。我们不由自主看着风中的落花，仿佛看着我们生命中那些无可奈何凋零的时光，仿佛看着那些一去不回的人、事。我们看轻翎褪粉、弱絮为萍，如同看着昨日的自己。那是我们机巧人生中空灵的瞬间，是抛却狰狞是非的瞬间。在那

个瞬间里，我们凝视从前静静走远，不置一词，不发一言。

我们没有或是无法说出的，林黛玉却早替我们说了。

《红楼梦》第二十三回写了黛玉葬花。

那一日正当三月中浣，早饭后，宝玉携了一套《会真记》，走到沁芳闸桥边桃花底下一块石上坐着，展开《会真记》，从头细玩。正看到"落红成阵"，只见一阵风过，把树头上桃花吹下一大半来，落的满身满书满地皆是。宝玉要抖将下来，恐怕脚步践踏了，只得兜了那花瓣，来至池边，抖在池内。那花瓣浮在水面，飘飘荡荡，竟流出沁芳闸去了。

回来只见地下还有许多，宝玉正踟蹰间，只听背后有人说道："你在这里作什么？"宝玉一回头，却是林黛玉来了，肩上担着花锄，锄上挂着花囊，手内拿着花帚。宝玉笑道："好，好，来把这个花扫起来，撂在那水里。我才撂了好些在那里呢。"林黛玉道："撂在水里不好。你看这里的水干净，只一流出去，有人家的地方脏的臭的混倒，仍旧把花糟蹋了。那畸角上我有一个花冢，如今把他扫了，装在这绢袋里，拿土埋上，日久不过随土化了，岂不干净。"

其实，我们每个人心里都有一个花冢。一切不肯忘记的过去，所有生命中不能挽回的错失、遗憾，都在之中安息。这是我们心中最神圣的隐秘所在，它使我们偶尔陷入不能解释的忧伤，却也使我们更清醒地面对严峻的未来。

因而，能够这样惆怅却美丽地被埋葬还是好的，真正令我们畏惧的是无家可归的流亡，就像那"无父母无兄弟"的黛玉。

这里林黛玉见宝玉去了，又听见众姊妹也不在房，自己闷闷的。正欲回房，刚走到梨香院墙角上，只听墙内笛韵悠扬，歌声婉转。林黛玉便知是那十二个女孩子演习戏文呢。只是林黛玉素习不大喜看戏文，便不留心，只管往前走。偶然两句吹到耳内，明明白白，一字不落，唱道是："原来姹紫嫣红开遍，似这般都付与断井颓垣。"林黛玉听了，倒也十分感慨缠绵，便止住步侧耳细听，又听唱道："良辰美景奈何天，赏心乐

事谁家院。"听了这两句，不觉点头自叹，心下自思道："原来戏上也有好文章。可惜世人只知看戏，未必能领略这其中的趣味。"想毕，又后悔不该胡想，耽误了听曲子。又侧耳时，只听唱道："则为你如花美眷，似水流年……"林黛玉听了这两句，不觉心动神摇。又听道："你在幽闺自怜"等句，亦发如醉如痴，站立不住，便一蹲身坐在一块山子石上，细嚼"如花美眷，似水流年"八个字的滋味。忽又想起前日见古人诗中有"水流花谢两无情"之句，再又有词中有"流水落花春去也，天上人间"之句，又兼方才所见《西厢记》中"花落水流红，闲愁万种"之句，都一时想起来，凑聚在一处。仔细忖度，不觉心痛神痴，眼中落泪。

黛玉纵万般情意如"姹紫嫣红开遍"，却终究落得"花谢花飞花满天"，"都付与断井颓垣"。

> 听他哭道是：尔今死去侬收葬，未卜侬身何日丧？侬今葬花人笑痴，他年葬侬知是谁？试看春残花渐落，便是红颜老死时。一朝春尽红颜老，花落人亡两不知！

因为有黛玉般的恐惧，我们便会伤春，因为伤春，我们便会恨屋及乌，恼东风多事。其实，东风自有它吹拂的道理，所有逝去的自然不复重来，但长长的一生里，我们却会同过去的自己一再相遇。只是，"看尽一帘红雨，为谁亲系花铃？"在那奇迹般的重逢里，我又是谁？谁又是你？

子非鱼安知鱼，相聚与别离，各有各的生趣。离去的春天，旷达的东风，谁是谁的主宰？容若的人生梦境，同父亲明珠的期望，谁又将是谁的覆水？

在容若出生的同一年春天，北京紫禁城内的景仁宫里，清定都北京后的第一位皇帝疼爱之妃佟佳氏也产下一子。那是顺治皇帝爱新觉罗·福临的第三个儿子，春风时节的和煦畅达仿佛预示了这个新生儿将最终继承并光大大清天下。这位中国历史上在位时间最长的皇帝，其执政 61 年间，书写了满清王朝近 300 年历史中最惊心动魄的画卷：以弱冠之年除鳌拜，以青春之躯撤三藩，壮年统一台湾，晚年平定准噶尔汗噶尔丹叛乱，驱逐沙俄之侵略。他是大一统

中国历程中最睿智的身影，他名叫爱新觉罗·玄烨，庙号康熙。

纳兰容若与玄烨，这两位生于同年、在各自的生命中均成就了非凡境界、并受到后世追想膜拜的伟大男性，因为某种特殊的因缘，在清王朝丰富、壮阔而诡谲的斗争年代中，在那肃穆、深沉，布满历史沧桑与风华的宫殿里，曾朝夕相处，并于政治风云潮汐的起落间，彼此交换过世间最聪慧和无言的眼神。

玄烨是皇子，容若是国戚。在不远的未来，他是他最明察秋毫的皇帝，他是他最风姿绰约的侍卫，他们是彼此梦境中无法言喻的星辰。而在他们初来人世的第一年，他们的父亲，爱新觉罗·福临和纳兰明珠，一个刚刚摆脱了傀儡地位，以削除封号爵位、罢撤庙享谥号、籍没家财等惩处对据有清廷话语权 7 年、终于离世的摄政王多尔衮表达了郁结已久的愤懑，并以年轻帝王特有的热情与豪情在权力与统治的旷野中举棋若定；而另一个，初登仕途，尚未进入其政治生涯中的巅峰，此刻正以卑微的目光穿越威武华美的皇家仪仗队，穿越紫禁城空旷、钢灰色的天空，以渴求、坚定和明媚的笑容向往着人世骄奢的富贵荣华。尽管他们是如天的帝王和如尘的臣子，但作为父亲，他们都不约而同地将这新生命的到来视为人生中一次无与伦比的恩宠。尤其对明珠侍卫而言，长子的到来，仿佛预示了他即将踏上向往已久的青云之路。

尽管脱掉了甲胄，改流离为定居，满族君臣的血液中总沉淀着战争的记忆。满人前身唤作女真，以狩猎为生。在那些奔袭、漂泊的日子里，为了有序并有效地捕获猎物，聪慧的女真猎人们每 10 个人组成一个小分队，每个队员手握一支箭矢，以便最终形成令猎物无法遁形的绵密箭阵。小分队首领称"牛录额真"，"牛录"在女真语中为"大箭"之意，"额真"意即"首领"，这个名称正是对他们剑拔弩张岁月最生动的纪念。

这种固定的分队后来逐渐成为女真部落的基层社会组织，平时耕地，战时打仗。当满人最伟大的奠基者爱新觉罗·努尔哈赤出现后，他的部落实现了前所未有的扩张，一个牛录额真从 10 人骤增到 300 人。于是，努尔哈赤将 5 个牛录设 1 甲喇额真，5 个甲喇设 1 固山额真，每个固山以不同颜色的旗帜进行区分，这就是"旗"。爱新觉罗·努尔哈赤在他最具壮志雄心的人生时刻，编练了黄、白、蓝、红四旗部队作为开疆拓土的尖兵，他缔造和指挥的旗军，在 17 世纪前半叶，不仅是中国一支最富有激情和战斗力的军队，而且是世界上

一支最骁勇强大的骑兵。后来，努尔哈赤之子皇太极将旗军扩编成正黄、镶黄、正白、镶白、正蓝、镶蓝、正红、镶红八旗武装。皇太极去世后，6 岁的爱新觉罗·福临在盛京登基，其叔父睿亲王多尔衮以摄政王身份率满、蒙、汉八旗，驰骋中原，打下了一统江山，迎接福临在北京建立了大清国。八旗劲旅为大清国的创建立下了赫赫战功。顺治 7 年，福临将镶黄旗、正黄旗、正白旗收归皇帝亲辖，称为上三旗。上三旗具有更大的荣耀和机遇，在皇帝巍峨的宫殿上，那些威风凛凛的金刀侍卫往往来自于上三旗的满洲贵族子弟，而这些侍卫日后很多都成为天子重臣。

带着对未来明快光明的向往，怀揣勃勃野心的正黄旗子弟纳兰明珠，17岁那年如愿以偿当上了銮仪卫云麾使。銮仪卫即明代的锦衣卫，专掌宫中乘舆供奉卤簿仪仗之事，也就是最能代表皇庭无上尊严的皇家仪仗队。銮仪卫的长官乃正 1 品，往往由王公大臣兼任，其下有銮仪卫使 3 人，为正 2 品。銮仪卫下设 7 所 14 司，云麾使属于"所"级官员，换言之，容若出生那年，他那素有凌云之志的父亲，已经在云麾使任上干了 3 年。这 3 年，在低微然而却离天子极近的职位上，明珠开始显露他的才干，他的"警敏善断"，以及他的"博览古籍，畅晓朝典"，博得了他的上司的欣赏，这欣赏即将为明珠打开钟鸣鼎食的未来之门。

在这 3 年中，顺治皇帝开始对佛教表达了恭谨而有节制的兴趣。他于南苑召见五世达赖喇嘛，并在每旗设宗学，凡未受封宗室之子 10 岁以上均可入学。福临同时对汉人及汉文化维持着矜持的态度，一方面，他谕令改变朝中仅有满臣奏事的格局，令满汉侍郎、卿以上会同奏进。而另一方面，为了维护满族传统的纯洁性，他又令停宗室子弟习汉字诸书。

追逐富贵的最初几年，纳兰明珠那叶赫部后代聪慧的头颅，从来没有停止转动。他在行动中等待，也在等待中瞭望。因为卓有成效的行动，他获得了主事者的青睐；因为坚定而又不过分雀跃的等待，机遇正满脸谄媚地向他靠近；因为懂得自高远处瞭望，在他的长子降生的刹那，他便为自己这颗掌上明珠设定了未来的发展路途。这条路，曾经是过去很多朝代汉族知识分子孜孜以求的康庄大道。这条路，很快也将成为很多满人上下求索的飞黄腾达之路。这条路，便是学而优则仕。不约而同地，已经身处无上富贵之中的福临，也为自己

的爱子设定了同样的道路，只不过，这条路，将要通往的是君临天下。这条路，是两位父亲对儿子全部情感的最好诠释。这条路，不仅是未来康熙帝最厉害的治国策略，也成为日后纳兰容若毕生痛苦的根源。

人类社会的发展，有时似乎源于某些天才人物的一次心血来潮。一个偶然落在牛顿身上的苹果，促使万有引力定律问世，被边缘长满锋利细齿的草割伤的鲁班在愉悦的疼痛中发明了锯……然而，一个儿子的未来发展，却十之八九出自某个父亲的深谋远虑。只是，康熙朝最聪慧狡黠的明珠，却未曾预料，自己最珍重的骨肉，却同繁华人世那般缘浅，而自己对容若的期许与安顿，用尽全力赋予爱子令人艳羡的黄金福泽，反使他更迅疾地凋谢。

在深沉的父爱里，玄烨与容若，同龄孩子中极聪慧的两位开始了他们非凡的人生。

身为皇子，玄烨5岁入书房读书，"每日写千余字，从无间断"。他读"四书"——《大学》、《中庸》、《论语》、《孟子》，"必使字字成诵，从来不肯自欺"。在通往天子之尊的路上，玄烨昼夜苦读，无论寒暑，废寝忘食。而容若，作为一名下僚臣子的儿子，在其父延请的多位满汉师傅的教习之下，自小也接受文武两方面严格而良好的教育，他"自幼聪敏，读书过目不忘"，"数岁，即善骑射"，在成就"兼济天下"的理想中含辛茹苦。

康熙元年，8岁的爱新觉罗·玄烨带着幼童的稚嫩和罕有的沉着气度，在虎视眈眈的权臣注目下登上了皇位，并永远地失去了他慈爱多情的父亲。康熙2年，他的皇母病重，这位小皇帝"朝夕虔侍，亲尝汤药，目不交睫，衣不解带"；康熙3年，玄烨在失去父亲之后两年，又失去了他温良谦和的母亲。在人生最无解的变故中，玄烨昼夜守灵，水米不进，哀哭不停。一个9岁的孩子，"父母膝下，未得一日承欢"，两年之间，父母双亡，形影相吊。纵身为天子，也无法释怀。而与他同岁的容若，双亲健在、恩宠交加。并且，他的父亲明珠，在玄烨登基的那一年，也终于从云麾使任上升任郎中，开启了步步高升的通达之途。出生在同一个年代里的两个孩子，渐渐因不同的身世际遇，在眼泪跌落和笑容绽放中分道扬镳。从此，一个练就了固若金汤的坚强，一个却满怀金碧辉煌的忧伤。

是何人

虞美人风灭炉烟残灺冷，相伴唯孤影。判叫狼藉醉清樽，为问世间醒眼是何人。

难逢易散花间酒，饮罢空搔首。闲愁总付醉来眠，只恐醒时依旧到尊前。（《虞美人》）

当容若 10 岁时，他的父亲当上了内务府总管。这一年，是容若生命中同父亲最为接近的一年。那甘醇的父爱，浇灌了容若最初的幸福与彷徨。

容若之名世，源于其词。其词之名于世，源于其情。人类有别于动物，除了会制造工具，还因拥有更丰富复杂的感情。如同禀赋的差异，人类对于情感的体验也千差万别。人心如井，有一眼即见底者，也有的深切而难以穿透。浅者自不必说，不过老吾老，幼吾幼。而深者，不单老吾老，而能以及人之老，不单幼吾幼，而能以及人之幼。更有甚者，不但深情于人，更深情于物。天地之苍茫，万物之荣枯，无不入于眼而动于心。当感情生发之时，以物喜，以己悲。而当摆布世情，又一切都以情为纲，用情量入，也用情为出，故往往被誉为"至情"。

纳兰容若的"至情"可以解释他对父亲明珠的愤懑与眷恋。

容若自小聪颖过人，不愧是明珠之明珠，深得明珠喜爱。容若崇敬自己的父亲，因为自小他听到的都是旁人对明珠的赞美，他幼小的心灵并不能分辨那些谄媚与真正的欣赏之间微妙的区别。他也依恋明珠，比起严母，明珠永远如春天般的笑容总令容若感到无限安宁。然而，他的阿玛并未拿出更多时间陪伴幼子。纳兰明珠是那种视富贵为最大快乐的人，他相信，给予容若最好的父爱，便是奢华的人生。于是，10 岁那年的上元节，成为容若记忆中最难以忘

怀的幸福。

那个上元节，寒冷却又温暖，整个京城以天子之都特有的自信与喧嚣迎来了一年中最幸福的节日。灯市开了，满城黄罗，户户灯舞，天街茶肆已罗列求售。百姓们全都放下劳作涌到了街上，人们以最决绝的姿态告别忧喜掺杂的过去，为新一年的辛劳和希望做最后的祈祷。城中摩肩接踵，鼓吹舞绾者浪漫忧伤的乐音自贵邸豪家院落里传出，"自此以后，每夕皆然"。

少年容若满心欢喜跟着父亲明珠涌入人群，他的心比今晚的每一盏花灯都要明亮。父亲的手温润肥厚，容若的小手因此感到安定温暖，这温暖自指尖流进了他的内心，使他对这位一向无所不知无所不能的父亲产生了敬畏之外的亲近。他们不由自主地被人群推动着往前，人声鼎沸，彼此根本无法交谈，但父子两人对一切均心领神会。沿途是如海的明灭的灯，如同容若心中惶恐明灭的幸福。忙碌的父亲很少如此陪伴容若，容若因此希望上元节会一直延续下去。

明珠拉着儿子的小手，心头升起只有父亲才拥有的自得。他的儿子，在他的悉心教诲之下，已经 10 岁了。在他看来，容若生性敏锐，具有对一切事物直接深入本质的感受力，完全继承了叶赫家族的优良血统，这对明珠来说，是极其重要的。如同每一个对自己极度自信的人一样，明珠深信，自己的儿子终将从所有人的儿子中脱颖而出。

他们继续在人流中随波而去。每看到一个极富意趣的花灯，明珠便会用力捏捏容若的手，示意他留意。容若无声地回应，他的脸是静穆而矜持的，呈现出父亲平素希望的沉静和从容，但他的眼睛却燃烧着，无法藏住内心剧烈起伏的火焰。

一生之中，对于父亲明珠，容若的心境尤其复杂。从儒学土壤中生长起来的容若，从小接受的一切教育以及纯正的天性都使他成长为一位温柔敦厚的君子。因为天生富贵，他能够做到淡薄荣利，志洁行芳。因为身处顺境，他没有机会也没有必要学习做人的机谋。在漫长的少年时代，对容若而言，父亲永远是 10 岁那年上元灯节上慈爱而才华横溢的父亲，同时也是议撤三藩、收复台湾的功臣，是安邦定国的社稷重臣。明珠对容若而言，是世上最光明、积极的一切。然而，当容若渐长，尤其在明珠官职越来越大之后，他从父亲以及父亲最宠爱的管家安三身上看到了相反的东西。这发现使容若的心灵遭受了一次巨

大的打击。

那是一日容若自师长徐乾学府上学习归来，经过门房，看见一人满脸堆笑将一包东西交给安三。那安三轻佻接过，道："你且放心，不日便有回音。"容若听了，心中一惊，想起那些飘荡在京城里若有若无的传闻。

那是有关明珠贪财纳贿、卖官鬻爵的传闻。这样的流言，恍惚之间，容若已经不是第一次听到。然而，他相信那些都是闲谈者的无中生有，不过借有身份的人引人注目罢了。但今日所见，一举击碎了他的自我欺骗。容若心中起了无法言语的愤懑。他强忍着自己，去向母亲请过安，便匆匆回到了自己的书房。

在书房中略坐了一会儿，容若稍稍平静了一点。他转念想，父亲受皇上恩宠有加，这必定不是父亲的本意，或许是那安三，狐假虎威，在外面做出这些勾当来，却让父亲蒙羞。然而，不管到底是不是父亲的主意，这种事情明明白白地发生，是让自己的家族，也让自己蒙羞。容若激愤难当，他提笔写道：

乘险叹王阳，叱驭来王尊，委身置歧路，忠孝难并论。

有客费黄金，误投关西门，凛然四知言，清白贻子孙。

写完这首五律，容若在一阵奇异的情绪指引下，径自将这首诗放到了父亲的书桌上。回到自己房内，容若心中犹自怦怦乱跳。他从来未曾这样冲撞过父亲，然而他想，自己未曾冲撞过的并不是这样的父亲。

接下来的几天，对容若来讲，是一种煎熬。他心中矛盾不堪，既担心父亲承认做下了那样的事情，又怀疑自己是否应该如此批评父亲。

然而，明珠一如往常，对容若嘘寒问暖，神色并无异样。容若的等待落空了，虽然他害怕父亲的震怒，却也害怕父亲的不震怒。他相信，父亲已经看到了那首诗，也一定认出了自己的笔迹。父亲如此的轻描淡写，是以一种无谓的态度来表明自己的态度。容若痛心地想：原来父亲真的做了那些肮脏的事。这给了容若沉重的打击。

那个夜里，容若平生第一次饮醉。熏炉中残烬上的余香，自此以后，总会唤醒容若对那个夜晚的记忆。那是曲终人散般的孤寂，举杯消愁者最终的收

获，并非醉意所减弱的痛楚感受，而是醉意散尽的悲凉。在买醉的那个夜里，偌大的明府仿佛骤然变得逼仄而污浊，使容若几无立锥之地。"风灭炉烟残灺冷，相伴唯孤影。判叫狼藉醉清樽，为问世间醒眼是何人。　难逢易散花间酒，饮罢空搔首。闲愁总付醉来眠，只恐醒时依旧到尊前。"情境的描摹有很多种方法，开门见山或是曲折委婉如流水，情绪的表达亦如此。这一次容若选择了直接果断。这一阕如同人物的素描小像，"风灭炉烟残灺冷"，起句写出的就是一幕炉烟灭残灺冷的画面，却还不够，还要再清楚的说明，人是形单影只的。剩下两句以及下阕所感叹的都是在痛饮后未能陷入预想的解脱之境。

　　这是容若的追问，也是每颗心灵在成长中必然遭遇的追问。醉与醒，是我们怀抱少年时期的梦想，面对不够理想的真实世界无路可逃的选择。

　　理想的世界是什么？

　　是化蝶庄周梦中那非同寻常的鱼。那是最逍遥自在、名叫鲲的北冥之鱼，它可以沉潜海底不为人知，当它起飞时，则"化而为鸟，其名为鹏。……怒而飞，其翼若垂天之云"。

　　是任情山水的陶潜笔下那片世外桃林，"夹岸数百步，中无杂树，芳草鲜美，落英缤纷。……林尽水源，便得一山，山有小口，仿佛若有光。……从口入。初极狭，才通人。复行数十步，豁然开朗。土地平旷，屋舍俨然，有良田美池桑竹之属。阡陌交通，鸡犬相闻。其中往来种作，男女衣着，悉如外人。黄发垂髫，并怡然自乐。"

　　是经过 17 年仗剑奔波后的李白，怀一腔"申管鲍之谈，谋帝王之术，奋其智能，愿为辅弼，使寰区大定，海县清一"之抱负，高唱"仰天大笑出门去，我辈岂是蓬蒿人"，追随春风，循天子召唤奔赴长安。

　　理想是什么？是无上自由、是自给自足、是修身齐家治国平天下。

　　然而，在强大、纷纭的现实之间，理想不过是一种浪漫的信仰，是对现实生活最光怪陆离却又无能为力的反叛。现实是鱼困守在小小的天地里，当某天泉水干涸，鱼并没有化为鸟，却为了苟延残喘，卑微地相互以唾沫来湿润对方，"相濡以沫，不如相忘于江湖"；桃花源也是飘缈的梦境，"寻向所志，遂迷，不复得路"，普天之下目力所及则是"千里无鸡鸣，白骨露于野"，"窃钩者诛，窃国者侯"；而一干热血贲张者，纵有不世之才，始终落得"抽刀断水

水更流，举杯消愁愁更愁。人生在世不称意，明朝散发弄扁舟"，在放浪形骸中眼睁睁看理想成空。

个人理想的破灭还在其次，更有那些丛生的黑暗、被嘲笑的道德、被藐视轻贱的努力以及被金钱轻取的尊严，偏偏皆顶着一张生存的脸向你扑来。"活着，或是死去，这是个问题"。

这也是个选择，是所有人皆无法回避的一个选择。

古人选择过。老子选择了"清静无为"，孔子选择了"知其不可而为之"，孟子选择了"有所为有所不为"。屈原在选择清醒后跃入汨汨汨罗，李煜在选择糊涂后死于非命。

高调地选择清醒，意味着从此你将是孤独的，那些窃窃私语以及充满谐谑的目光将是你生命中无处不在之荆棘，"风灭炉烟残灺冷，相伴惟孤影"；彻底地选择浑浊，你或许将得到很多：香车宝马，人世数不胜数的享乐，但夜深人静之时，你难免会猛然惊醒——不知身在何处？心在何处？"闲愁总付醉来眠，只恐醒时依旧到尊前"。

那么，也许可以选择半梦半醒。孟子云："穷则独善其身，达则兼善天下"。这是聪明人的选择，若时不我与，我便独自保持理想，干干净净地活下去；若是给我一滴水，我亦绝不轻辞，必造出朗朗乾坤、壮阔波澜。这样的选择是中国主流传统文化精神的融合：内用黄老，外尊儒术——以积极用世之心做事，以坦荡自然之心面对结果。水至清则无鱼，难得糊涂。

这是选择的最高境界，因为高妙，故难以做到。因为悬于高空的钢丝说不定某天忽然绷断，浸泡于花花世界中的信仰也许经不起诱惑会一旦崩溃。等待并伺机而动，需要智慧，更需要坚持。

而容若，便是这个走钢丝的人。面对父亲明珠以及自己天生便置身其中的由明珠亲手所创造的那个世界，他选择了清醒着饮醉，一边用情至深，一边含蓄隐忍，然而这种选择，并没有引领容若走出人生的困境，反而耗尽了他的心力，并最终导致了他雪花般的消散。

醉后的一连几日，容若仍然坚持去徐府念书，但是每次回家后，他便将自己紧紧地关在房内。他在痛苦地挣扎，并且也一如明珠所期望和相信的，他最终失败了。他对明珠的感情使他根本无法斥责自己的父亲，即使他是那样的不

完美甚至可恶。"孝"之情犹如一根绳索，牢牢地拴住了容若。他退却了，选择了保持沉默，他以这样的方式来化解内心的矛盾。不久，明珠生病了。那段时日，正是朝廷同三藩决战的关键时期，明珠过于操劳，加之入秋以来气候骤降，明珠受了点风寒，竟至病倒。这使容若不得不面临内心的考验。

当时容若正在徐乾学府上念书，小厮跑来禀报。容若一听，立刻禀明徐乾学，跟了小厮望家里奔去。容若一边焦急策马，一边问小厮："请了太医没有？阿玛什么病？"

明珠此次生病，只是普通的受凉，加上连日劳顿，并无大碍。然而他病中的不适和痛楚以及憔悴的神色，深深地刺痛了容若。他想起自己患寒疾时父亲那焦灼的眼神，想起在过去的岁月中父亲对自己的珍爱和疼惜，在这一刻，容若原谅了父亲对自己那首诗歌以及诗中心境的漠视。

整个晚上，容若流着眼泪，侍奉在明珠左右，直到天亮才在父亲卧房的椅子上假寐了片刻。他亲自给父亲熬药，亲自喂给父亲喝下去。他看着父亲一个时辰一个时辰地康复，才慢慢安了心。

几天之后，明珠的病完全好了，容若却明显消瘦了。然而，他很快乐，觉得这稍稍抵偿了自己对父亲的冒犯。但是，容若也知道，自此之后，自己同父亲明珠之间隐约有了看不见的隔阂。以容若的品德和为人，他无法接受父亲结党营私、排斥异己。然而，也因为容若的品德和为人，他自小对待父母便恪守孝道，晨昏定省，躬侍汤药。在同父亲的这场交战中，容若选择了一种无奈的方式来平息硝烟，那就是沉默。

他痛苦地意识到，自己有生以来的一切，都来自父母的赐予，甚至包括自己对他们行径的不屑，都难以离开父亲所造就的光环。因而，所有人都能指责明珠，唯独自己不能。

从此，容若的生活里增添了一种永远无法调和又永远不能回避的矛盾，这种矛盾，是一切"至情"者的矛盾。而容若同那些"至情"者不同，他生于富贵之家，生受与生俱来的恩情，他只能"至情"，不能"至性"。

香车杏

星球映彻，一痕微退梅梢雪，慵把菱花揭。紫姑待话经年别。窃药心灰，期洁。踏歌才起清钲歇，扇纨仍似秋蛾眉，特放些时缺。天公毕竟风流绝，教看娥眉，特放些时缺。（《一斛珠·元夜月蚀》）

上元节，即农历正月十五元宵节。正月乃农历之元月，古人称其为"宵"，当月十五日晚，因其为新的一年中的第一个月圆之夜，所以称为元宵节。除旧迎新之际，往往引发人类对生命历程的普遍关注和思索。宋人欧阳修曾以一首《生查子》，写出了元宵节美丽而怅惘的心情："去年元夜时，花市灯如昼。月上柳梢头，人约黄昏后。　今年元夜时，月与灯依旧。不见去年人，泪湿春衫袖。"

元宵节的夜晚，在星星点点如梦如幻如雾如电的花灯深处，深藏着一颗颗消逝的春心。在最热闹的人群尽头，是无可救药的寂寞黯淡的苍老心情。这首词以看似无谓的叙述，写出了成人对错失青春情感和时光的追忆，结句"泪湿春衫袖"悲从中来，又自悲切中生出苍茫凄凉的美好。是忧伤而非痛苦，因而摈弃了厚重的愁苦，在轻愁中毋庸置疑地优美。

对残缺的欣赏，是人类的一种无奈。月亮不曾长圆，生命从来都不得圆满。于是，无计可施的人类只得做出让步，换一种心境来面对这不能强求完美的人生。而这种让步，其实是一种面对残缺的勇气。

从空间看，宇宙没有边际。从时间看，宇宙无始无终。佛经里将"一个日月所照"称为一个"小世界"，一千个"小世界"组成一个"小千世界"，一千个"小千世界"组成一个"中千世界"，一千个"中千世界"组成一个

"大千世界"。宇宙是无数个"大千世界"，所有的大千世界都在成、住、坏、空中迁流变幻、循环不息。

佛经将"大千世界"称作"婆娑世界"。"婆娑"是梵语，意为"堪忍"，这代表了这是个不完美的世界。面对天然的不完美，众生只能选择忍耐。不单世界不完美，长于其中的众生也同样不完美，于是释迦牟尼诸佛菩萨才不辞辛苦，以大智、大悲和大勇来教化众生。而在这不完美世界中坚持活下去的众生又如何不是充满智慧和勇气？

因为智慧，所以能接受生老病死之苦，因为勇敢，才能坦然。

而容若在那个上元节，面对被遮掩的月光所表现出的坦然，却并非出于勇气，而是初生牛犊的无畏。这自出娘胎便已是富贵之身的贵公子，他什么都还未曾失却，因而也还什么都不惧失去。

这个时候，容若的心已经成长得很丰盛，由于良好的教育和敦厚的天性，一贯性情温和的他总是让人感觉充满情意，仿佛随时准备同每一颗相逢的心倾谈。他内心多情却并不柔弱，事实上，这位生在北京的贵公子，如同他的祖先们一样，呼啸塞外的豪情仍然丛生在他的血液中，这一点，在他未来的人生中将会呈现得越来越显著。

纳兰容若没有像欧阳修一样，在元宵之夜就着明亮的月光含笑带泪追忆过往，因为，在10岁那年的元宵夜，少年容若看到的是一弯被遮住的月亮。

人对月亮的体味是善变的。如同春月与秋月的色泽，各有皎洁与沉重。心中有故事的人怕见残月，然而年轻的心并不，在少年容若朗阔的心目中，满月，弦月，甚至被黑暗遮住、仅留有遐想的月亮都难以令他惆怅而消沉。在明亮的世界里，黑暗也变得芬芳。因而，在那个歌舞升平的月食之夜，10岁的容若写下了《一斛珠·元夜月蚀》：

> 星球映彻，一痕微退梅梢雪，紫姑待话经年别。窃药心灰，慵把菱花揭。
>
> 踏歌才起清钲歇，扇纨仍似秋期洁。天公毕竟风流绝，教看蛾眉，特放些时缺。

由于某种无法启齿的根由，人常常对难以企及的成就生出鄙夷之心，因为嫉妒嫦娥的决然飞去，故而揣想"嫦娥应悔偷灵药，碧海青天夜夜心"。在凭空想象这位毅然出尘的奇女子独居清冷广寒宫的落寞情状中，平凡世间的平凡灵魂获得片刻酸楚的满足。鉴于神话人物的飘缈无定，容若对嫦娥生活的猜想虽未脱离寂寞的调子，然而，他在认定完成"窃药"壮举之后的嫦娥"心灰"之余，却又慷慨给予这神女一种真正超然的心境。

透过黑色的月亮，容若看到的是"慵把菱花揭"的嫦娥，一个"慵"字，嫦娥的无畏、无惧、无所在意袒露无疑。在遥远的星球上，嫦娥俯瞰蓝色的地球，那是她从前的来处。她在想念吗？她在想念什么？抑或她什么都没有想念，她只是凝视，任流言四起，任时光飞逝。然后，她转过了身，并随手拾起手中的菱镜。刹那之间，月亮黯淡了。她从前跻身的星球失去了她的踪迹。显然，对根本看不见的逃亡者，诋毁或崇敬之箭已失去飞翔的意义。

对远离凡人生涯的嫦娥的认同，对孤独而高贵生活的欣赏，可以窥见少年容若志向的色彩。他是乐观的，也是浪漫的。他的浪漫还表现在他同时写下的另一首有关元夜的词。那是：

> 瑶华映阁，烘散蒹葭雪。比似寻常清景别，第一团圆时节。
> 影蛾忽泛初弦，分辉借与宫莲。七宝修成合璧，重轮岁岁中天。

这首词流露的，是容若对变幻的态度。这首词里，容若提到了一种奇异的小草——"蓂荚"。这是传说中生于帝尧庭院中的草，它代表了生命的周而复始。因为，蓂荚从每个月的第一天开始生长，每经历一日，便生出一片新叶，直至第十五日。从第十六日开始，蓂荚每天掉落一片旧叶，当这个月最后一天来临，它全部的叶片便落尽了。更为奇异的是，当它的生命遭逢小月，最后的那片叶子就只凋零而不落下。这种奇妙的小草，被帝尧呼为"历草"。蓂荚天赋异秉使之获得圣人之青眼，并成为祥瑞的象征。

然而，容若刻意忽略了蓂荚的祥瑞，而钟情于它的变幻。他爱蓂荚从初生到圆满，再自圆满到幻灭，一如月的上弦到下弦的历程。看蓂荚的叶片，便如看见流年。流年，在沧桑的心中是难收的覆水，而在少年容若的心中，流年是

如日中天。"瑶华映阁,烘散霙墀雪",月华之下,霙墀之雪将尽。每一个残缺之后,便是圆满。因而,"影蛾忽泛初弦,分辉借与宫莲。七宝修成合璧,重轮岁岁中天。"10岁的容若,面对人世变幻,以独有的浪漫方式踌躇满志,并开始显露了后来成为他盛名来源的惊世文采。

在那个上元节的夜晚将尽的时候,明珠和父亲穿越狂欢的人群,向内务府郎中的家中走去。当他们终于立在家门外,父亲明珠抬腿跨进大门的那一刻,容若忽然被一阵奇异的空虚击中。他分明感到,自己一生中一个重要的上元节即将过去,而不可知、未详幸福或痛苦的未来正铺天盖地席卷而来。10岁的容若的内心,在灯火阑珊之际,像一泓深潭,忽然起了无可名状的涟漪。

这样的涟漪在人生每个繁华尽处都会油然而生,它往往代表着幸福的不可捉摸和人世永远不可解除的幻灭感。在心灵质朴的幼年,它常常会不期而至,掠过或偶尔驻足敏锐的神经。但在经历了俗世浮云之后,人们便学会用各种世俗的充盈来填塞或阻止它的蔓延。因为,它仿佛一个最冷酷的审判,历数我们人生的失却,检点我们费尽心机和甚至牺牲性命去努力保存的众多毫无意义的人、事。它直指我们心底的本性,像一根恶毒的尖刺,嘲笑我们的盲目和追逐。只有少数人,会乐意它的陪伴,因为,只有少数人肯始终面对人世的荒诞和真实。这个上元节夜晚的最后时分,容若陷入了这种涟漪中,内心惊人地亢奋,整夜思虑浮生,无法入睡。

旧精灵

落日与湖水，终古岳阳城。登临半是迁客，历历数题名。欲问遗踪何处，但见微波木叶，几簌打鱼罾。多少别离恨，哀雁下前汀。

（《水调歌头·题岳阳楼图》）

对于思虑深沉者，人生是一个寻找自我的过程。古希腊的智者，毕生都在寻求宇宙和人生的至理。苏格拉底严肃地告诫人们：认识你自己。这位隆准高额的丑陋的哲人，一生都在雅典的广场上同人论战，热烈而不知疲倦地探讨宇宙的奥秘。每一颗善感的灵魂，都曾经在热闹的人群中忽然沉默，甚至在最极盛的时刻猝然离去，只因洞悉或是始终无法洞悉人生的虚无真相。寻找是一种历程，而非终止。年少时的不自觉，年长后的下意识，都在一次次地呼唤那埋藏在我们心灵深处和宇宙最隐秘处的真相。这是关于自我何所从来的真相，也是解脱孤寂情怀的诀窍。

那年上元节后，日子健步如飞。父亲的温暖在忙碌中变得模糊，容若在青春的孤寂中，接受着各种位极人臣而进行的汉文满武训练。在这些训练中，有一件是他特别热爱的，那就是书法。同那位同龄的天子一般，容若每天必临摹晋唐大家的书法数百字。在众多传世的大书法家中，容若偏爱褚遂良的华美。任何一件小事，都可见出人的秉性。人之好恶，必有所出。庄子在《渔父》里早已明言："同类相从，同声相应，固天之理也。"我们所乐于接近的，必是同我们那个深藏不露的自己类似的人、事。

褚遂良书本出自王羲之，容若也临王羲之，因王之"飘若游云，矫若惊龙"恰恰契合了少年容若的飞扬。然而，容若更爱褚遂良，既因其与自己一

027

般同为贵公子，也因欣赏褚遂良耿亮的品性。

褚遂良出身于名门贵族，父亲褚亮是隋末散骑常侍，与虞世南、欧阳询等人交好。褚亮在李世民文学馆中主管文学，并为其十八国事顾问之一。褚遂良起于富贵书香之家，既得父亲亲身教诲，并受欧阳询与虞世南的指点，学识不差，书艺更青出于蓝。

成人后的褚遂良最初在秦王李世民那里做铠曹参军，并获得了李世民的好感。李世民曾对长孙无忌说："褚遂良鲠亮，有学术，竭诚亲于朕，若飞鸟依人，自加怜爱。"唐太宗素以雅量容人名世，这是褚遂良们的幸运。贞观 10年，曾为秘书郎的褚遂良出任起居郎一职，专司记载皇帝言行。褚遂良做起居郎，继续发扬其鲠亮精神，甚至胆敢不买皇帝的账。一次太宗兴之所至，问他："爱卿所记，朕可得一观？"褚遂良老实不客气地回绝了："今所以设起居之职，乃循古之左右史官，善恶必记，俾皇帝不犯过错。帝欲索观，吾未尝闻也。"李世民不肯灰心，继续道："朕如有不善，爱卿亦记之？"褚遂良脖子一梗，道："臣职责所在，必记之。"

褚遂良的鲠亮虽屡次使太宗下不来台，却获得了皇帝对他泰山般意志的信任。贞观 23 年，弥留之际的太宗将江山与太子李治托付给长孙无忌与褚遂良等，他对太子李治说："无忌、遂良在，国家之事，汝无忧矣。"

而褚遂良也以自己不平凡的鲠亮回报太宗的托付。永徽 6 年，唐高宗召太尉长孙无忌、司空李绩、尚书左仆射于志宁以及褚遂良进宫商议废后立后之事。褚遂良毫不顾忌大泼皇帝冷水，为表明自己违抗圣意的决心，更将官笏放在台阶上，摘下官帽，叩头以致流血，必要高宗收回成命。他的这种死谏招数曾经在李世民跟前成功过，但这次却失败了。

只有自身极其强大的人，才无惧任何批判，病弱的高宗并无太宗的雅量及英明，于是令士兵强行将褚遂良拉出宫外。这次，褚遂良的鲠亮遭遇了破灭和抛弃，面对高宗因愤怒而发紫的面容，善于迎合旨意的李绩赶紧送上一个冠冕堂皇的台阶："此乃陛下家事，不合问外人。"于是，唐王朝命运就此改变，褚遂良等人也随之被推入悲剧的深渊。

褚遂良，这位唐太宗托孤的顾命大臣，这位唐高宗时期的宰相，因为一心反对美貌与智慧并重的武媚娘占据后位，终至贬谪流放，在远离本土的凄凉中

死去。在起伏不定的政治生涯中，他最终被他的朝廷抛弃了，他的荣华富贵也化作烟云，然而，他留下的每一个字，却无不代表着他的时代那无可替代的华美。

那是种深沉的华美，来自一颗愿为信仰死去的心。这种心境，隔着遥远的年代，透过字里行间的风华，被后世相似的心灵感悟着、体验着。书法艺术成为沟通容若与褚遂良之间心灵的优美媒介。

对于艺术作品与生俱来的悟性和高明的鉴赏能力，是容若有别于普通人的地方。他曾经写过一首《水调歌头·题岳阳楼图》，表达了他在凝望岳阳楼图时自胸中涌起的复杂感受。

> 落日与湖水，终古岳阳城。登临半是迁客，历历数题名。欲问遗踪何处，但见微波木叶，几簇打鱼罾。多少别离恨，哀雁下前汀。　忽宜雨，旋宜月，更宜晴。人间无数金碧，未许著空明。淡墨生绡谱就，待俏横拖一笔，带出九疑青。仿佛潇湘夜，鼓瑟旧精灵。

一个真正的鉴赏者，当他面对一幅作品时，他绝不仅仅只看到那些线条、色彩，或是情节以及人物模糊的面庞。他一定能穿越这些表层，看到深处游荡的灵魂。故而，一幅岳阳楼图，使容若见"山"不似"山"，他见到的是"山"的品格。

岳阳楼始建于公元 220 年前后，相传其前身为三国时期东吴大将鲁肃的"阅军楼"，南北朝时称"巴陵城楼"。这座楼宇建于浩渺的洞庭湖上，"北通巫峡，南极潇湘"，"登斯楼也，则有心旷神怡，宠辱偕忘，把酒临风，其喜洋洋者矣"。岳阳楼上凭栏，不但可将八百里湖光山色尽收眼底，极目远望，凝神回想，往往于"长烟一空，皓月千里"之际散尽无数失意迁客的愁绪：李太白曾在岳阳楼上心扉洞开，有"楼观岳阳尽，川迥洞庭开。雁引愁心去，山衔好月来"之澹静语句；杜子美倚岳阳楼上远眺，纾解其"亲朋无一字，老病有孤舟。戎马关山北，凭轩涕泗流"之深忧；范仲淹更拍遍栏杆，吟出了"先天下之忧而忧，后天下之乐而乐"之壮语，这些诚挚的情感使岳阳楼变得鲜活，也使后来者能穿越昏聩的历史尘沙获取感应。

　　容若感应到了，仅仅是因为一幅描绘岳阳楼的图画，他便感应到了湮灭于流年中那潇湘夜里鼓瑟的旧精灵，感应到了若干年前颗颗痛楚的灵魂。这令他心神动摇，想要去追寻辽远的遗踪。而微波木叶之下永恒不变的打鱼人，汀上大雁哀鸣，仿佛向他诉说着岳阳楼目睹的那些千年不息的别离恨。这幅图画带给容若的体验，一如他自褚遂良的字中获得的体验。

　　艺术之于人，它的存在价值绝不仅仅是浮光掠影的观赏。好的艺术作品带来的美感，具有拯救灵魂的奇特力量，甚至可以改变人的一生。

　　伟大的荷兰画家梵高，这位长着"一头乱蓬蓬的铁锈色头发和一张相当笨拙的脸容"，有着"饱满的嘴、深深凹陷的燃烧的眼、梵高家的开阔匀称的前额和略向前翘起的砸不碎的下巴"的艺术家，在他阴郁孤独生活的早年，在他尚未拿起画笔的彷徨不定的青春时期，常不由自主去各种艺术作品中寻求安慰。当他去拜访姨妈威廉明娜时，邂逅了表姐凯。这是他们第一次见面，并开始了断断续续的交谈。

　　　他仅以身心的极小一部分倾听姑娘的讲话，回答姑娘的问题；而其余的则以一个长期过着单身生活的男子的热烈渴望，吸吮着她的美丽。凯具有荷兰女子的健壮特色，但这一特色已经磨去棱角，而变成纤巧的匀称。她的发色不像她家乡的妇女，既不是金黄色，亦不是火红色，而是两者的奇妙混合，在强烈的难以形容的温暖中，一种颜色的火焰衔接另一种颜色的光亮。她谨慎小心地不让自己的皮肤受到日晒风吹，下巴的白色逐渐渗入面颊的玫瑰色，显示出荷兰第二流绘画名手的全部艺术技巧。她的眼睛暗蓝，闪烁着生活愉悦的火花，丰润的嘴稍微张开，准备接受别人亲吻的样子。

　　　她注意到文森特的沉默，于是开口道："你在想什么，表弟？你好像有心事。"

　　　"我在想，伦勃朗一定高兴给你画像。"

　　　凯吃吃地笑，喉咙里含着醉人的甜美声音。"伦勃朗只喜欢画丑陋的老妇，不是吗？"她问。

　　　"不，"文森特回答。"他描绘美丽的老妇，她们贫苦，或许还不幸，

但是痛苦使她们获得了灵魂。"……

"请别见笑我的无知，"她几乎是耳语般地嘟哝道。"我听得懂你对伦勃朗的看法。当他描绘筋暴骨露、脸上刻印着历经沧桑的痕迹的老人时，他抓住了美的真正本质，是这样吧。"

如同表姐凯的结论，梵高对绘画艺术的理解是一种超越了普通的美丑、对于美的本质的理解，真正的美是真实、生动再现生活的美，是对生活本质进行真实表达的美，这种深刻理解使他能够最终寻找到了表达自己对生活之无限渴望的媒介——他那无与伦比的画笔。

梵高对艺术的理解并不仅仅限于他后来擅长的绘画：

主餐饭后，全家打牌，文森特不会，于是就坐在一个安静的角落里，阅读奥古斯特·格鲁森的《十字军史》。从他的座位，能瞧望凯和她的变化着的、机敏逗人的微笑。她离开桌子，向他走过来。

"你在看什么书，文森特表弟？"她问。

他告诉她书名后又说："这是一本有趣的小册子，我敢说是以马西斯·马里斯的感情写成的。"凯微笑。他总是作这些不伦不类的文艺引喻。"为什么是马西斯·马里斯的呢？"她追问。"把这本书读一下，看看它是否使你想起马里斯的画。作者在描述山岩上的古堡，薄暮中的秋林，前景是黑色的田野，一个农人驾着白马在犁地。"

凯在看书的时候，文森特为她抱来一把椅子。她望着他，一种若有所思的神色，使她的蓝眼睛变得深暗起来。

"是的，"她说，"这的确像马里斯的画。作者和画家在用他们各自的媒介物表达相同的思想。"

一个善于欣赏的人会发现，在不同的艺术领域往往存在着惊人的相似。细腻的情感写作，流畅婉转的音乐，甚至柔美的江南风景之间，存在着微妙的联系。即使对艺术完全陌生的人，在他生活的方方面面也总能找到这种无处不在的相似性。很难想象一个性格急躁的人能够欣赏李煜的词作，通常情况下，温

婉的性情也难以忍受喧嚣的音乐。

艺术的多样性使不同的人可以有不同的选择，而艺术的相通性便于所有人在需要安慰的时候能够选择。因此我们能够理解柯兰道尔笔下的福尔摩斯，每当陷入侦破思维困境的黄昏，总是信手弹弄着平放在膝上的提琴，尽管时常发出刺耳的声响，但却"反映了当时支配着他的某种思潮"。

人的精神，归根结底脱不开时代精神的高于一切的笼罩。以书法而论，汉魏之质朴，两晋之变幻，宋之老成持重，无不为当时朝代风云的缩影。褚遂良，这位初唐时期的书法家，他的字正如他的朝代，昂扬多姿，即使深陷困境，也无法割断对美的向往。《唐人书评》中把褚遂良的字誉为"字里金生，行间玉润，法则温雅，美丽多方"，可见其字有卓然金玉之态。

褚遂良的字，没有一笔直笔，可知在他生命中那些盛世里，他必处心积虑，在每一个偃仰起伏中流露他的贵族风致。他的运笔，如同用印印泥，每个笔画，都力图穿越纸的界限而达到完满。也许，褚的优裕、对笔墨纸张的讲究与从容，正适合生活在同样优裕之中的容若。就书法而言，相似生活际遇所带来的笔意往往是相通的。

然而，容若并非仅仅亲近褚遂良笔法中的精致，他也敬仰他的鲠亮。容若曾一遍遍凝目揣摩《大唐皇帝述三藏圣教记》，这是最能代表褚遂良楷书风格的作品。当时，褚遂良已经年老。他一改曾经的简约，创造了看似纤瘦，实则劲秀饱满的字体。这字体如同他飘摇的晚年，渐行渐成衰骨，内心却无比强大。褚遂良的笔意浓重，笔笔皆着力，必使意态在简约之下丛生。唐张怀瑾评此书云："美女婵娟似不轻于罗绮，铅华绰约甚有余态。"他的这种风华，在容若的一次次凝视中越来越清晰。

空凝贮

落红片片浑如雾。不教更觅桃源路。香径晚风寒，月在花飞处。蔷薇影暗空凝贮。任碧砌，轻衫萦住。惊起早栖鸦，飞过秋千去。（《海棠春》）

　　少年容若心目中真正最靠近的一个人，乃是赵匡胤的 11 世孙赵孟頫。在风月清远的湖州，有一座莲花庄，是赵孟頫最初和最后的栖息地。之中有松雪斋与鸥波亭，取自赵孟頫之雅号。当南宋灭亡之际，25 岁的末代贵族赵孟頫带着一腔愁怨进入了元代。当他最终因世人瞩目的才华以及元统治者的以死相逼被元代招仕，人们以对他才华同样热烈的赞赏给了他同样热烈的唾骂。在追捧与棒喝之中，赵孟頫和才华出众的夫人管道升怀抱不为人知的苦衷，在波光明灭、荷叶卷舒的莲花庄里书画度日、荣辱与共。当他晚年，曾以一首《自警》表达了对世人褒贬的无奈和绝不争辩、唯以书画遣怀的倔强："齿额头童六十三，一生事事总堪惭。惟余笔砚情犹在，留与人间作笑谈。"

　　赵孟頫的一生是美的，然而却是一种别样的凄美，他背负着"失节"的恶名死去，不曾希冀世人的宽容。他却没有料到，若干年后，一个同他有着类似身世的贵族少年，却穿过政治的雾霭，向他呈上真挚的同情和热爱。

　　吾怜赵松雪，身是帝王裔。神采照殿廷，至尊叹逶迤。少年疏远臣，侃侃议正义。才高兴转逸，敏妙擅一切。旁通佛老言，穷探音律细。鉴古定谁作，真伪不容谛。亦有同心人，闺中金兰契。书画掩文章，文章掩经济。得此良亦足，风流渺谁继？

　　容若爱赵孟頫的绝妙全才，爱他不单诗书画兼得，且旁通佛老言，穷探音律，并善定古作真伪。容若也爱那抚慰赵孟頫内心苦楚的莲花庄。他不止一次痴立于赵孟頫的《水村图》前，自那辽远中寻找丛生的赵氏惆怅，并写下了自己的心情：

　　北苑古神品，斯图得其秀。为问鸥波亭，烟水无恙否？

　　容若也临赵帖。那是一个闷热欲睡的夏日午后，容若将自己关在房中，临摹着赵孟頫手书的《法华经》。这次临摹对这个情怀丰富的少年人是一次极其惊艳的冒险。《法华经》即《妙法莲华经》，乃东晋时期龟兹僧人鸠摩罗什译，该经以大乘佛教般若理论为基础，以"开、示、悟、入"四字为总纲，主张三乘归一乘、诸法性空无所执着的超越思想以及人人皆可成佛的佛性论。因为给予人人都能解脱痛苦的希望，是所有亲近佛教者最爱的一本佛经。选择临摹这篇帖子，也因为容若的母亲觉罗氏是一位虔诚的佛教徒，"平日皈心释氏，晨起必焚香膜拜，诵梵经一卷。尝手书《金刚经》，字画精整，锓板流传，缁素皆奉为重宝"。母亲的虔诚给少年容若心中留下了深刻的印迹。然而，觉罗氏这位佛教徒身上有满族妇女泼辣而坚强的性格，同容若温情脉脉的格调并不契合。因之，对佛经的临摹，仿佛可以令容若透过经文，觉悟母亲那不肯表露的爱。不过相比《金刚经》，容若显然更欣赏《法华经》那更近于文学的辞藻和想象。

　　容若仔细将纸铺在桌上，轻轻将赵氏《法华经》置于书桌左侧。赵孟頫的《法华经》，书于其 44 岁的春天。是日雪松道人熏沐焚香，一气呵成《法华经》一部，数万字"前后一律，劲可屈铁"，是小楷中不可多得的妙品。在初临赵帖的那个夏天，容若也学赵孟頫焚香净手，方郑重临摹。

　　他一边临摹，一边默诵："文殊师利，导师何故，眉间白毫，大光普照。雨曼陀罗、曼殊沙华，栴檀香风，悦可众心。以是因缘，地皆严净，而此世界、六种震动。时四部众、咸皆欢喜，身意快然，得未曾有。眉间光明，照于东方，万八千土，皆如金色……"

　　在赵氏结体妍丽、落笔遒劲、流畅绵延、气韵生动的小楷之间，容若仿佛看见一个檀香弥漫，天花乱坠的世界。那不是人世间的风景，而是化外妙处。曼陀罗、彼岸花纷纷飘落，旋死旋生。无数金莲从地底涌出，极乐世界，金碧辉煌。在容若的眼里，那并非一个无欲无求的世界，而是一个充满浪漫想象的唯美之境。那唤醒逝者累世记忆的曼殊沙华，那随时可见又瞬间消失的与人无边喜悦的曼陀罗，那白色、红色的莲以及来自世界尽头玄妙的佛音，令少年容若心中无限赞叹、无限向往。

　　容若笔下稍稍停顿，思绪陷落到那妙想的世界里。停笔嗟叹再三，才又继续临摹下去："又见菩萨，头目身体、欣乐施与，求佛智慧。……又见菩萨，勇猛精进，入于深山，思惟佛道。……又见菩萨，安禅合掌，以千万偈、赞诸法王。复见菩萨，智深志固，能问诸佛，闻悉受持。……又见菩萨，寂然宴默，天龙恭敬，不以为喜。又见菩萨，处林放光，济地狱苦，令入佛道。……又见菩萨，离诸戏笑、及痴眷属，亲近智者，一心除乱，摄念山林、亿千万岁，以求佛道。或见菩萨，肴膳、饮食、百种汤药、施佛及僧。……或有菩萨，说寂灭法，种种教诏，无数众生。或见菩萨，观诸法性、无有二相，犹如虚空。……又有菩萨，佛灭度后，供养舍利。"

　　临完这一段，容若顿生恭敬之心。他仿佛看到，在纷纭的世间，一个又一个修行者，为求无上道、了脱生死，心甘情愿将自己的头、眼，甚至整个身体都布施于人。他们在布施全部身心性命之时，感到无上的快乐。那些被布施的凡人，则混混沌沌，或笑或悲，全然沉溺于尘世的荣辱而不自知；这些修行者，以智慧观察诸法之体性，犹如虚空。不苟言笑，心怀大光明，远离三心二意，既不追悔过去又不冥想未来，全无不知何去何从之苦。他们正静静步入深山之中，一步步从世人困惑的眼中消逝，在云深不知处废寝忘食、务求精进。

　　在赵孟頫流丽、劲拔的字里行间，容若看到了另一个世界。在他稚嫩而坚定的笔下，容若描摹了另一个世界。那是佛法的世界，是空虚中无限纯净的美。赵氏书法之美，再辅以《法华经》辞畅典雅之浪漫华美，使容若在那个少年的夏天，一边临摹，一边陷入书法与佛教双重的迷离美感中。

　　对于少年容若来讲，赵孟頫的书法，笔力尚难及，但境界却已趋同。这是一种唯美而伤感的境界，对容若那善感的心而言，这是最难以抗拒的境界。这

同样也是佛经中经常出现的境界，只是那些令普通人通常不由自主心生伤感的人生变迁，对学佛的人而言，却往往是悟道的契机。容若一生之中对佛教充满了兴趣，但他一生都未曾真正获得解脱。只是在他的少年阶段，对以佛经为内容的书法作品的临摹，却从美感的角度开启了容若对佛教的兴趣。

对于佛经中所言"四大皆空"的兴趣，容若少年情怀，并没有太多钻研的兴致，然而他爱那种无常的美，容若在一阕《海棠春》里，曾经描绘过出现在他心中的类似的美感。

> 落红片片浑如雾。不教更觅桃源路。香径晚风寒，月在花飞处。
> 蔷薇影暗空凝贮。任碧飐，轻衫萦住。惊起早栖鸦，飞过秋千去。

这首词记述了容若生命中的一个暮春月夜。在那个夜里，容若独自立于月下，忽见明灭夜色中有簌簌落花。春之将尽，繁华的悄然淡去，生命无常，这样的情景侵扰了容若的心。他想起那关于桃源的传说。那是发生在东汉时两个名叫刘晨与阮肇的人身上的故事。当时，两人同去游山，未料竟迷了路。因祸得福，路遇两个仙女，遂被邀至桃源洞。半年之后，自山中返回的刘阮二人，震惊地发现，"山中方一日，世上已千年"，彼此的子孙均已绵延至第七代。惊骇之余的二人，只觉世间凡人兢兢业业追逐的名利，不过是仙家的一个盹，只如烟尘，于是重入山访仙。只是仙踪杳杳，而曾经言笑晏晏的仙女已消逝，影迹都无。

这曼妙却令人唏嘘的故事，如同陶渊明笔下那溯溪而上豁然开朗的世外桃源，只换得闻者不可追逐的中心惆怅，就似晏几道《风入松》的偈语："却似桃源路失，落花空记前踪。"

而那个月夜，容若徘徊其下，在微寒的晚风中，徒然想自如雾的落红中看透桃源的来处。他独自一人在月色里思量着。是夜枝条摇曳，衣袂飘飞，昏鸦忽然惊惧飞去，画面空灵含蓄，而容若空自凝贮，心中若有所失，若有所待。

如若当夜伫立此地的是你我，想必也自有同样的彷徨。这彷徨是来自对美的体验。这种美，代表的是对人世命运的普遍伤感和慈悲。这是对无常的伤感。无常，不能长久——世间种种，最原始的生命，最沉醉的感情，最难割舍

的血脉，最不能放弃的富贵，"四大本空，五蕴非有，缘聚则合，缘散则离"。我们通常会在骤遇亲人离世时痛感生命的无常，那种"风萧萧兮易水寒，壮士一去兮不复还"的肃杀，必定会在我们心中留下不可磨灭的印迹，使我们在生命的某个时期不断生出对离散的喟叹。但对敏感的心灵来说，一朵春花的泯灭，一次秋月的圆缺，都能映射出他内心深处的悲欢，从而开启他对生命底蕴的思索和探求，如同少年容若在这个月夜里反复思量的。那是对未来理想的一种彷徨，是对美好执着却又担忧的向往，是美丽而伤感的思量。

这思量，在容若临摹赵书时也常常出现。在容若后来的人生之中，当他痛苦之时，常常回想起这个临摹赵孟頫《法华经》的夏天，在这个夏天里佛教所给予他的美感日后也往往成为安慰他痛楚的良药。那些暗淡飘零的夜里，他无数次从思想里回到这个夏天，无数次从佛经中那些世间过客的身影中寻找慰藉。

赵孟頫之于容若，实际是无数门户的开启。他不仅令容若日后着力于诗书画等的钻研，也使容若养成精细品鉴的习惯。最重要的，他开启了容若对江南的向往，那些粼粼波光，那些红白交错而起落的莲，使容若毕生都充满对江南的钦羡，并以江南那唯美的生存方式作为自己人生的终极追求。

光阴荏苒，天分和勤加练习，使容若于诗书画富有灵气，并善于化用，书艺和诗词文章渐进且自成一格。容若习字，并不十分刻意临摹，他对书法有自己的见解。当他后来就学国子监时，曾同好友张纯修有过一次有趣的讨论。

那日，容若正在书房练字。桌上摆放的是一方手形砚，这砚又名火砚，左侧镌有"纳兰成德藏"字。这时，张纯修差人将一封包裹交给容若。

容若打开一看，竟是米芾《乐兄帖》。帖云："芾顿首启。乃者忝命畿邑，蔽于法守，与监司辨事于朝廷。方时清明，大理监司，伏辜。于是请解以疾，尚蒙优恩，坐尸廪赐，少遂江湖之心。方图再任，而近制厘革，念非久复。仆仆走黄尘，未能高卧，此为恨也。蒙故旧不遗，枉书感愧感愧……"

帖上钤有"蕉林宝玩"、"见阳图书"、"子安珍藏记"。容若一见十分欢喜，他翻出自己的印章，郑重印上"通志堂藏"四字。

隔日，张纯修见了容若，便问："前日送去的《乐兄帖》，吾弟可曾临摹?"

容若笑道："却是没有。"

张纯修奇怪道："敢是帖子不中意?"

容若道："米芾行书，运笔妍润，神采奕奕，岂有不中意之理?"

张纯修道："既中意，如何竟不即临?"

容若道："虞世南不临摹，但被画中肚，我亦如之。"

张纯修道："然则大家如王羲之，不也学卫夫人?"

容若笑道："即如右军学卫夫人而究之，卫自卫，王自王。"

张纯修闻言，自忖《唐人书评》云"卫夫人书如插花舞女，低昂美容。又如美女登台，仙娥弄影，红莲映水，碧沼浮霞"。其字确乎婉媚，而王羲之虽出其门，但其后博览秦汉以来篆隶淳古之迹，渐与卫夫人所传钟法新体有异，故而变古不尽，其书飘若游云，矫若惊龙，自与卫夫人有异。

张纯修暗暗点头称是，却又道："不临摹，焉得其意?"

容若道："聚千百能书之人于此，其笔迹无一同；聚千百不能书之人于此，其笔迹亦无一同。正如见阳兄所言，但得其意，何须临摹?"

张纯修闻言，道："以吾弟之见，这其意却又如何得之?"

容若道："熟读蒙庄即可悟作书之理。"

张纯修道："这却又是何道理?"

容若道："书有天分而非尽关仿效；书有兴会而不必出乎矜持。见阳兄可记得庄子《齐物论》里，有一个罔两，他是影子的影子。一次，罔两问影子道：'你先前行走，这会儿又停止。先前坐着，这会儿又站着。你变来变去，怎么如此这般没有操守?'这影子听了，便答道：'我是有所凭借才这样的吗？我所凭借的又有所凭借才这样吗？我所凭借的难道如同蛇之鳞或鸣蝉之翅？我怎知因何如此？我又怎知因何而不如此?'"

张纯修听了，道："这却同书法有何关系?"

容若笑道："庄子以自然之道为一切之道，在他看来，一切都如同这影子，变化无常。并无固定的'君'与'臣'，只有凭借不凭借，才是自然之道。书法就如庄子，我知道他如此，但却未必知道他为何如此，我又何必执着于如此呢?"

张纯修闻言叹服。

正因能够不拘泥笔法而以笔意为先，尽管容若此刻的书法并不成熟，却已

经生出根根筋骨并舒展出柔美的线条。

    自然,作为胸中有着无边森林、无尽草原、无垠丘壑的满人,纳兰不可能仅仅呆坐在书斋中读经颂史,他还要接受祖先流传下来的骑射本领。"文事不妨武备"这是驰骋者的视角和传统,因而念书之外,少年容若也习骑射。在父亲明珠良苦用心之下,俊朗的容若既有黄河的深长,亦有长白山的朗阔奔放,这是容若跻身世间的容颜,也是父爱所成就的丰茂。

Chapter 03

回廊一寸相思地

昏鸦尽，小立恨因谁？急雪乍翻香阁絮。清风吹到胆瓶梅，心字已成灰。

——《梦江南》

爱情是人类感情中最兴风作浪的一幕。它是无解的，可令春风化雨，也令盛夏冰凉。几乎无人能逃脱。对善感的心灵而言，爱情的每一次出现都如履薄冰，这灼热情感带来的慰藉等同于它所带来的危险。它会怎样发生？它将如何持续？它又将以怎样的方式留存或消灭？

大多数人最终都能拥有一份安定的爱情，在粗茶淡饭、嘘寒问暖中将激情慢慢变成墙上的蚊子血和碗里的白米饭。这化为亲情的爱，在日复一日的琐碎中变得平淡然而温馨。平凡人简单而真实的生活使爱情升华，并以最平和的姿态深入骨髓。往往在最普通的面孔上能读到最沉默却深切的爱。这是以生活为前提的爱，它同意让时间来作为对爱情最公平的衡量。

然而对少数极敏锐的灵魂而言，激情的消褪是不可原谅的，他们自始至终以全部的意志和想念去爱，生活中的一切都将为这爱情让路，也将为爱情燃烧。这样的激烈总使爱情变得过于沉重深情，极美而极易受挫。情深不寿——这并非一种叹息，而是情理之中的逻辑。因为，世间万物，自有它生发、成熟，而后消亡的规律，"积聚皆消散，崇高必堕落，合会终别离，有命咸归死"。天地的生生不息，情感的春生夏灭，都是自然。什么都能违抗，唯独自然是难以违抗的。

　　深于情者的心是一层薄薄的纸片，情感世界里每颗划过天际的流星，都在他的内心留下难以磨灭的印记。那些应当遗忘的伤痛将永远不能遗忘，那些内心的波澜将一次次重复出现在不可思议的时刻。当这些记忆最终无法承受，一切情感终必成空。

此情待共

相逢不语，一朵芙蓉着秋雨。
小晕红潮，斜溜鬟心只凤翘。
待将低唤，直为凝情恐人见。
欲诉幽怀，转过回廊叩玉钗。

《减字木兰花》

我们都曾经历过青春情感的彷徨不定，那种等待，那种焦灼不安，那种渴望中的恐惧，恐惧中的渴望，几乎占据了暗生情愫的青春心灵的全部。虽然所有情感都以获取幸福为目的，但奇异的是，每当夜雨落下，我们的心微醉着回到过去时，那些令我们记忆犹新的却无一例外是那些深深浅浅的阴郁。

那次上元灯节后，容若开始很少看见父亲，母亲照例高贵而遥远，他的仲弟揆叙此时尚未出生。整个明府，几乎没有一个活着的人能同容若交谈。容若每天除了念书习射，就是同园子里的植物和池塘中的生物沉默地交换心事。偶尔，他会透过窗户看跟他同龄的小厮和婢女忙碌、嬉笑，他望着他们，却又不在望着他们，他的心，去了更遥远更莫测的天空。

少年人的寂寞令人无法察觉地侵袭了容若，使他青春的面庞开始呈现抑郁的气质。到容若十二三岁时，已经有了安静而难以看穿的眼神。他的父亲忙于皇帝的起居，他的母亲忙于他父亲的起居。他们给他最好的食物和书，但是没有给他需要的安慰。容若在孤寂的情怀中生长，在幽深黑暗的青春洞穴中，少年人的情感日益浓烈。这浓烈预示着他开放的时节将尾随而至。那也将是一朵寒花不期然地绽放。

已经是秋天，但仍然闷热，在最接近阳光的树梢上，小鸟懒于鸣叫。闷热使偌大的书房显得拥挤。容若走出房门，来到园子里。几个婢女在园子里干

活，为了躲避酷热，她们尽量隐蔽在树荫里，这也遮挡了她们的目光，因此，谁也没有看到容若的到来。

容若无意地慢慢向婢女们所在的方向走去，阳光使他背心发烫，他想：到处是灼热的生命，只有他是孤寂、沉默的。过了一会儿，他渐渐走近了她们。这时，大约因为一个莫名的原因，婢女们扔下手里的活，互相嬉笑着追逐起来。她们的笑声透过滚烫的空气传到容若的耳朵里，这快乐因而被晒得更加热烈。

婢女们跟容若年龄相仿，因此，她们的快乐很容易引起内心孤单的他的伤感。他想，她们为什么可以这样毫无心事地快乐？出生在炙手可热的官僚之家的容若，还不曾思考过人世地位所意味着的差别。他知道她们是他的婢女，可是并不认为这是卑贱的。他敏感到自己和她们的不同，但他指的只是灵魂的差异，因为她们不大识字，彼此无法通过他热爱的诗书进行交谈，这使容若感到遗憾。

在那个时候，容若还不曾体会过穷愁给人带来的命运艰辛，而仅仅以个人单纯的未经世事的标准来衡量有关生活价值的定义。他只能看见目光所及的快乐，还不能知悉看不见的哀愁。容若想得出了神，没意识到自己已经完全地走近了她们。

喧哗的人声朝容若冲了过来。一个年纪较小的婢女，因为躲避同伴的追逐，一路笑着，竟朝他直奔过来。这场对同伴的躲避完全没有预谋，可是却恰恰变成了对容若的一种靠近。快要奔到容若跟前的时候，她及时发现了他，仓促中她不知所措地停顿了一下，立刻转身跑掉了，甚至失去了作为下人的根本礼仪，这并未令容若不快，反而是那婢女脸上因为奔跑和单纯的快乐生出的红晕，几乎使容若感到刺目。

那是他的婢女中极寡言的一个。容若自出生便活在奴仆的侍奉和恭敬中，但他的心是平等的，不曾歧视过他们。在他的幼年和少年时期，他会不由自主更乐于和同龄的奴仆们亲近。然而，他的父母治家极严，家中仆婢无不分等而治。因而，容若不曾想过也不可能成为他们的朋友。他也许偶尔注意到她们对他的促狭，不经意看到过她们在千篇一律的恭敬之下隐藏的个性，但从不曾真正注意过她们的美。

　　这个女孩儿的出现，开启了容若对青春异性美感的体验。她离去了，但那带笑的明亮的脸庞，简直像春雷，使容若的心中起了不可言说的震动。他的讶异那样明显，使他一贯少年老成的模样发生了变化，整个人浮现出一种少见的激动，这激动如此显著，因此那婢女离去时，忍不住回头望了望他。跟来的同伴看到容若蓦然出现，一时不知所措，急急忙忙行个礼跑开了。

　　这个婢女的出现使容若发现了自己的空虚。他觉察到自己内心有一处不曾开放的渴望。这渴望同身份无关。婢女的笑靥，为他揭晓的是书画之外的另一个世界，那世界里是另一种纯真的美。接下来的几天，容若没有看到那婢女。他问晚上服侍他更衣的另一个："她怎么没来？"那另一个问："公子问的是谁？"容若这才发现，他一直在渴望她的出现。这个时候，容若的内心已经起了谁也不知道的变化。他像被忽然注入春水的古井，陡然荡漾起来。

　　当那个婢女终于出现时，显然还记得那日在园子里的事情。她始终低头忙着，一言不发，回避着容若的注视。她的娇羞极大地鼓舞了容若，当她给他更衣时，容若谎称后背发痒，示意婢女解忧。这样的要求在主仆之间本是极平常的，但这次却有了更深刻的意味，青春的容若将借此开启他懵懂的感情之路。

　　婢女没有理由拒绝。她的手触到容若背上，使容若起了一阵难以遏制的战栗，那是陌生而幸福的体验。他感到那小手冰凉，同样战栗而羞涩。容若转身，握住她的手。他看到婢女桃花般的脸。当容若灼灼的眼神盯住她的脸时，她立刻挣脱了少年如丝的情感，跑了出去。

　　青春的情感一旦产生，不经过剧烈燃烧，是很难消退的。这情感虽然由容若引起，却迅速地燃烧了她。她服侍他好几年了。他是她生命中神一般的少年：高贵、温和。他是她的主子，可是，在这富贵却寂寞的园子中，这主仆二人共同迎来了生命中最初的爱恋。

　　隔了几日，她端茶进来，容若问她："你喜欢园子里的合欢树吗？"她点点头，不敢看他。容若什么都没说，只是用力看着她，然后转身离开了书房。

　　其实，容若仓促地离去，是因为被胸中的热情袭击得难以喘息。他快步走到园子里，这时才发现因为离开时太激动，手里还握着刚才在书房读的一本书。他下意识地站在园子中，将书翻开，然而平生第一次，他无法看懂书上的文字。书上原本熟悉的话语如同浮云，一直从书页飘向无尽的天空。容若情不

自禁一遍遍回忆自己刚才的举动，既兴奋又惶恐，整个下午，他都被异样的情绪左右着。这天晚上，他几乎无法咽下任何食物。但为了逃避母亲的询问，勉强塞了几口到嘴里，直到食物进入胃里，他都没有感觉到一点滋味。

吃过晚饭，容若便立刻离开了众人的耳目。他在园子里迷路般的闲逛，但却很快便到达了目的地。他很明白过早的等待只会延长痛苦，可他无法也不愿意抗拒这诱惑。相比在众目睽睽之下的掩藏，他更喜欢这样肆意暴露在无人理会的空气中。

但这个夜晚，容若没有等到他想要的。在合欢树浓密的树荫之中，容若的心一点点消沉下去。失望令他几乎喘不过气来。他试图继续坚持，然而从合欢树硕大的枝叶上传来了淅沥的雨声。这场雨使容若不得不回到了房中。这时候，他已经筋疲力尽了。这个晚上，来服侍他更衣的仍然是另一个婢女。这次，容若什么都没问。

次日，天刚刚亮，容若便起身了。他几乎一夜没睡。容若走出房门，按照惯例去向父母请安。

雨还飘着，空气里有湿润的烟雾，迷离怅惘，而容若的心事却清澈得可怕。当他迈上通往双亲卧房的回廊，他像被针刺般停了下来。远远地，她，那个失约的婢女，正捧着一个托盘向容若走来。隔得尚远，但容若立刻便认出了她，在雨雾中，她像一个转瞬便会化去的梦。她渐渐走近，发髻低垂，看上去更加弱小，仿佛也是一夜没睡，整个身子萎靡着，看不清的眉眼在诉说着无着的心事。她那哀愁的模样使容若几乎可以肯定，她是明白他的，她同他一样，经历着同样的折磨。

这意外的情感冲击使容若难以移动步伐，他只得靠在栏杆上。她低着头，仿佛走在梦里。但是，她毕竟听到了容若的心声，在即将靠近的时候猛然发现了他。她站住了，起初茫然，继而却大胆地望着他。然后，如同下定决心，她以更快的速度经过了他。那是多么简短的一瞬，但却使容若起了类似悲壮的心情。

容若无法挣扎出只言片语。时间像在可怕地疾行，当她经过时，他看到她脸上淌着热泪。这眼泪让容若的心如入无底深渊。她已转过回廊，他的坠落还没有停止，但在急速、无望地坠落中，他听到自不远处栏杆上传来急切而痛悔

的玉钗声响。

> 相逢不语，一朵芙蓉着秋雨。小晕红潮，斜溜鬟心只凤翘。
>
> 待将低唤，直为凝情恐人见。欲诉幽怀，转过回廊叩玉钗。

这是容若词中令人遐想却又费解的一首词，它写尽了青春的忧伤和莽撞。其实，爽约者的眼泪，率真却奇异的表达，这在初恋中是常有的事，它们不合逻辑，却又入情入理。

一场剧烈的感情，尤其是生命中最初的感情往往会令人丧失正常的思维和理智。莎士比亚说："爱情不过是一种疯。"

因为疯狂，那位爱恋绿蒂的少年维特，"好不容易才下决心，把第一次同绿蒂跳舞时穿的那件朴素的蓝燕尾服脱了下来。这件衣服穿到后来已经旧得穿不出去了"，他"又让人照原样做了一件，领子、翻边袖口也和原来这件一模一样，还配了黄坎肩和黄裤子"；

因为疯狂，当维特"和绿蒂一起去看望那位坦诚的牧师时曾在树下坐过"的两棵美丽的胡桃树被砍掉时，他"简直气疯了，真想宰了那个砍第一斧头的狗东西"；

因为疯狂，最终维特因为无法得到绿蒂的爱情，用手枪击中头部死去时，他仍然穿着"蓝燕尾服和黄背心"，衣服口袋里是维特第一次在绿蒂的弟妹中看到她时，"她戴在胸前的那个蝴蝶结"。

少年维特死了，死于青春时期狂热的爱情，他无畏地死去，毫无怨言，只希望绿蒂"在美丽的夏日黄昏登上山岗时，请你想着我，想着我也曾常常爬上这山头，然后你遥望那边教堂墓地里我的坟墓，看那葳蕤的青草在落日余晖中随风摆动"。

爱是这样疯狂，又这样美好，故而，当寒花即将同容若错失的刹那，情急的她竟然不顾少女的羞涩，摘下头上的玉钗敲响了栏杆。那是一种呼唤和回应。她的眼泪，是对不曾奔赴热烈情感的委屈和无奈。她叩响这玉钗，是对错综复杂心境慌乱而真实的表达。她那样惊慌失措，又那样恳切。

年少时，我们不懂得如何去赢得爱情。历经离散后惨淡的心机，患得患失

之间的保守与思量，那时都不可能出现。那时，我们一旦相逢便不顾一切、不遗余力地奉献赤诚。以他的悲欢为自己的悲欢，以他的世界为自己的世界。不在乎失去自己，因为失去了他就是失去自己。

那时，他是谁也并不重要，即便他是浪子，即便他是鬼，是魔——那又如何？

那时，我们从来不担忧情感的结局。我们以为，一次，便是终生；开始，便是永远。

少年的情感，初次的爱恋，是人生一次珍贵的疯与傻。或许注定会不了了之，然而，人生必定应该有这样忘我的一次。

故而，容若这首《减字木兰花》中寒花的怪异行径便不足为奇了，她只是情之所至。只是，当回首之际，我们之中还有多少人肯直面当初的疯傻呢？还是像《伤逝》里的涓生，每当夜阑人静，被子君要求相对温习之时，那样惶恐地逃避着：

> 我已经记不清那时怎样地将我的纯真热烈的爱表示给她。……我只记得那时以前的十几天，曾经很仔细地研究过表示的态度，排列过措辞的先后，以及倘或遭了拒绝以后的情形。可是临时似乎都无用，在慌张中，身不由己地竟用了在电影上见过的方法了。后来一想到，就使我很愧恧，但在记忆上却偏只有这一点永远留遗，至今还如暗室的孤灯一般，照见我含泪握着她的手，一条腿跪了下去……

逃避的涓生觉得当日的自己可笑而卑微，然而子君并不：

> 然而她并不觉得可笑。即使我自己以为可笑，甚而至于可鄙的，她也毫不以为可笑。这事我知道得很清楚，因为她爱我，是这样的热烈，这样的纯真。

如同涓生深知而不肯坦然面对的，那样的疯傻，那样的寒花，正是我们平生恐怕仅有一次、不复重来的珍贵的纯真。

回廊影里

容易浓香近画屏，繁枝影著半窗横。风波狭路倍怜卿。

未接语言犹怅望，才通商略已懵腾。只嫌今夜月偏明。（《浣溪沙》

席慕容写过这样一首诗：在年轻的时候/如果你爱上了一个人/请你，请你一定要温柔地对待他/不管你们相爱的时间有多长或多短/若你们能始终温柔地相待，那么/所有的时刻都将是一种无瑕的美丽。若不得不分离/也要好好地说声再见/也要在心里存着感谢，感谢他给了你一份记忆。长大了以后，你才会知道，在蓦然回首的刹那/没有怨恨的青春才会了无遗憾/如山冈上那轮静静的满月。

我相信，这首名叫《无怨的青春》的诗，是席慕容在一个温暖的夜里，于一盏小小的黄灯之下，写出的初恋对于我们的意义——那是温柔美好如同"山冈上那轮静静的满月"的情意。这样的情意，即使最终与我们擦肩而去，也必定永远散落在我们之后逐渐坚硬粗糙的心中。

而对那些永不坚硬粗糙的心，它的美将更加不言而喻。

回廊上的一幕，如同青春忧伤而美丽的倒影，在容若后来的人生中，曾无数次出现在他乍醒的梦里：

红影湿幽窗，瘦尽春光，雨余花外却斜阳。谁见薄衫低髻子，还惹思量。　莫道不凄凉，早近持觞。暗思何事断人肠，曾是向他春梦里，瞥见回廊。

很少人能够有幸在初次情感发生时，便懂得其中的意味。纯粹的情感往往出于懵懂，而当我们经历了情感的千山万水，已经知晓"纯粹"为何物并知晓那是怎样的珍贵时，青春的情感和那人早已一去不复返。我们什么都不能再拥有了，除了那些片段，尤其是那获得之前的等待。

婢女脸上的清泪，少年容若在回廊上的怔忡，或许是彼此对宿命的一种挣扎和预知。若干年后，每当忆及这段往事，容若总会一次次被那飘荡于回廊之上的青春忧伤刺痛。那些雨丝，也仿佛终生缠绕着容若，时时滴落。

那段时日，是容若最彷徨的日子。他的热情已经穿越深厚的寂寞的土层并疯狂生长，没法停止，他也不知该如何停止。书本比任何时候都令他感到亲切，也比任何时候令他沉重。他借以逃避，却又根本无法让它们进入自己的内心。

而她，情况只会更糟。当容若问她"你喜欢园子里的合欢树吗"，她就知道自己的命运已经注定了。她比容若更清楚，此去是一桩冒险。她只是他的婢女，是他脚下的尘土。尽管她服侍他的起居，熟知他的一切表情，但尘土永远是尘土，即使他曾偶尔低头，给过她温存的笑容，尘土终将随风消散。

可是，难以抗拒的，容若那亲切的脸庞总在她心里浮现出来。她知道他是好的，宝贵的，也是遥远的。有关"遥远"的思想似乎刺激了她，她忽然意识到，她没有别的选择，因为这将是她一生中唯一的一次靠近。他是她的公子，那么高不可攀而又乐于使她亲近。他从不曾高声和她说话，即使在他偶尔快乐或不快乐的时候。她并不懂得他，她仅只是他的婢女。然而超越这种身份的悬殊，她年轻的心依然直觉到他的孤单，好像她自己也常常觉得突如其来的孤单一样。"他们是一样的"，这想法对她是一种极大的鼓舞。她知道自己快要被升腾的情感左右了，她感到由衷的害怕，但逃避害怕的念头却促使她在回廊相逢的那个夜晚，移动了脚步。

十二红帘窨地深，才移刬袜又沉吟，晚晴天气惜轻阴。

珠衱佩囊三合字，宝钗拢髻两分心。定缘何事湿兰襟。

　　在不止一次的犹疑之后，对爱情的向往终于指使着年轻的她，不顾一切地掀起了青春羞涩的红帘。她几乎是快速行走着，当风吹到她脸上，她感到阵阵视死如归的兴奋。即将到达的时候，快乐使她完全忘记了这勇猛行为将带来的后果所引发的恐惧。

　　此刻，容若正坐在昼开夜合树巨大的阴影里。同那婢女一样，他的心跳几乎使他自己感到害怕。但是，他只是坐在那里，胸中充满蛮暴的热情，安静地等待着。自从第一个夜晚开始，他每个晚上都在这里等待。他从不曾想到过同她身份的悬殊，他只是心无杂念地在等待来到他心中的初次的感情。当一颗单纯的心在俯首尘土之际，他绝不会介意尘土的卑微，只会因为自己的赐予感到满足的喜悦。

　　忽然，他看到她来了。容若全身起了快乐的震颤，他感觉梦境再次降临了。他看到她手里拎着的鞋子，明白她为了能同他相见克服了怎样可怕的境遇。这加剧了他的怜悯和爱恋。已经无法挽回的冒险给了她勇气，她笨拙地将一个香囊塞到他手里，连同手的温热。他握住了那温热。直到那温热变成滚烫，而滚烫又变成浓郁的回忆，容若才来得及看到那香囊上绣着的字，那是两个仅有一半的字，而他在她镶着珠子的裙带上找到了这两个字的另外一半，这两个一半加起来，便是"合欢"。他感到她竟是比自己爱得更加热烈，这深深地感动了他，他意识到他真正拥有了她。他拥抱住她，连同她脸颊上接连不断的眼泪。他们在合欢树下彼此温暖着对方在青春岁月中浓烈的孤寂。

　　整个明府都不知道，在寂静的园子里，发生了这样惊天动地的爱情。对外，他们心照不宣像往常一样恪守主子和婢女的身份，当只剩下他们两个时，他们是最热烈的情侣，人前的隐匿更增添了他们的热情。

　　秋天来了，他们在园子里玩幼时的捉迷藏游戏：

　　　花径里戏捉迷藏，曾惹下萧萧井梧叶。记否轻纨小扇，又几番凉热。

　　当他从一堆憔悴的枯叶里将她搜寻出来，他只闻到了春天最芳香的气息，而全然忘记了那坠地生命耀眼的萧瑟。

　　当激情稍稍平息一些，容若能够忍受她在旁陪伴读书而不至于完全失去对

文字的兴趣。当她像从前侍奉他时一样，用柔软的手指为他拨动灯芯，他感到从未有过的幸福，并奇怪自己从前竟不曾感受到。他将自己写下的思念读给她听：

> 拨灯书尽红笺也，依旧无聊。玉漏迢迢，梦里寒花隔玉箫。
>
> 几竿修竹三更雨，叶叶萧萧。分付秋潮，莫误双鱼到谢桥。

她听了，只懂得双鱼两个字，然而随即眉头微蹙，道："这'双鱼'是什么鱼？"

容若平素能接近的人都同自己一般知书，忽然碰到这样一派天真无知，不嫌粗陋，反觉新鲜有趣。他揽住她，细细解释给她听："有首古乐府，叫'尺素如残雪，结成双鲤鱼。要知心中事，看取腹中书。'说的是一个人在雪白的信笺上写了几句话，然后将信笺扎成一对鲤鱼的形状，寄给另一个人。另一个人为了要知道信上的内容，就只有拆开信笺。而他拆开这扎成鱼形状的信笺，就好像剖开鱼腹一样。所以，这'双鱼'并不是真正的鱼，而是一封信。"

她听了容若的解释，为自己的孟浪羞红了脸，而这却引起容若更热烈的爱恋。

她更加崇拜他，于是有了更多的无知和解释，他们的情感也在这样的絮语中越来越热烈。

有时候，他们不满足一室相对，会趁着黄昏隐蔽的天色，悄悄地牵手在园子里散步，说一些只有他们才能彼此了解的话。

> 红药阑边携素手，暖语浓于酒。

也有时候，两人并没有约定，却会福至心灵，去一个他们忽然同时想到的地方相见。

> 风鬓雨鬓，偏是来无准。倦倚玉兰看月晕，容易低语香近。

她乐意为他做一切事情。容若喜欢看她猩红色的指甲，他分明觉得那是种纯真的妖艳，当日，便是这猩红的妖艳，给了他极其深刻的震动。他将这思想告诉她，她只是羞涩。然而夜深时候，她趁同伴熟睡，将白天偷摘的凤仙花捣碎，一丝不苟地涂在指甲上。她这般不辞辛苦，只为了讨他欢喜。

女伴一片真心又如此温顺，容若自是欢喜。他又感动，又担心她的单薄无法经受夜半风寒：

　　从教铁石，每见花开成惜惜。泪点难消，滴损苍烟玉一条。
　　怜伊太冷，添个纸窗疏竹影。记取相思，环佩归来月上时。

那是属于他们的世界。除了他们自己，容不下任何其他人。谁都看不见他们的情感，除了天上的月光。而他们在小小的世界里，甚至容不下一缕淡淡的月光。容若这样记载他们当时的心情：

　　容易浓香近画屏，繁枝影著半窗横。风波狭路倍怜卿。
　　未接语言犹怅望，才通商略已懵腾。只嫌今夜月偏明。

这首词，记录了容若同寒花之间，经过如狂相思折磨之后，终于明了彼此心意，初通商略的情形。那是完全忘我的时刻，是世界全化为乌有、眼前心底只有此人的一刻。那是无法言喻的美妙，就连那极清淡的月亮都因为无意照进了他们的眼睛，因而打搅了那刻骨的甜蜜而变得可憎。那一刻，时空停滞了，远去了，消散了，世上只有容若与寒花。

物质世界之于人，是生存的根本和难以挣脱的依傍。因为难以挣脱，故有无数人不断地想挣脱。

有人要挣脱生死，所以不惜千山万水去求道。就连石头缝里蹦出的孙猴儿，也肯忍受海上险恶的波涛，去西海之滨的灵台方寸山，求那斜月三星洞菩提祖师传授长生不老之术；独步天下的秦始皇嬴政，在他不复雄壮的末年，也消尽了统一六国的气概，两次派方士率数千童男童女入渤海求仙。

有人想挣脱情爱，因此失意时每欲遁入空门。为情所困的清顺治帝那扑朔

迷离的英年早逝，常被稗官野史敷衍成皇帝情迷董鄂妃，从此撒手大好江山，一意礼佛，了却深情；《红楼梦》里戴发修行的尼姑妙玉，居于大观园拢翠庵中，自称"槛外人"，却还是跳不出自然生发的青春情感："欲洁何曾洁，云空未必空。可怜金玉质，终陷泥淖中。"端坐森森庙宇里，妙玉的心却依然飘荡在红尘的门槛之内。

有人甚至愿意挣脱名利，功成身退的范蠡，"小舟从此逝，江海寄余生"何等洒脱？断发文身的泰伯，三让天下，却依然建立了繁华的吴地文化，得失之间何等从容？

然而，挣脱不易，更多的凡尘蝼蚁，仍是在这世间攘攘熙熙，为蝇头小利争得头破血流，为一瓢虚名而敬献浮生。

但是，在人生的某个时候，任何人都可以做到挣脱。那便是幼年无知以及少年无畏。

幼年时是真正的懵懂，那时人还没有建立自我，没有"我"，自然也没有欲望；没有欲望，何来陷溺与挣脱——无欲则刚。庄子讲了个混沌的故事。说南海有个皇帝叫"儵"，北海有个皇帝叫"忽"，而中央有个皇帝名叫"混沌"。南北两个皇帝经常到"混沌"那里聚会，备受款待，两人于是想要报答他。"儵"以为"人皆有七窍以视听食息"，可"混沌"却七窍全无，不能思想、不能看不能听，不能呼吸和吃东西，委实可怜，于是提议给中央大帝开窍。这两位多事的皇帝便大刀阔斧忙着千古事业，七天过去了，"混沌"七窍全开，然而结局却是"混沌死"。

当混沌褪去，欲望盛行，谁能挣脱？谁能不死？可知幼年混沌真是幸福，惜乎不能长久。

而少年之无畏就要勇敢得多。那种无畏，代表生命的强大，代表初生的意志。阿基米德说："给我一个支点，我可以撬动整个地球"。巴尔扎克说："我将粉碎一切障碍。"少年的爱是无视一切的爱。

看过《红与黑》的人都将无法忘记于连和德·莱纳夫人之间的纠葛带给我们的震撼。这个带着"一副怨愤幽深的表情"的出身低微的少年教士具有一种奇特的自尊心，因为"对于上流社会，他感到的只是仇恨和厌恶，这个上流社会实际上只是在餐桌的末端接纳了他"。

　　大热天来了。房子几步外有一株大椴树，到了晚上，大家就坐在树下。那里光线很暗。一天晚上，于连对着年轻女人侃侃而谈，心里美滋滋地。他说得兴起，指手划脚间，碰到了德·莱纳夫人的手，那只手正搁在平时置于院中的一把漆过的椅子的背上。

　　这只手很快抽了回去，然而于连想，要让这只手在他碰到时不抽回去，这乃是他的责任。想到有一种责任要履行，想到若做不到就会成为笑柄或招致一种自卑感，他心中的快乐顿时烟消云散。

　　第二天，于连再见到德·莱纳夫人时，目光很古怪；他盯着她，仿佛面前是一个仇敌，他就要与之搏斗。……夕阳西下，决定性的时刻临近了……大家终于落座，德·莱纳夫人坐在于连旁边，德尔维夫人挨着她的朋友。……古堡的钟已经敲过九点三刻，他还是不敢有所动作。于连对自己的怯懦感到愤怒，心想："十点的钟声响过，我就要做我一整天里想在晚上做的事，否则我就回到房间里开枪打碎自己的脑袋。"……终于，他头顶上的钟敲了十点，这等待和焦灼的时刻总算过去了。钟声，要命的钟声，一记记在他的脑中回荡，使得他心惊肉跳。

　　就在最后一记钟声余音未了之际，他伸出手，一把握住德·莱纳夫人的手……于连的心被幸福的洪流淹没了，不是他爱德·莱纳夫人，而是一次可怕的折磨终于到头了。……午夜的钟声早已响过，终须离开花园，这就是说，要分手了。陶醉于爱之幸福的德·莱纳夫人天真无知，竟没有丝毫自责。幸福使她失眠了。于连却沉沉睡去，胆怯和骄傲在他心中交战了整整一天，弄得他筋疲力尽。

　　第二天早晨五点钟，他被人叫醒；他几乎已经把德·莱纳夫人忘了，她若是知道，那对她可是太残酷了。他履行了他的责任，而且是一个英雄的责任。这种感觉使他非常幸福，他把自己反锁在房间里，怀着一种全新的乐趣重温他的英雄的丰功伟绩。

　　于连终于战胜了自己，获得了德·莱纳夫人的爱。然而，在这场感情里，少年于连没有一刻忘记了周遭的世界和自己的尊严，当他完成了自己的"责任"，他放心地睡去了，甚至忘记了他"爱"的对象，因为他心中并没有爱，只有关于英雄的概念以及如何去证明。

　　而容若是有爱的，无畏的是被激情澎湃的容若和寒花。他们在那段幸福时光中，两两相对之时，可以完全忘却、挣脱了周遭的世界，彼此是对方的魔镜，除了他和她，谁都照不见。

　　他们被对方燃烧着，怜惜着，在各自生命的第一个春天里，彼此许下终生相伴的誓言。多年之后，容若每次回首，都仿佛听到回廊之上那低低而真诚的盟誓，穿越肃杀的秋风，向自己呼啸而来。

　　　　燕归花谢，早因循过了清明。是一般心事，两样愁情，犹记回廊影里誓生生。
　　　　金钗钿盒当时赠，历历春星。道休孤密约，鉴取深盟，语罢一丝清露湿银屏。

　　这个被容若倾心爱过，引领他走入青春最怅惘梦境的婢女，我们已无从知晓她的名字，只知道，容若曾将她称为"梦里寒花"。那个夏天，少年容若完成了他的初恋。他身边这个出身卑贱的小女子，给了他一生都难以忘怀的情意和慌乱甜蜜，那是他的青春记忆，是他首次成为自己的一个永恒的碑铭。

催花未歇

金液镇心惊，烟丝似不胜。沁鲛绡、湘竹无声。不为香桃怜瘦骨，怕容易，减红情。蛮笺署小名。鉴凄凉、片月三星。待寄芙蓉心上露，且道是，解朝醒。

以世故的眼光来看，初恋的失败，其根由缘于当事人对世事的无知。鲁迅先生借《伤逝》中的涓生，说出了这根由：只为了爱，——啊——盲目的爱，——而将别的人生的要义全盘疏忽了。第一，便是生活。人必生活着，爱才有所附丽。

这是令人悲哀的，人生最纯粹的感情，往往抵不过现实的棒喝。悖论人生，处处如此。得到的，往往是不想要的。想要的，却偏偏不是自己的。好容易得到了自己想要的，天不假与，又必以想不到的意外让一切成灰。

容若在同寒花的相恋中，还不曾体会人生的这种悖论，但他的确从不曾想过他们的未来，因为，作为明府的公子，有生以来，生存从来不曾成为他的负担。富贵生活使容若在这一点上尤为单纯无知。他以和寒花同样的真诚和热烈爱着，初次情意带来的震撼与欣喜完全淹没了他。他期望着这情感的永久，也自以为必然永久。这不顾一切的爱使他们不顾一切，却也使他们在悲剧来临时不知所措。

> 茗碗香炉事事幽，每当相对便无愁。
> 金笺自结双栖愿，那得齐纨怨早秋。

　　如同多数人最初的爱恋情感一般，这一场尘土般的感情，从最初就已注定了它的消散。

　　那是"中元时节"——农历七月十五日。他们被发现了，并被斩钉截铁地分开。在同寒花相恋的日子里，容若似乎从来不曾想过这情事的最终意味。他只是单纯地爱，单纯地珍重，却从未想过未来。因此，当他们被骤然分开，雷霆般的打击使容若目瞪口呆。

　　寒花被带走后，母亲曾经来到容若的书房，她什么也没说，但从她爱新觉罗式淡然的目光中，容若感到了寒冷。寒花再也没有在明府出现，她被驱逐了，因为她不适当的爱情，如果实施判决的人肯相信那确实是世间最真诚的爱情的话。容若并没有受到任何质疑。整个明府静悄悄的，只剩空气中无限凉薄。事实用一种毋庸置疑的姿态告知容若，身为叶赫后裔的他，身为皇亲贵戚的他，同婢女之间的一场春梦，已经被无限天光惊醒。没有人感到惊讶，但也没有人肯给予正视。他们果断而轻蔑地剪断了他的热情。

　　母亲若无其事的态度和由来已久的权威制止了容若的任何挣扎。容若感到激愤，连续几日无法入睡，食不下咽。但他不知如何反抗，甚至不能像子君那样说出一句"我是我自己的，他们谁也没有干涉我的权利！"在外人看来，他离奇地保持着安静，谁都听不见他同自己的交战。母亲只在饭桌上，对照顾容若的老妈子说："给成哥儿熬点参汤，念书念得人都瘦了。"

　　在容若与寒花的情事中，始终有一个沉默的旁观者，那便是一同侍奉容若的另一个婢女。无人之时，容若不止一次向她探寻寒花的下落，却不断遭到她冰冷的敌意。她是同伴悲惨际遇的见证者，虽然她从始至终就不曾抱有幻想，但当冷酷的现实突然到来时，她还是为容若的无所作为感到愤懑。她也是婢女，她了解同伴的渴望和悲哀。

　　知情者的沉默引起了容若更恐怖的猜想，他的身形继续消瘦下去，似乎正亲身体会红颜逐日萎谢，每当风雨过处，他都分明看到寒花身处陋室，凄凉无依。容若形骸渐失和落魄的眼神最终获得了宽恕，那婢女告诉了他寒花的下落。

　　纳兰家属正黄旗，居住在北京城区西北，街北有座大觉寺，那就是寒花栖身之所。她离开明府后，并没有遵照明府遣送回家的判决，而是径直奔大觉寺

而来。

当寒花最终在大觉寺里香消玉殒之际,她还记得,那晚的月亮又大又圆,月光惨白得吓人,她的脸也有那样的惨白。彻底的幻灭——这种情景在她心里已经上演过千遍,但真正到来时,她还是无法控制自己的战栗。她站在大觉寺门前,哆嗦良久。她希望她的公子会从天而降,将她堂堂正正地带回去。然而没有人,一切都是虚妄。她不得不在寺里住下来,并最终成了一名女道士。

在得知了寒花的下落之后,容若立刻来到了大觉寺。然而,在他即将跨入寺门的刹那,他停住了。他问自己:"我能怎样?"容若无法回答。他不得不承认,自己不肯也无法忤逆双亲,他不可改变寒花的命运。容若的退缩使他自己感到羞愧,尤其当他回想起回廊之上自己那些最彻底的誓言,这羞愧导致了他的沉默。

之后的日子,容若不止一次来到这里,在门外徘徊。没有人阻止他,但他就是无法跨入寺中,因为,他知道,即使自己能跨进去,最终也还是只能自己一个人从寺里跨出来。他已经使寒花隔绝了人世的幸福,再不能接受自己亲手夺去她自佛的安详中获取的平静。

但是,从那时起,容若的思念有了更明确的指向。当他在园子里踟蹰,他看到荷叶上的露珠,想起当日两人曾一起去捕捉那终将被阳光晒干的纯净。当他轻抚修竹,抚了一手的湿润,他便以为那是寒花的眼泪。夜晚来了,他看到园子里的凤仙花开得正艳,便想起她那猩红色的指甲。那是他们之间最明艳的记忆,然而此刻却只带给他惨淡的心情。

> 春葱背痒不禁爬,十指掺掺剥嫩芽。
> 忆得染将红爪甲,夜深偷捣凤仙花。

他把自己的心情写了下来,试图传递给那墙内孤独的被弃者:

> 金液镇心惊,烟丝似不胜。沁鲛绡、湘竹无声。不为香桃怜瘦骨,怕容易,减红情。
> 将息报飞琼,蛮笺署小名。鉴凄凉、片月三星。待寄芙蓉心上露,且

道是，解朝醒。

　　这首写给远离人世之仙姑的词，正是容若当时矛盾心情的最好印证。那时候，容若还没有想过就这样接受和寒花分离的命运。离别从天而降，他的爱还异常鲜活。在最后的诀别来临之前，他还没有任何准备来接受这无法改变的分开。当容若在大觉寺外，与寒花咫尺难见，他没有去体会自己未来将如何面对没有寒花的生活，却急于凭借自己的想象来猜测寒花当下的生活。

　　他想象着，空茫的佛寺里，寒花正独自饮泪。此际，在容若的心底，寒花是一切传说和故事中最美丽的仙姑。他心目中只身栖于佛寺的寒花，是痛苦而美丽的，如泪洒斑竹、无言而深情的湘妃。容若放任着自己的想象，他仿佛看见痛不欲生的寒花向着门外的自己凝视，然后收回视线，微笑着终于饮下了仙家的丹液。那是令人飞升的丹液，足以顷刻消解所有的痛苦，而寒花，一瞬之间，已经飘然欲仙。

　　这幻想的景象令彷徨的容若感到欣慰，这似乎使他不再矛盾，不再不知所措。然而，容若一边却又担心。毕竟，在他此刻热烈的少年心里，丝毫不贪恋仙家无情无爱的生活，他固然为寒花的解脱欣喜，却又担忧着彼此曾经浓烈的情爱会从此消减，直至幻灭。因而，矛盾的容若急于向佛寺内的寒花传递消息。他要她知道自己同昨日一样的“片月三星”，那不是月亮和星星，而是他的“心”。他深信，即使没有那神奇的丹液，自己的感情如同荷叶上的露珠，必可消解寒花那如醉如痴的思念之情。

　　但出于和不肯入寺相同的恐惧，这消息最终停在了容若寂寞的书房内。这停留，是容若趑趄再三之后无可奈何的选择。他选择了怀念。

　　活在这个世界上，于人世茫茫的几十年生涯中，我们都难免会有一两个相见不如怀念之人。也许是被缘分隔绝的昔日爱侣，也许是被命运分开的骨肉至亲，也许是情人，也许是仇敌，也许是见证过我们最尴尬情状的陌生人。

　　当陆游和沈宛在沈园重逢，那是怎样的不堪与伤痛：“红酥手，黄縢酒。满城春色宫墙柳。东风恶，欢情薄。一怀愁绪，几年离索。错、错、错。”“春如旧，人空瘦。泪痕红浥鲛绡透。桃花落，闲池阁。山盟虽在，锦书难托。莫、莫、莫。”

　　山盟虽在，锦书难托。这是终生无法释怀的心情，一曲《钗头凤》之后，沈宛去了。孤独的陆游直至晚年，仍要回到沈园，望着桥下的流水泫然而泣。怀念不易，相见更难。

　　这是有情的怀念，尚有无情之怀念。最可笑的莫过于《红楼梦》里贾雨村那个故人——当日葫芦庙里的小沙弥。那时候，新官上任的应天府知县大老爷贾雨村刚接了一件两家争买一婢，各不相让，以至殴伤人命的官司，正要秉公办理，"正要发签时，只见案边立的一个门子使眼色儿，——不令他发签之意。雨村心下甚为疑怪，只得停了手，即时退堂，至密室，侍从皆退去，只留门子服侍。这门子忙上来请安，笑问：'老爷一向加官进禄，八九年来就忘了我了？'雨村道：'却十分面善得紧，只是一时想不起来。'那门子笑道：'老爷真是贵人多忘事，把出身之地竟忘了，不记当年葫芦庙里之事？'雨村听了，如雷震一惊，方想起往事。原来这门子本是葫芦庙内一个小沙弥，因被火之后，无处安身，欲投别庙去修行，又耐不得清凉景况，因想这件生意倒还轻省热闹，遂趁年纪蓄了发，充了门子。雨村那里料得是他，便忙携手笑道：'原来是故人。'又让坐了好谈。这门子不敢坐。雨村笑道：'贫贱之交不可忘。你我故人也，二则此系私室，既欲长谈，岂有不坐之理？'这门子听说，方告了座，斜签着坐了。……"

　　凭了那旧日小沙弥呈奉的"护官符"，贾雨村"至次日坐堂，勾取一应有名人犯，雨村详加审问，果见冯家人口稀疏，不过赖此欲多得些烧埋之费，薛家仗势倚情，偏不相让，故致颠倒未决。雨村便徇情枉法，胡乱判断了此案。冯家得了许多烧埋银子，也就无甚话说了。雨村断了此案，急忙作书信二封，与贾政并京营节度使王子腾，不过说"令甥之事已完，不必过虑"等语。此事皆由葫芦庙内之沙弥新门子所出，雨村又恐他对人说出当日贫贱时的事来，因此心中大不乐意，后来到底寻了个不是，远远的充发了他才罢。

　　这样的故人，正是相见不如怀念，因为见过他当日饥馑寒碜，不如早早消失，以免令今日富贵之人心不快。虽世态炎凉，奈何却是世间常态。"英雄不问出处"，但有几多英雄肯记得来时路？就是那打了汉室天下的刘邦，富贵已极，回乡之际也要前呼后拥，粉饰"喂牛切草，拽坝扶锄"的刘三之贫贱当初。

相见，有时或许争如不见。有情，有时真真还似无情。

在长久的隔离之后，容若开始正视发生在自己和寒花身上的这场人生变故。容若想不到寒花会遁入空门，如今他们终于平等了，她的空门，同他的侯门一般无法跨越。容若开始在想象中追记寒花，他想象着，她是"飞琼"，正日夕以金液为水，追求仙家不食人间烟火的永恒；他想象着，她在高阔而出尘的寺庙之中，如老僧般入定，听不见窗外的雨，也拒绝听见内心的声音。在最寂静的寂静中，梁间燕子，双宿双飞，门外柳枝，含情低垂，一次次无知而剧烈地刺痛她孤单的心。

> 隔花才歇廉纤雨，一声弹指浑无语。梁燕自双归，长条脉脉垂。

这是容若心中寒花的凄凉，也是容若自己的凄凉。他生平第一次，对自己的富贵之身起了憎恨。

隔着遥远的寺门，容若感到了寒花心中离去的坚定和悄然的疼痛。经过一段时间无奈的冷却，现在，容若完全了解她的心境了。他逐渐看清了彼此之间滔天的洪水。他的热情渐渐收起了浓烈的外衣，变得更自然，也更深刻。他常常行至大觉寺附近，听着从寺中传出若有若无的梵音。这种为一间寺庙所隔、身迹相近却身世相远的恍然心境使容若长久无法忘怀，后来，当他扈从塞外，为寒被传来的冰冷惊醒时，他曾想起寒花承受过的同样冰冷：

> 斜倚熏笼，隔帘寒彻，彻夜寒如水。离魂何处，一片月明千里。两地凄凉多少恨，分付药炉烟细。近来情绪，非关病酒，如何拥鼻长如醉。转寻思、不如睡也，看道夜深怎睡。
>
> 几年消息浮沉，把朱颜顿成憔悴。纸窗风裂，寒到个人衾被。篆字香消炉冷，不算凄凉滋味。加餐千万，寄声珍重，而今始会当日意。早催人、一更更漏，残雪月华满地。

在容若看来，即使闹市之中的寺庙有着盛极的香火，但每到夜晚，也会呈现出脱离红尘的寂静清幽。这样的清幽，如同他们往日在明府园中不为人知的

相伴，足令人痴心妄想。因而，他会一次次在无悲无喜的梵音中，彷徨不定，踯躅难离。

当这段感情被迫在容若生命中逝去，当又一个寂寞的春天来临，他不得不尝试放下内心的感情，以超然的心态来看待寒花如今的身份：

> 独倚春寒掩夕扉，清露泣铢衣。玉箫吹梦，金钗画影，悔不同携。
> 刻残红烛曾相待，旧事总依稀。料应遗恨，月中教去，花底催归。

容若想象，或是渴望，身着铢衣的寒花，在经声佛火中寻到解脱。

时光渐渐流逝，在又一个春天，也许是春天的温暖给了他勇气，也许是长夜的思念使他变得坚强，容若放下了改变寒花和自己命运的企图，也同时放下了无法改变寒花和自己命运的恐惧，偶尔会鼓起勇气进入寺中。但他往往只肯步到大觉寺东偏后殿，望着端坐的火神默默祝祷。或是到西偏中后殿，向关帝、药王叩头，祈求寒花能安度余生。他在大雄宝殿、三世佛殿间逡巡，在"二十诸天"、"十二缘觉"的塑像前虔诚拜求，直到有一天，穿过重重殿宇，在低眉颂经的僧人之中，看到了寒花。

篆烟残烛

燕垒空梁画壁寒，诸天花雨散幽关，篆香清梵有无间。蛱蝶乍从帘影度，樱桃半是鸟衔残。此时相对一忘言。（《浣溪沙·大觉寺》）

身着道服的寒花在人群显得异常羸弱。即使她保持沉默，她的痛苦也是清晰可见的。她紧闭的双唇，空洞的神情，都明白表露着道观岁月的了无生趣。她身上宽大的道袍在春风中飘动着，仿佛她破碎的心也随时将随风而去。容若越过森林般盘坐的道人，向寒花痛苦地张望。良久，寒花在诵经的间歇里抬起头，迷茫地看着远处。她无意地转过头，看到了容若。寒花愣住了，长久与世隔绝的生活影响了她的判断，隔了好一会儿她枯竭的脸才露出肯定的神色。她的神色立刻改变了，仿佛从化外回到人间。她对着他，渐渐露出了微笑，风好似忽然大了起来，寒花的道袍随之剧烈颤抖着。

寒花的微笑引出了容若心中汩汩的泪水，那飘动的道袍也好像扇起凛冽的风，令容若几乎站立不稳。此刻，寺外是明媚的春天，而这寺内的两个人，相顾无言，虽则竭尽全力用目光温暖着对方，却深知他们彼此的春天已经过去了。

燕垒空梁画壁寒，诸天花雨散幽关，篆香清梵有无间。
蛱蝶乍从帘影度，樱桃半是鸟衔残。此时相对一忘言。

人生中最令当事人惆怅的，莫过于曾经如胶似漆的人最终却无言以对。世

事会改变很多，心情，际遇以及距离。生活中充满相逢，然而很少的相逢能变成相守，更少的相守能够永久。

> 人生若只如初见，何事秋风悲画扇？等闲变却故人心，却道故心人易变。　骊山语罢清宵半，夜雨霖铃终不怨。何如薄幸锦衣儿，比翼连枝当日愿。

这首《木兰花令》，似是容若成年后为友情所作，然而，词里的悲怆却如此契合容若同寒花这次重逢的心境。对容若而言，园子里那些热烈温暖的夜晚，彼此闪烁的眼睛，已经渐渐泯灭了。他对寒花充满悲悯，也充满痛悔。他同她，彼此竟都不复当初。她的脸上已经看不到从前的依恋和甜蜜，而他的心中，也不再升起那难以抑制的渴望。他们被身份阻隔，被命运阻隔，也被时间阻隔了。

容若痛苦地想，原来情感是这样变幻的东西，知书达礼的班婕妤，曾蒙无限恩宠却最终被汉成帝弃置冷宫，再美好的秋扇也抵不过那新鲜美艳的赵飞燕；唐明皇同杨玉环算得情深义重，却也扛不住三军不发、大厦将倾的震恐。自己同寒花也曾于回廊之上相许终生，那些痴语言犹在耳。然而，在双亲的威逼之下，在身份的鸿沟前，自己同寒花，如同两只惊弓之鸟，毫无准备地被一阵寒流分开了。他们甚至不再能回复最简单的主仆关系，"人生若只如初见"，这终归只是假设，如今即便彼此无情，欲求在明府疏阔的庭院里相安无事，竟都不能了。

人生易变的痛苦使容若受到的震动甚至比自己同寒花情感的失意更大，他想，岂止是情感，人生的一切似乎都难以长久。他记起 10 岁时的上元节，记起自己那面对月之圆缺的年少无知，那时的坦然，如今看来竟是那般少不更事。他想起那奇异的不停生息的蘡薁，想生命是如此变幻不测，"故心"易变，故情易变，一切都似乎难以把握。

这次相见，使容若和寒花彻底接受了分离的命运。寒花的心，在刹那复活之后，又颓然地死去了。她继续回到那枯槁的生活中去。而容若再一次无奈地知道，无论相见多少次，他们都只能像这一次一样，隔着重重佛幡，隔着空中

飘缈而坚定的佛音，相对无言。

在大觉寺见过寒花之后，容若在书房中，独自回想着这次会面。容若想，现在的自己，和唐代的刘禹锡有着一样的命运。

当年，刘禹锡被贬朗州司马，历 10 年漫漫岁月后方重返长安。在回到长安的这年春天，刘禹锡临京郊玄都观赏桃花，回首前尘，写下了"紫陌红尘拂面来，无人不道看花回。玄都观里桃千树，尽是刘郎去后栽"的感慨之辞。不料因诗中"语涉讥刺"，尚未平复返京喜悦的刘禹锡再度遭贬。又是漫长的 14 年后，刘禹锡再返京城，再游玄都观，情绪激昂之际，又写下了"百亩庭中半是苔，桃花净尽菜花开。种桃道士归何处？前度刘郎今又来"的诗句。在此绝句之前有《引》谓："居十年，召至京师。人人皆言道士手植仙桃，满观如红霞，遂有前篇，以志一时之事。旋又出牧，于今十有四年，复为主客郎中。重游玄都，荡然无复一树，惟兔葵燕麦，动摇于春风耳。"其无常之叹，动人心弦。

这种无常的感觉，在容若同寒花的这次重逢之后在他心中萦绕不去。容若想，自己同刘禹锡一般，再见故人却恍如隔世。他也深深感到，即使同寒花能再有一万次相见，他们之间曾经的盟誓和情意，都是玄都观中的春桃，已荡然无存。彼此的心情，都只似春风中的兔葵燕麦，只余惆怅二字。他的脑海中反复出现"前度刘郎"四个字，情意渐消，诗意正浓，情不自禁流下眼泪。窗外的春风进来了，将桌上的纸吹落了一地，容若摁住仅存的一张，提笔写下了一首《忆秦娥》：

春深浅，一痕摇漾青如翦。青如翦，鹭鸶立处，烟芜平远。

吹开吹谢东风倦，细桃自惜红颜变。红颜变，兔葵燕麦，重来相见。

容若此词，写寒花在青灯古佛和暮鼓晨钟中红颜消褪的悲哀，也写自己无能为力的悲哀。他不得不承认，寒花固然已不复以前艳若桃花，更重要的是，他们的故事，也已变得陈旧。

容若和寒花就这样被命运之手赶出了彼此的生命。若干年后，已失去全部生趣的寒花，在清心寡欲的道观中，又一点点失去了她的青春和生命力，终于

在经历了无数个冰冷的晨昏之后，怆然长逝。

寒花的死，是容若告别青春情感的丧钟。当他闻讯，他想起那个叫琵琶的侍儿，怎样经一只鹦鹉，唤起主人对她的回忆；又记起侍婢玉箫的痴心，怎样被唐韦伤尽。而他——纳兰容若，却也只能为那逝去的寒花，为那被自己放逐在寺庙之中的纯真感情，含泪写下"鹦鹉偷教，方响前头见玉箫"的诗句。

对寒花的死，容若内心是一层又一层的愧疚，他强烈感到无人能掌握无常的命运。每一次，当他走近家中佛堂，或是去到寺庙里，他总在飘缈的烟火中升起一丝更加飘缈的希望。他凝视那些逐渐燃尽的佛香，想起东方朔《海内十洲记》中记载的名为返魂树的那令人起死回生的返生香。容若祈求这些香中，哪怕有一炷是这返生之香，能令死去的生命重生。他甚至对自己许诺，如果寒花复生，他宁愿不去采摘她的花束，只愿她能平安幸福。当容若在生命最后的岁月里，仍然保有这样的愿望，他曾写道：

> 抛却无端恨转长，慈云稽首返生香。妙莲花说试推详。
> 但是有情皆满愿，更从何处著思量。篆烟残烛并回肠。

这段生命中最初的情感，悲伤的结局，始终温顺微笑的寒花，自己的无能为力，使容若时时回想过去，忆及他同寒花定情的回廊，永难释怀：

> 银床渐沥青梧老，屟粉秋蛩扫。采香行处蹙连钱，拾得翠翘何恨不能言。　回廊一寸相思地，落月成孤倚。背灯和月就花阴，已是十年踪迹十年心。

正如词中所言，那一寸回廊在容若灵魂中徘徊不去，但寒花以及那些往事，毕竟还是在以后跟跄的足迹中渐行渐远。

相思相望

　　春天来了，燕子在园子里散步，为新生的绿叶发出欢快的鸣叫。而容若，当寒花去后，他的少年情怀也戛然而止。他和往年春天一样，听到了小鸟的吵嚷，但这次，他听到的是来自自己内心的长叹。到这个时候，容若已经可以用稍微勇敢一点的心情来面对寒花在他生命中留下的悲欢。寒花曾经带给他的快乐以及最终失去寒花留给他的痛苦，渐渐变成他的一种隐秘心境。他回到正常的生活里，念书、习射、同父母简短地交谈。但所有的一切，都因为这心境的存在，变得有些隔膜和不真实。当夏天来临时，容若已经可以在合欢树前，看合欢昼开夜合，独自面对空无一人的惆怅：

　　惆怅彩云飞，碧落知何许？不见合欢花，空倚相思树。
　　总是别时情，那得分明语。判得最长宵，数尽厌厌雨。

　　在对心灵的每一次描绘中，容若都会重新回顾曾经发生在自己身上的那种迷离的感情和幻灭，在描绘中，痛苦渐渐变得柔软，而欢乐从整片浓缩成容若心底的一颗眼泪。这种描绘一方面能使他得到安慰，另一方面，也使他开始爱上汉家文化。他觉得，自己祖先那种豪情万丈的表达方式，只能让心因为筋疲力尽而放弃痛苦，但汉人的诗词，却可以使痛楚变成水，滋养干涸的内心。

因彷徨和痛苦，容若一头栽进汉人诗篇中。他读《花间》，觉其贵重而不适用。读苏轼词，觉其适用，却不够华美。几番拣选之后，他渐渐爱上李煜词，不但华美厚重，"更饶烟水迷离之致"。

容若对李煜的选择和偏爱，已经隐隐透出他未来的词风。

安史之乱后的唐朝，开始逐渐远离最妖娆的时光，向衰落萧瑟走去。末世的消沉使许多文人开始以柔软而妩媚的笔触来抚慰自己及他人的心灵，词开始大行于世，正如李泽厚所言："盛唐以其对事功的向往而有广阔的眼界和博大的气势；中唐是退缩和萧瑟，晚唐则以其对日常生活的兴致，而向词过渡。这并非神秘的气运，而正是社会时代的变异发展所使然。"

花间词渐渐出现了，最典型的数温庭筠，他最绮丽的那首《菩萨蛮》，"小山重叠金明灭，鬓云欲度香腮雪。懒起画蛾眉，弄妆梳洗迟。　照花前后镜，花面交相映。新帖绣罗襦，双双金鹧鸪"，写那慵懒的贵族女子自梦中醒来，半醒半梦梳妆打扮，颓唐、温柔而模糊，正是花间词瑰丽而空洞的格调。然而，这样的格调到了南唐后主李煜那里，却因其家仇国恨变得充实了。"国家不幸诗家幸，赋到沧桑句便工"，李煜词，尽管所描写的对象依旧是词人笔下常常所描写的人、物，但其境界丰神却远远超越了"花间词"派，"温飞卿之词，句秀也。韦端己之词，骨秀也。李重光之词，神秀也。"李煜词之神秀，不因别的，因他非同一般的身世和飘摇的江山社稷，故而有了深重而普遍的苍凉。李煜词仍然是瑰丽的，却是充满国破家灭世事无常的瑰丽。

当容若读到李煜的《清平乐》："别来春半，触目柔肠断。砌下落梅如雪乱，拂了一身还满。　雁来音信无凭，路遥归梦难成。离恨恰如春草，更行更远还生。"忍不住掉下了眼泪。容若想，他将再也不能、也不肯对任何女子轻易生出眷恋之心了，他将用胸中的离恨春草埋葬自己，以此作为对寒花的救赎。

这一日，容若翻阅唐诗，读到骆宾王《代女道士王灵妃赠道士李荣》诗。自寒花诀别红尘，容若对僧、道便别有心肠，那些曾经读过的仙道传说，常常涌至心上。每一次涌现，都是寒花的涌现。在这些故事里，寒花总凭借仙家的异能，远离了伤痛，不食人间烟火，也不知人间情愁。容若就在这样的梦想中，期待着寒花忘记自己带给她的痛苦。此前，他曾反复回想唐人裴硎《传

奇》中裴航与云英之事。故事里裴航乘船至蓝桥时，口渴求水，得遇云英，一见倾心，遂向其母提亲，其母要求以玉杵为聘礼，方可嫁女。后来裴航终于寻得玉杵，得与云英成婚。捣药百日之后，裴航与云英双双仙去。这样的人世爱悦同尘外成就双双美满的结局令容若大为神往却也黯然神伤。此刻，容若见此骆宾王为女道士代做之诗，不禁留意细读。原来，这李荣是唐代初年蜀中一道士，早年学道，拼力苦修，并有道术与文采，曾同诗人卢照邻过从。后来得唐高宗征召进京，长期活跃于长安和洛阳两地。李荣的主要活动是代表道教与佛教进行论辩，因其能言善辩，文思敏捷，在与佛教的论战中虽"屡遭劲敌，仍参胜席"，成为"老宗魁首"。显庆五年八月，敕召僧静泰与李荣于洛阳宫中就《老子化胡经》进行辩论，李荣意外辩败，因而被贬，返回蜀地。

李荣败走故土，道教众人固然颓丧，而之中一位女道士，却不仅颓丧，更兼伤心，这位女道士便是王灵妃。王灵妃是李荣居于长安时的伴侣。两人曾于观中促膝论道，在长安柔媚繁华中相依相从，而李荣一去，这道姑顷刻变成思妇。李荣心情如何不得而知，但王灵妃痛失爱侣，难堪寂寥，便托骆宾王写了这絮语长歌寄给那绝尘而去的道士。

　　玄都五府风尘绝，碧海三山波浪深。桃实千年非易待，桑田一变已难寻。别有仙居对三市，金阙银宫相向起。台前镜影伴仙娥，楼上箫声随凤史。凤楼迢递绝尘埃，鸾时物色正装回。灵芝紫检参差长，仙桂丹花重叠开。双童绰约时游陟，三鸟联翩报消息。轻花委砌蕙裙香，残月窥窗幌色。个时无数并妖妍，个里无穷总可怜。别有众中称黜帝，天上人间少流例。洛滨仙驾启遥源，淮浦灵津符远筮。自言少小慕幽玄，只言容易得神仙。珮中邀勒经时序，箫里寻思复几年。寻思许事真情变，二人容华识少选。漫道烧丹止七飞，空传化石曾三转。寄语天上弄机人，寄语河边值查客，乍可匆匆共百年，谁使遥遥期七夕。想知人意自相寻，果得深心共一心。一心一意无穷已，投漆投胶非足拟。只将羞涩当风流，持此相怜保终始。相怜相念倍相亲，一生一代一双人。

诗极长，情义极真，但真正打动容若的却不过是那句"相怜相念倍相亲，一生一代一双人"。他反复吟咏，只觉字字入心，天地万物，来去时空，全都不复存在，只剩那曾在园中相随的自己和寒花。那已消逝的时光，仿佛便是容若今生全部的情感和经历。一时之间，容若竟起了超凡之心，他脱口吟道：

一生一代一双人，争教两处消魂。相思相望不相亲，天为谁春。
浆向蓝桥易乞，药成碧海难奔。若容相访饮牛津，相对忘贫。

容若此词，以骆宾王诗句为首，将裴航与云英的故事以及嫦娥盗药之事融汇其中，更兼牛郎织女牛津相会事，以仙凡之隔绝与相通写自己同寒花的梦境与现实，情真而痛切。因为寒花入了空门，容若的词中全是那超越人世的非凡之人。一同成仙的，独自飞去的，访仙而归的，都令容若向往。

然而这首词，最令人心惊的仍是那句容若袭用的"一生一代一双人"。毕竟，我们都是凡人，我们所能够看见的不过是此一生。"朝菌不知晦朔，蟪蛄不知春秋。"朝生暮死的虫子不知道何为一天，春生夏死、夏生秋死的蝉不知道何为一年。"楚之南有冥灵者，以五百岁为春，五百岁为秋；上古有大椿者，以八千岁为春，八千岁为秋。"楚国南边名叫冥灵的大龟，极其长寿，对它而言，五百年才一个春，五百年才算一个秋；上古那被称为大椿的古树，更不知存活了几万年，对它而言，八千年也不过是一场春或秋。而人，存乎世间不过百年，在这短暂的寄居过程中，我们能够体会几个春天？我们又能够承受多少次于瑟瑟秋风看那人走远？即便我们能够一忍再忍，即使我们可以一别再别，我们的青春呢？我们的容颜呢？能够永远如新不变吗？我们的情怀呢？我们的誓言呢？能够永远如同初见吗？

我们没有足够的证据告诉自己，人死之后，灵魂是否灼灼不灭？是否还能如生时悲欢依旧？就算真的有灵魂，当今生的躯体逐渐腐朽，那空洞而无所依傍的灵魂又是否还记得前生之事？杭州灵隐寺外的三生石，黄山谷的旧书橱，"身前身后事茫茫，欲话因缘恐断肠。吴越山川寻已遍，却回烟棹上瞿塘。"——有多少人有前事不忘的幸运？

故，当那灵魂终于寻得新的躯壳，重返人间，曾经爱的还能继续爱吗？曾

经坚持的还能记得坚持吗？我们不知道，我们所能够奉献的，也不过是这不过百年的一生。仅此一生，哪里就那样容易奉献？

人在何时会说"一生一世"？必是极爱，或是极恨。"一生"的概念，有的时候并不相同。对人世的快乐而言，一生太短；对人的情感而言，一世则太长。在幻变的情感里，有多少人能够真正一生一世？"人言欢负情，我自未尝见。三更开门去，始知子夜变。"

只有初恋时，我们会脱口而出，一生一世，甚至生生世世。因为，我们不知道，这一生一世有何等艰难。我们不知道，在时光的河流之中，埋藏了怎样的沙砾和漩涡？

容若也对寒花说过，那时候，他也不知道。

在对往日情感的祭奠和对寒花逐渐悠远的思念中，时光飞逝。此后的几年，除了对汉家诗词更透彻的领悟，容若在心底开始了对人生的思考。这天，容若翻看干宝《搜神记》，读到韩凭夫妇的故事。

> 宋康王舍人韩凭，娶妻何氏，美，康王夺之。凭怨，王囚之，论为城旦。妻密遗凭书，缪其辞曰："其雨淫淫，河大水深，日出当心。"既而王得其书，以示左右，左右莫解其意。臣苏贺对曰："其雨淫淫，言愁且思也。河大水深，不得往来也。日出当心，心有死志也。"俄而凭乃自杀。其妻乃阴腐其衣。王与之登台，妻遂自投台下，左右揽之，衣不中手而死。遗书于带曰："王利其生，妾利其死。愿以尸骨，赐凭合葬。"王怒，弗听，使里人埋之，冢相望也。王曰："尔夫妇相爱不已，若能使冢合，则吾弗阻也。"宿夕之间，便有大梓木生于二冢之端，旬日而大盈抱，屈体相就，根交于下，枝错于上。又有鸳鸯，雌雄各一，恒栖树上，晨夕不去，交颈悲鸣，音声感人。宋人哀之，遂号其木曰"相思树"。相思之名起于此也。南人谓此禽既韩凭夫妇之精魂。

这故事使容若泪流满面。他想，劈手剥夺韩凭夫妇幸福的，是那无上的王，是那王者手中毋庸置疑的权力。而这权力来自何方？正是来自那剥夺者的身份，他是王。他因此可以予取予求。少年容若终于意识到真正使自己和寒花

别离的，不是不知可的命运，而是彼此与生俱来悬殊的身份。自己历来感到荣耀的身份，第一次使容若如见鬼魅。

容若放下书本，步出书房。他到了园子里，再次伫立在那美丽的合欢树下。那曾是他同寒花的相思之树，然而，他没有韩凭的决绝，而寒花也在被逼迫他从之前寻求了庙宇的庇护。容若伫立树前良久，他静静地流了阵子眼泪，回到书房，提笔写道：

> 花丛冷眼，自惜寻春来较晚。知道今生，知道今生那见卿。
> 天然绝代，不信相思浑不解。若解相思，定与韩凭共一枝。

虽然没有像韩凭夫妇那样死去，寒花的自弃世俗，容若的缄默，他们毕竟用自己的方式表达了对那看不见的力量的愤恨。

自此之后，容若心底暗暗生出对天生贵贱分别的不满和难解。在昼夜不停地思索中，容若消瘦了，但心灵更加丰饶起来。

拟将欢笑排离索

霜冷离鸿惊失伴，有人同病相怜。拟凭尺素
寄愁边，愁多书屡易，双泪落灯前。

莫对月明思往事，也知消减年年。无端嘹唳
一声传，西风吹只影，刚是早秋天。

——《临江仙·孤雁》

经历过初恋失意的容若心底有了一方隐秘的
块垒。

容若生于富贵之家，又天资过人，富裕自不
必说，举手投足间更有种不能侵犯的高贵。这样
的容若本当意气风发，潇洒任平生。然而容若天
性醇厚温和，加上有位治家严厉的额娘，他不单
没有沾染一般纨绔子弟的浪荡，反而恭谨至孝。
作为天性敏感细腻的心灵，容若对双亲有着异乎
寻常的浓厚情感和依赖，因此从不曾想过以自己
的意志去违抗他们的意志。他顺从地接受了双亲
对自己和寒花情事的摆布，宁肯独自饮恨，也绝
不口出怨言。在容若看来，同双亲之间的血脉联

系，是天然而无法分割的，而同寒花之间的情感，则是一种分外的幸福。当两者只能选其一时，他宁可放弃一己之私，而成全阿玛同额娘的意志，这是容若内心理解认可的"孝"。

叔本华说，"人可以想他所想要的，但不能要他所想要的。""想"，是个体私自的行为，大可天马行空无穷无尽，谁都不能干涉他人的思想；但"要"却是一种实质的行动，世上万事万物千丝万缕地纠缠着，亚马逊河上一只蝴蝶翅膀的振动就可能引发太平洋上的一场飓风，因而未必所有的想"要"都能真正得到。双亲、手足、朋友……当你身处其中，当你情动于中，你便不得自由。

世人皆谓纳兰容若为至情至性之人，却不知他只有至情，却不能至性。在人生第一次情感同理智的交战中，容若作了出人意料的选择，他在行止上屈从理智，却任凭内心充满对寒花的眷恋与愧疚，块垒难浇，长久承受着无尽的痛悔。

这一次委曲求全，显现了容若作为一个至情而非至性者矛盾冲突的内心。他不曾预料，类似的冲突在他未来的生命中将一次次出现，并一次次耗尽他的热情，最终导向他不可战胜的悲剧命运。

Chapter 04

拟将欢笑排离索

寂寞芳菲尽

谢却荼蘼，一片月明如水。篆香消，犹未睡，早鸦啼。

嫩寒无赖罗衣薄，休傍阑干角。最愁人，灯欲落，雁还飞。

《酒泉子》

　　康熙六年，13 岁的容若怀抱块垒，朝夕于明府中独自度过晨昏。日子显然乏人交流，他更不肯再接近那些同自己年纪相仿的仆婢，只有书本是这孤寂的少年最亲厚的聆听者。那一年，园子里的合欢花开得极美极艳，一如容若的寂寞。一首《酒泉子》是这沉默少年心境最好的写照：

　　谢却荼蘼，一片月明如水。篆香消，犹未睡，早鸦啼。
　　嫩寒无赖罗衣薄，休傍阑干角。最愁人，灯欲落，雁还飞。

　　这是一首有关青春孤寂的词。月明如水之夜，白色的荼蘼花悄然凋谢。篆香已尽，那寂寞的少年人却怀抱淡淡心事，久久不能睡去。轻寒光阴中，灯花骤落，归雁飞去。一切都尚未开始，一切已经结束。浅尝辄止的青春苦涩而悠远。

　　青春的孤寂有很多种，但泰半是缘于失恋。很多人都有过不得志的初恋，因为正当青春，生命与情感都蓬勃葱郁，又恰巧拥有无限闲散的时光，可以全心全意品尝那初次挫败带来的辛酸，故而，我们都得以在年少时期做一位深于情者的伤心之人，在对离去情感的缅怀追想中度过寂寞而丰饶的青春。即使那些看来木讷的成年人，回顾自己的少年时代，也多暗藏不为人知的浪漫愁绪，

每当忆及，那被生活磨折得粗糙坚硬的脸上也不禁浮现一丝温情。

然而随着年华逝去，我们逐日放弃了对情感忘我的体悟，在渐次星星的鬓角中改变了初衷，变得世故而不堪。三千大世界，仅有一些人，肯毕生保留对情感的纯粹与执着，并为之燃尽生机，譬如容若。可见，所谓至情者，并非天外飞仙，不过是一些肯始终坚持对情感真诚的凡人。这种坚持，我们每个人都曾经有过，却并非每个人都终生拥有。毕生深于情，因必要付出凡人不肯付出的代价，故格外不平凡，格外遗世独立而美丽。

容若的父亲纳兰明珠此时已由侍读学士升任内弘文院学士。大多数人都乐于追逐名利，然而，并非每个人都能获得并维系富贵。存乎官场，犹如存乎人世，除去不可知的运命，善于审时之慧眼、精于度势之头脑、衡量得失之果断都必不可少。而纳兰明珠，在他从政的 20 年间，自顺治而康熙，勇猛而优雅、近乎愉悦地活跃在清朝皇帝明亮宽阔的朝堂上，"初任云麾使，二任郎中，三任内务府总管，四任弘文院学士，五任加一级，六任刑部尚书，七任都察院左都御史，八任都察院左都御史、经筵讲官，九任经筵讲官、兵部尚书，十任经筵讲官、兵部尚书、佐领，十一任经筵讲官、吏部尚书、佐领，十二任加一级，十三任武英殿大学士兼礼部尚书、佐领、加一级，十四任今职。"即便晚年罢相，也因其擅长外柔内滑的处世之道，使康熙对其贪得无厌并未赶尽杀绝，而由明珠平安死去，赢取了善终。作为康熙朝舌头最甘美的宠臣，明珠以自己的聪明与甜言谋取了一生富贵，尽管口蜜腹剑，却令历史难以拒绝和忘却。

明珠父亲尼雅哈辞世时，给他留下的是居于官场下僚的灰暗回忆以及太不值一提的骑都尉世职。即使这种毫无权力可资施展、并不足以改变明珠没落皇室子孙真实境地的小官职，也轮不到次子明珠，而是由其长子振库袭职。

明珠刚刚踏上仕途之初，甚至还受到危险婚姻关系的威胁。他的岳父是多尔衮的亲哥哥英亲王阿济格。多尔衮以顺治朝摄政王的身份辅佐幼帝使清王朝站稳了脚跟，却也因只手遮天而招致年幼的福临的忌恨。阿济格在多尔衮死后，未曾读懂他的皇帝顺治对多尔衮隐秘多年的憎恶，竟企图继任亡兄的摄政王，继承兄长留下的权势和富贵。阿济格的身上，有着满人最热衷并推重的赫赫战功，但有勇无谋，他愚蠢地胁迫多尔衮的属下依附自己，结果被人告发

"谋乱夺政"。不仅如此，当多尔衮灵柩回京，顺治帝亲迎时，他又携带佩刀，"举动叵测"。议政王大臣会议据此将其囚禁。

在漆黑无望的牢狱之中，做困兽斗的阿济格挖洞越狱，并声言要放火烧掉监牢。这令亲政的顺治帝深恶痛绝，于是在宣布了多尔衮的12大罪状之后，将阿济格及其已获亲王爵位的第三子劳亲赐死，次子镇国公傅勒赫削除宗籍，其余八子均贬为庶人。容若的母亲，爱新觉罗氏也从千金小姐沦为平民女子，而明珠娶了她。我们无从得知明珠倾慕这位落难小姐的真实理由，在并不丰富的记载中，我们知道，她并非一位温柔女性。据说她是极其善妒的妇人，曾经因为丈夫偶然赞美婢女有明亮的双眸，即下手挖其目，并盛盘以示明珠；又曾传说，明珠某次企图纳两位美貌女子为妾，尚未遂意，两女亦被其妻烤死。历史辽远而不可追溯，我们无法确定，那些血案是否真的发生过？即使发生了，也无法判决那是否出自容若母亲之手。这位在14岁时便体尝到人世大起大落、大悲大喜的女性，以没落王室女的身份下嫁当时并未显赫的明珠，内心曾经有过怎样的思虑，我们不得而知。我们只能通过她的血液和跌宕的身世进行没有证据的猜想，犹如最超绝的花朵长自最危险的绝壁，有着绝世之姿的容若，未必没有一位强悍严酷的母亲。但是，可以肯定的是，明珠跟他剽悍的妻子，相处甚睦，感情良好。这使容若得以拥有富贵安稳的家庭，衣食无忧，完整地投入心灵的浸润和悲欢的领受。

容若的母亲有条不紊地治理了内弘文院学士的大后方，留下千古妒名。而明珠用一生证明了他不是一般人。明珠绝对是个政治上的投机者。投机者，顺势而动。然而，没有一个投机者拥有明珠那样的魅力。他以极聪慧的大脑练就了魔法般的语言和极其亲切的风度。凡接触过明珠的人，无不甫一谋面便如沐春风。他干练善谋，有极强的洞察力和行动力；他能言善辩，通满、汉言，可同各色人等交结。他能将每句话说到你心里，让每个与他初识的人，都引为知己，宾至如归。这是明珠的机变，也是他生存之本。这桩本领，无数次助他度过湍急的政治河流。

在容若一生做人行事中，明珠作为父亲的全部气质和意志，或多或少都有体现。例如，在容若自少年成长为青年的过程中，明珠审时度势，以超前的慧眼看清了清王朝同汉族人民尤其是汉文化之间必然出现的融合趋势。于是，他

的头脑中新生了一个想法，基于这个想法，围绕容若的新世界即将展开。

这一年，和容若同年出生的爱新觉罗·玄烨刚刚亲政。这一年，内弘文院学士明珠正仕途得意，虽然有时会感到同儿子之间已经有些疏远生硬，但他始终认为那不过是成长中的儿子同政务繁忙的父亲之间无足轻重的紧张关系。

秋天的一个夜晚，容若独自在书房内读到李后主的诗："不寐倦长更，披衣出户行。月寒秋竹冷，风切夜窗声。"后主写词，全用白描。只因能以情胜，是以万物都是情物，白描亦能动人。容若如有所动，即提笔写道：

萧萧几叶风兼雨，离人偏识长更苦。欹枕数秋天，蟾蜍早下弦。
夜寒惊被薄，泪与灯花落。无处不伤心，轻尘在玉琴。

容若的这首词，学习后主，通篇用白描的写法，写凄凉人眼中所见、耳中所闻，所见所闻无非风雨、树叶、月亮等常见之物，然而因心中凄凉，故"无处不伤心"，言浅而情深。容若信笔写来，竟有后主之妙。他只是发自内心，未遑多想，并不知自己的词有平淡中的深情，他扔下笔，陷入伤感的情绪之中。

次日下午，容若在书房里接着读李煜。自寒花离去，容若心中开出的第一朵花随之凋谢了，他只能将自己埋身擅写怨情的《花间》及后主词中，独自体味和惆怅。此时，他刚刚读到"剪不断，理还乱，是离愁。别是一般滋味在心头"，忽然胸中一阵悸痛。

李煜看似平淡的词句给了容若猛烈的一击，他被"离愁"轰然笼罩，甚至在瞬间明了了国仇、家恨、情伤，三者在本质上的一致。那种不得不接受的最可怕的命运，那种被剥夺被撕裂被抛弃在冰冷黑暗的旷野中的无助，让容若黯然神伤。事实上，寒花事给容若带来的痛楚从外表已经完全看不出来了，但那些暗夜里令容若不能自拔的情感，还是常常以他人故事的姿态突然刺痛他。起初，他难以克制，而如今，经过无数次地折磨之后，他已经对这种痛楚感到坦然，甚至产生了另一种依赖。这种依赖，使他还能不时聊以自慰地意识到，自己的心还活着。

人是一种奇特的动物，好逸恶劳、趋吉避凶是人的本能。但在安逸平淡的

环境里，人却很容易迷失自己。"生于忧患，死于安乐"，那生于"父顽、母嚚、象傲"的重华，因为环境恶劣，更显其孝情可嘉，最终竟能得到尧禅让天下；"五羖大夫"百里奚虽有不世之才，也先后游历宋、齐等国，一度沦为乞丐，后来更为奴隶，最终由秦穆公以5张黑公羊皮换回自由和荣华。痛苦仿佛是种有魔力的东西，它使腐朽重生，也使枯萎生出力量。

容忍正在痛楚中飘浮不定，一个小厮忽然跑进来，对他道："成哥儿，老爷让你去一下。"容若从痛楚里抬起头，惘然地想，阿玛这个时候不是应该在弘文院吗？

花间心情新

而今才道当时错，心绪凄迷。

红泪偷垂，满眼春风百事非。

情知此后来无计，强说欢期。

一别如斯，落尽梨花月又西。

《《采桑子》》

　　容若正正衣冠，收拾心情，去见父亲。明珠正坐在中堂里，同一人满面春风地说话。午后的阳光自窗外照进房中，明珠脸上半是阳光半是阴影，这景象在容若看来，有种奇特的意味。自他记事起，阿玛便是一种温暖亲切的存在。明珠对世事的洞察和把握，他毋庸置疑的执行力，一力造就了这个家庭安定愉快的气氛，也在容若心底打下了难以改变的烙印：明珠意味着一切安稳，一切归宿，一切欣欣向荣的生命定律。而此刻，在光线摇曳中隐蔽于黑暗中的明珠的半张脸，却忽然失去了往日的神采，变得不可捉摸。这景象是容若从不曾见过，也不曾想过的，他感到惊疑不定，生出了不祥的联想。

　　看到容若来了，明珠便向他招手。他身子一动，面庞重又全部回到了阳光下。他还是那个支撑整个明府的明珠，还是那个春风满面的明珠。容若暗自舒了一口气。他看到，明珠脸上挂着一贯的笑容。这是自寒花离去后父子之间的第一次正式会晤。容若感到，父亲笑容里的温暖分外遥远，这让他心里一阵软弱。

　　容若让自己镇静下来，走了过去。明珠侧过头，对身旁的人说："这就是成德。"

　　那人原本从容若刚进房便一直看着他，这会儿更是细细打量。一番审视之后，那人随即笑了起来，对明珠说："器宇嶙峋，当真总管之嗣。"

明珠含笑摇头，对那人说："小子无知，只粗略学了点汉学，不过能胡乱写几句诗词罢了。"

容若听着他们的谈话，觉得自己又好像凭空飘浮起来，眼前的一切变得隔膜而不分明。这是同寒花分离后常常发生的情形，但别人不知道，还以为他只是沉默。

在飘浮中，容若已经预感到，这不是一次简单的会客。经历了初恋的失败，他的脸常常有种忧郁的灰暗，眼睛却更加明亮。他在这世上的初次情感被浇灭了，但眼里却闪着更灼热的火焰。这种火焰，明珠未必注意到，但那人却显然受到震动，因而他凝视着容若，现出深思的神情。

明珠寒暄几句，便给容若介绍来人，容若用力让灵魂回来眼前，用炯炯眼神盯着跟前的陌生人。他见这人有着生气勃勃的五官，虽不很英俊，但开阔的眉毛、平和的嘴唇显示了他的宽厚豁达，让人情不自禁生出亲近之心。这个人是董讷，字兹重，山东平原人，今年的新科进士。董讷时年 29 岁，他是明珠为容若请来的汉学老师。

董讷此时为翰林编修，职位比明珠低，但并不直接受他管辖，所以也可称得上是同僚。作为在官场游刃有余的聪明人，明珠的本事之一便是善于识人。在寒花事件上，他有意识通过容若的母亲表达了家庭的权威，但明珠不得不承认，作为游牧民族叶赫部的后代，自己的长子令人欣喜的绝不粗鲁，但未免有些过于柔弱多情了。身为满人的明珠以自己特有的聪明，看出朝廷迟早要用汉学来治理汉人，因此，很早便开始着力学习，很快便能学以致用，他尝到甜头，希望子孙都能熟稔汉学，以期将来进身仕途。在明珠看来，容若学习汉学有日，年龄渐长，加之近来情窦初启，且初涉失意，很应当为他挑选适宜的老师，既进益学业，又能将他的注意力转移到更为重要的人生课题上来。假职务之便，他观察董讷一阵，觉得董学问不错，为人温厚而不失果敢，如果作为容若之师，既无自己身为家长必须坚持的严厉，也不至于流于穷愁狷介，因此便决定让董讷来调理容若略显优柔的性格。

事实证明，明珠确有识人之明，董讷后来曾经放外任，担任江南总督，"为政持大体，有惠于民。左迁去，江南民为立生祠。二十八年，上南巡，民执香跪讷生祠前，求复官讷江南。上还跸，笑谓讷曰：'汝官江南惠及民，民

为汝建小庙。'旋以侍读学士复出为漕运总督。"董讷做官有声有色，为民着想，业余作容若之师也十分得心应手，擅长因材施教。

自此以后，容若意外地有了一位忘年交朋友。在整顿失意心情的日夜里，容若将全部心事都释放在阅读中。当最初的痛苦过去，当他不断在书本中同与自己相似的心境重逢，他开始获得了同自己最初的遣怀之意不同的经验。他发现，自己原来并不孤独。那些令自己无法释怀的怅惘和无奈，竟曾经有那样多的心灵同样体会过。这样的发现给了容若双重的体验。一方面，他感到安慰，在黑暗的夜风中，不止他一声悲鸣；另一方面，他又感到惶惑而忧伤，他想，难道幸福是极其稀少的存在？何以处处皆是悲哀的灵魂？这样想着，他不由得又悲戚起来。

其实，悲伤原本就是人类最根本最雷同的体验，这并非因为人世缺乏快乐，只是但凡快乐的辰光里，人们只是一味沉浸，顾不得驻足思想，故觉快乐消逝得太快；又只因，悲痛时日子难过，一日仿如三秋，人们沉沦挣扎，总不肯忘记。何况，人类本性好高骛远，当幸福之际，只觉平淡，等到终于明了，那些幸福却已不再。故而曲终人散之后，才有"此情可待成追忆，只是当时已惘然"的叹惋。这叹惋最终成了容若一生都挥之不去的隐秘情怀，他写道：

> 而今才道当时错，心绪凄迷。红泪偷垂，满眼春风百事非。
> 情知此后来无计，强说欢期。一别如斯，落尽梨花月又西。

当时之错，是错在开始，还是错在结束？容若自己也说不清。他只是本能地感到，同寒花的一场相恋，是寒花悲伤命运的根源。当春风不再令他雀跃，他知道错误已经无可挽回地发生了。那种无奈，好似梨花之落尽、月之西沉一般无法挽回。

容若这首词，淡淡地说尽了一颗逐渐看清生命真相的心，面对难收之覆水的无奈与沉痛。生命的真相，原来是遗憾。如同世间不完美的万物一般，生命的过程，似乎便是一个充满遗憾的过程。这遗憾无处不在，无论贤愚，也无人可以逃开。想起林徽因，那个不够爱徐志摩的女子，在同多情才子交错的生命里，面对彼此不能相爱的遗憾，写下的那首迷离之诗：

断续的曲子，最美或最温柔的/夜，带着一天的星。/记忆的梗上，谁不有/两三朵娉婷，披着情绪的花/无名的展开/野荷的香馥，/每一瓣静处的月明。/湖上风吹过，头发乱了，或是/水面皱起像鱼鳞的锦。/四面里的辽阔，如同梦/荡漾着中心彷徨的过往/不着痕迹，谁都/认识那图画，/沉在水底记忆的倒影！

为什么总有两三朵情绪之花，盛开在我们的记忆里？为何总有一些倒影，在心中荡漾？因为难以避免的遗憾，因为生命不是理论，不是概念，不是机械的推演，而充满了错落、交叉和重叠的非逻辑的缘。你爱的，或许爱着另一人；爱你的，费尽心机却走不进你的心。相守的，亲切而不知己；相知的，不是来得太早，就是太迟。

不仅仅是爱情。钱锺书先生一早看透："城外的人想冲进去，城里的人想逃出来，婚姻也罢，事业也罢，人生的愿望大抵如此。"便在这彷徨出入之间，遗憾顿生。

于是，在这人力不能改变的缺憾世界里，懂得欣赏遗憾，欣赏人生必然发生的"缺失"，便成了一种难得的境界。那种境界，正如同道家之"无"。老子说"天下万物生于有，有生于无"，"故有无相生，难易相成，长短相形，高下相倾，音声相和，前后相随。"一切美好，一切眷恋，仿佛因为遥远、无法据有而变得更真实和强烈；那种境界，也如佛家的"空"。佛经云"五蕴皆空。色不异空，空不异色，色即是空，空即是色。是故空中无色。"没有，却是全部。失去，便是得到。遗憾，反而是完整。所有从生命中匆匆经过的刹那，都是心底不朽的永恒。

这种境界，便是中国传统绘画中的"留白"，画纸上看似无意实则有心留出的空白，是艺术家营造的视觉上的层次感和欣赏者心里的无限想象空间。这种空白，并非遗憾，而是种丰富。这种境界，也是中国书法中的"飞白"，枯笔露白，同样是虚与实的完美共存。看似枯索，实际如轻云之蔽日，有盎然生机。"王羲之的飞白楚楚动人，王献之的飞白顾盼生姿，颜真卿的飞白酣畅纯厚，欧阳询的飞白严谨险劲，赵孟頫的飞白清丽秀逸，米芾的飞白痛快淋漓，

怀素的飞白潇洒自如"，谁说空白没有意义？只要懂得欣赏，那些过错与错过，都将是我们心中最优美深长的怀念。

而少年容若，这至情者，似乎不肯参透人生中不绝如缕而来的遗憾的意义。"弃我去者，昨日之日不可留。乱我心者，今日之日多烦忧。"发生过的幸福和痛苦使他内心阵阵悸痛。容若不知未来的自己应当如何，他甚至幻想同寒花无所牵绊地重逢。然而，寒花遁入空门，这永不可实现的重逢之期只能是容若对自己的一种安慰。这安慰除了不断引出容若对过往的追想，也带给他当下无限的心绪凄迷。董讷便是在这样的凄迷中出现的。

容若本是听从阿玛安排跟随董讷学习汉学，自己还挣扎在过去的别离中。但在一天天的学习中，容若却不觉喜欢上了这位师傅。董讷跟明珠年龄相仿，却并无阿玛的架子。他教书也不迂阔，方式随意，不过分强调为学的经世致用。

这日，董讷同容若讲《诗》。

董讷道："成哥儿看《诗》之赋比兴何如？"

容若沉思片刻，道："《雅》、《颂》多赋，《国风》多比兴。成德以为比兴更佳"。

董讷点头，接着问道："后世词章可得《诗》之遗留？"

容若道："《楚辞》从国风而出，纯是比兴，赋义绝少。唐人诗宗风骚，多比兴。宋诗比兴已少。"

董讷道："明人则又如何？"

容若摇头，道："明人诗皆赋也，便觉板腐少味。"

董讷听他娓娓道来，显是平常便已揣摩过。他听容若对明诗不大赞成，可见他虽看来温文，实则心性活泼灵动，不喜束缚。这同他当日初见容若时，从容若眼中看到的暗藏的热情完全一致。董讷本来不是古板的学究，因而不但不反对，反自此常常鼓励。

董讷又问容若："成哥儿可是常看李煜？"

容若听了这话，知道必是阿玛告诉董讷。明珠对容若沉溺诗余一向并不赞同，以为于仕途经济无谓。但明珠为人婉转，不肯同儿子正面冲突。加之又极疼爱容若，几乎从不当面斥责。虽则如此，容若同明珠毕竟是父子，心意相

通，敏感而孝顺的他常常不需阿玛明言便知晓其好恶，他不肯令明珠失望，是以诗词之外，于《四书》、《五经》十分着力，他希望阿玛相信，自己绝没有因为对诗词的热爱而忽略了对经学的钻研。容若的良苦用心，明珠看在眼里，然而他终是担心容若年幼，不能自持，是以暗叫董讷从旁劝解。

董讷见容若沉默不语，微微一笑，接着道："有宋一代，诗余蔚为大观，何以成哥儿偏爱花间？"

容若听了董讷此话，不似责怪，神情变得轻松起来，他认真地答道："诗乃心声，性情中事也。发乎情止乎礼义，故谓之性。亦须有才，乃能挥拓，有学乃不虚薄杜撰。才学之用于诗者，如是而已。昌黎逞才，子瞻逞学，便与性情隔绝，故而不喜。"

董讷原本因明珠授意，有意婉言相劝，听了这话，倒立刻正色起来，他道："万料不到成哥儿这般年纪，竟有如此识见，实出乎我这个虚名师傅之上。"

容若于诗词一道，天性热爱，但苦于父亲并不欣赏，所以在家中甚少与人谈及。今日同董讷一起，不单畅所欲言，还受到褒奖，心中的快乐真是无法言喻。董讷将经过情形全盘告知明珠，并道："成哥儿天性纯正，笃学多思，绝不至流于花间虚浮，夫子可无忧也。"此后明珠也就不多干涉，容若得了父亲默许，词作并没有更多，却更加真挚自然。

在同董讷谈论诗词的过程中，容若渐渐淡了遣怀之心，而多了写作的兴趣，在不知不觉之间，开始遗忘初恋的失意。经由董讷的引导，容若不单熟读程朱《四书》、《五经》，同时也读了不少史书。

在父亲跟前，容若很少侃侃而谈，但同宽容的董讷，他却敢于以初生牛犊之姿发表自己并不成熟的见解，这使容若在师从董讷的几年中，逐渐开始用理智而非纯粹个人情感的方式来面对世界。有赖董讷教导有方，容若的思维毫不拘泥，如同在山野放足狂奔，因而日后为文做人皆个性独具。有董讷的日子，容若的少年愁思稍减，而学业则忽忽猛进。

人在木兰船

江南好，虎阜晚秋天。山水总归诗格秀，笙箫恰称语音圆。谁在木兰船。（《梦江南》）

　　师从董讷的这几年间，容若基本完成了心灵的成长。容若的成长曲线是两条并行的曲线。这种双重性，自容若降生，到他未来不长的人生中始终存在。他是满人，却熟谙汉学；他钟爱抒发性灵的诗词，却不惜数年如一日埋首枯燥的经史。他至情，却不能至性。同样的双重性发生在康熙十年，容若17岁。这一年，长在北国风沙烟尘中的他，再度萌发了江南梦。

　　这场梦境源自一场考试。说到考试，也许人生本身就是一场又一场的考试。考试是这样一种带有神秘色彩的机制，它以看似公平的外表不断将我们的人生导向不同的未来。时机，应试人的机巧，主考者的偏好，甚至当日的天气，社会大环境，个人小心情，或明或愚，或忠或奸，或混沌或灵秀，或大智若愚或机关算尽，并没有真正公平的考试，在时代和人生的潮涌中，谁能说了算？谁又说得清？

　　但谁都不能摆脱这神秘的来临，平凡百姓，官宦子弟如容若，帝王如玄烨，都不能。

　　两年前，15岁的小皇帝刚刚以与其年龄毫不相称的深谋远虑和沉着机警铲除了气焰冲天的鳌拜集团，逐渐稳定了清朝统治的局面。同鳌拜的对决，是玄烨从政之后交出的第一份完美答卷，在清朝统治中国的几百年间，康熙皇帝称得上是一位真正英明神武的治世奇才。治国如同修身，风平浪静之际的侃侃

而谈不足论，唯有当每一次危机发生时，如何应对才是试金的火焰。玄烨经受了考验，而他的同龄人纳兰容若，也将迎来人生中第一场考试。

那是为进入太学进行的一场测试。这场测试是对董讷与容若师徒两人几年亦师亦友情谊的考验。容若没有辜负父亲和董讷的期望，他举重若轻地通过了考试，证实了明珠精准的眼光和董讷宽仁的教育思想。经此一役，他顺利"补诸生，贡入太学"。

太学，也就是国子监，是当时朝廷为参加科考的贵族子弟开设的学前教育部门。跨入太学，就意味着走上了通往仕途的前程未卜的道路。容若那时还不曾意识到，他跨出的这一步，决定了他今后将要面对个体自由追求同家国责任之间无休止的较量。相反，这次成功，给了容若崭新的人生体验。他开始逐渐走出了爱情的囹圄，体会到在另一个世界里冒险的乐趣。

当时的国子监长官乃祭酒徐元文。当容若得知自己将要进入的领域主宰者是"昆山三徐"之一时，他的心被巨大的惊喜笼罩了。在容若过去的生命中，除了董讷，那些曾令他倍感亲切的长于智者与深于情者都隐藏在一个个固定的文字之下。为了抚平自己内心的孤独，他不得不一次次打开书本，从年湮世远的墨迹中去寻找引领自己走出黑暗迷茫的导师。如今，他倾慕的那些长者，竟然可以同自己活生生地相见了。容若被这种幸福激动着，迎来了国子监的入学。令容若激动的，还不仅仅是心目中智者们的复活。随之复活的，还有在青春情感悲伤之下，被遗忘的江南。

从明中叶至清前期，从中国封建社会土壤中开始生长的商品经济以江南为中心飞速发展。物质的飞升激荡了人们的欲望，这欲望愈演愈烈，终于冲破封建礼制的束缚，凭借逾礼越制的风气开启了新的社会气象。这气象便是对士子的逐日轻蔑和对财富的趋之若鹜。

清代统治来临之前，江南士子是一个受传统儒家教育，信奉"学而优则仕"的清高群体。

他们之所以能够坚持清高，很大程度源自明代统治者对士子的优待。明太祖特别优容江南文人，对士子采取了特殊的礼遇政策："教授以下至府，以宾礼见，不庭参。燕科贡士时皆上坐，见部使者长揖不跪，使者往学进讲，坐堂之西序，成化中犹然。"在明代，朝廷的恩宠使秀才可减免赋役，入官学的士

子可获赠津贴，这使得士子得以超脱物质基础的束缚，毫无顾忌地闭门读书。甚至士子之服饰也经皇帝御定。"洪武三年令士人戴四方平定巾。……二十四年，以士子巾服无异青吏，宜甄别之，命工部制式以进，太祖亲视，凡三易乃定。生员衫，用玉色布绢为之，宽袖皂缘，皂条软巾垂带，贡举入监者，不变新服。"

来自宫廷的追捧促进了民间对士子的推崇。那时，拥有士子身份是件令人羡慕的事情，"田野小民，生理裁足，皆知以教子孙读书为事。"然而，士子这种超然清高的地位，随着市民经济的疯狂席卷开始衰落了。随着社会经济水准以前所未有的速度提升，人们不再以读书为高，反而以财富论英雄。"满路尊商贾，穷愁独给绅"。士子开始失去特权，也失去了往日的追随者。

失落的士子们惊呆了。他们无所适从，瞠目结舌。于是，对商贾的羡慕嫉妒恨油然而生。这种心理使他们无法坦然地面对身边发生的一切。钱泳《履园丛话》记载："太仓东门有王某者，以皮工起家至巨富，撒一楼，求吴祭酒梅村榜额。梅村题曰：'阑玻楼'。人咸不喻其意，以为或有出典。或以询梅村，梅村曰：'此无他意，不过道其实，东门王皮匠耳。'闻者皆大笑。"

吴梅村的故事是江南士子对商人口诛笔伐的典型事例。这些从前高高在上的清高之士，对官府的镇压和打击更采取了激烈对抗的形式。

康熙丙申年，无锡发生了因督学科试受贿而引起士子与官府的对抗。这年，督学谢履厚科试，无锡"颇有以贿得者，而邑绅情面尤多"。当时就"哄传某某以贿，某某以情，并闻武人虞某号三蛮者，亦与招覆"。一时"人情忿忿"，愤怒的士子"手执燎火，将辕门四围木栅悉皆烧毁，并天开文运额亦被焚。"官府虽抓了几个纵火的士子，但毕竟理亏，"以不便声扬，数日后俱纵之，而虞某竟斥"。有位士子写了一副对联讥讽此事："孔书孟书不如荐书，尽信书不如无书。韩文柳文争比钱文，不考文将丧斯文"。其辛酸和悲愤可见一斑。

然而，历史是无法向来处迁回的，在经历了最初的心态失衡后，江南士子纷纷寻求自己新的人生出路。或弃业从商，或文墨糊口，或继续追求科举入仕。江南是明清文化的中心，才子辈出，才高则心大，然而并非所有人都能邀得浩荡皇恩，于是，失去美好过去的江南士子们在传统与现实之间犹豫着、徘

徊着，澹静着、狷介着。

这就是容若存世时的江南，在旧日的迤逦和现实的波涛中交织的江南。

在容若初读诗书的那些日子里，他曾在赵松雪那流云般的笔调里走近过江南。在容若进入国子监之前，他又从一本名为《日知录》的作品里读到了江南。

《日知录》的作者顾炎武，是容若深深敬佩的一个人。顾炎武原名绛，字忠清。明亡后改名炎武，字宁人，亦自署蒋山佣，学者尊称为亭林先生。苏州昆山人，明末清初著名的思想家、史学家、语言学家。与黄宗羲、王夫之并称为明末清初三大儒。

《日知录》这部著作，看起来是有关经义、史学、官方、吏治、财赋、典礼、舆地、艺文的读书笔记，事实上，"凡关家国之制，皆洞悉其所由盛衰利弊，而慨然著其化裁通变之道，词尤切至明白"。容若对《日知录》中有关亡国与亡天下的论述印象极深。顾炎武认为："易姓改号，谓之亡国；仁义充塞，而至于率兽食人，人将相食，谓亡天下。"在顾炎武看来，士大夫们只知抱着空疏无用的"仁义"，暗地里却寡廉鲜耻、鱼肉百姓，如此必致亡国，甚而致亡天下。"易姓改号"的亡国，祸害还有限，"至于率兽食人，人将相食"的亡天下其祸则极惨烈。这些见解，是容若流连《花间》、后主时不曾领略过的。当他为李煜的亡国恨深深打动时，他也曾思考后主亡国的根由，百思不得其解。但顾亭林的书使他振聋发聩。当他读到顾炎武认为"是故知保天下，然后知保其国。保国者，其君其臣，肉食者谋之；保天下者，匹夫之贱，与有责耳矣"，不禁心生壮志，激动万分。

顾炎武带给容若的震荡是巨大的，他改变了容若对江南一贯的理解。赵孟頫的江南，是避世的空花，优美中带着凄怨。而顾亭林的江南，却仿佛激荡着一股浩然正气。容若不禁揣想，在太湖流域美丽的昆山深处，在那名唤千灯的水乡小镇，那矍铄而倔强的顾亭林，曾怎样踏过微雨中长长的石板路，满腹心事地走进顾氏南宅"贻安堂"？而吴淞江上的永福桥和凝薰桥，又曾怎样目睹过这位名满天下的学者在秦峰塔前和茂盛苍翠的银杏树下沉思？虎阜晚秋，诗格山水，笙箫语音，是谁在江南秀美风景中独立木兰船？

容若在后来的扈从生涯中，在经历无数想念之后，真的到了他梦中的江

南。游走在江南如诗的水中，陷落在吴侬软语难以解说的柔媚里，容若欣喜若狂，数度赋诗，其中就有这阙《梦江南》。

江南好，虎阜晚秋天。山水总归诗格秀，笙箫恰称语音圆。谁在木兰船。

一座山峰的挺秀，一汪水的清澈，便会造就一个人。我们很乐意以一个人的来处去追究他的性情和好恶。

德国大思想家黑格尔认为，地形条件影响了人类的生活形式和性格类型。他说，人类历史的地理条件有三种特殊的差别：一是"干燥的高地，同广阔的草地和平原"，二是"平原流域，是巨川大江流过的地方"，三是"和海相连的海岸区域"。处在第一种地理条件下的居民主要从事畜牧业；具有第二种地理条件的居民主要经营农业；而对于第三种地理条件，黑格尔这样写道，"大海给了我们茫茫无定、浩浩无际和渺渺无限的观念；人类在大海的无限里感到他自己的无限的时候，他们就被激起了勇气，要去超越那有限的一切。大海邀请人类从事征服，从事掠夺，但是同时也鼓励人类追求利润，从事商业。平凡的土地、平凡的平原流域把人类束缚在土地上，把他卷入无穷的依赖性里边，但是大海却挟着人类超越了那些思想和行动的有限的圈子。"生活在水滨的人，有着更强大的创造力。这是黑格尔的结论。这结论显然是偏颇的，但放在此处，用以解释生活在中国的江南的那些士子们，却似乎再恰当不过。那独特的语音，那独特的虎阜之秋日，那独特的诗情山水，正是一个独一无二的江南。

容若心中的江南越来越似一个谜。

这个谜里，还有三个人——"昆山三徐"。

"昆山三徐"之一，乃徐元文。徐元文字公肃，号建斋，江苏昆山人，顺治十六年状元，授翰林院修撰，后补国史院修撰，充经筵讲官。徐这个姓，在康熙朝的昆山，是一个光荣的姓。徐元文不是仅有的一个"徐"，徐氏三兄弟，号称"昆山三徐"。老大徐乾学乃康熙九年庚戌科探花，老二徐秉义乃康熙12年癸丑科进士探花，老三徐元文乃顺治16年己亥科状元。

三徐的横空出世，有赖于他们一双积善的父母。

母亲顾氏乃大儒顾炎武五妹，知书达礼，对三徐自幼教育严格。常令三徐背书至半夜，及三徐皆仕，也时刻叮嘱谨慎从事，不惮拨选寒门人才。其父徐开法15岁中庠生，"于书无所不窥，尤精熟《通鉴》、《周易》以及前明故实"，著有《漕政考要通鉴》、《甲子会记考证》以及《易经注义》等书。徐开法文武双全，好行善，嫉恶如仇。曾有位金溪人欠下徐家巨额债务，家贫无力偿还，徐开法即毫不犹豫当面烧毁欠条。又有一次他路经北门，听闻有凄惨女声从一处紧闭的房屋传出，徐开法破门而入，救出房内近百名被土匪抢掠而来的妇女，并以身边全数银钱相赠，然后一把火将贼窝烧个精光。

不仅如此，三徐的舅父——容若心仪神往的大儒顾炎武，除曾亲自点拨外甥之余，并以其云霄之志和孤洁之行给三徐潜移默化的影响。三徐成人后，皆成翘楚。康熙御笔亲赐徐乾学"光焰万丈、一代大儒、博学明辨"，又御赐"擢秀清流"给徐秉义。

于是，在容若17岁的这一年，这些以思想和文章著称于世、洞幽烛远的汉族儒者，开始来到了容若的生活中。徐元文为人严谨，求才若渴，是以对纳兰容若这个每试必有佳作的学生青眼有加。而容若，也仿佛透过徐元文，看到了徐乾学、看到了顾炎武的卓然风范。

国子监这段生活，将使容若的生活发生翻天覆地的变化。在进入国子监之前，容若生活在个人的天地里，他的双亲是森严府第上的天，高远威严；他身旁的人多是奴仆，忙于在狭窄的立锥之地偷生。虽有董讷的宽厚，但他毕竟有师傅的身份，能包容，却难以共鸣。生于这样时空里的容若，如同生于空茫，他的小小的悲欢只能跟自己分享。于是，他更多地在书籍中同古人交谈，这给过他快乐，然而不够。他需要同真切深沉的思想擦出能燃烧自己的光芒，他需要活生生的爱恨，而国子监便是这样的地方。

当时结兰襟

明月多情应笑我，笑我如今。辜负春心，独自闲行独自吟。

近来怕说当时事，结遍兰襟。月浅灯深，梦里云归何处寻？

（《采桑子》）

世间灵魂总是相似的。只要前行，相逢的人会再相逢。在漫长、奔波而离奇的一生里，我们不自觉地反复寻找着那些相似的声音。最不遗余力的寻找往往在年少，当我们一无所有地行进在求学途中，我们会发现，真诚的笑容和明亮的额头，总会在彼此心情最困顿之际不期而至。少年时代的友情，仿佛有无法超越的醇香。那是我们离开父母温暖巢穴时第一次的依傍，因而难以忘怀，难以磨灭。

进入国子监，是容若一次惊喜的心灵之旅。他的师长，如徐元文，治学严谨，"规条严肃，满洲子弟不率教者，辄加挞责，咸敬惮之。"他的同学，无论满汉，皆腹有诗书，而气质自华。即便学问参差，却各擅其长。渊博严肃的师长，才华横溢的同窗，这合于容若的脾性，使他如同回到故乡。加上年龄相仿，同声相求，容若的内心前所未有地充实起来。

容若进太学不久，便发现了一个绝妙去处。那是国子监的地方文庙戟门处。容若最爱的，是门左右两侧并立的十个石鼓。每件石鼓上刻有四言诗一首，记载了先秦君王们征旅渔猎之事。那是十件引起容若太多思古幽情的古物。石鼓经历的千年风霜，石鼓上那淳厚有力的大篆，像最亲切而庄严的河流，流进容若的心中。刚发现石鼓的那几天，容若只要得闲，便直奔而去。这些真实过往的见证者们，虽然无言，却似乎同容若心有灵犀。他爱那些文字，

爱那些历史。他分明感到，藏身于这些石鼓中的那些恢宏篇章，同自己血液中游牧民族特有的奔放、热烈的灵魂，有着极其相似之处。他们通过这些古老的文字，在历史的缝隙之处欣然重逢。容若情不自禁，徘徊其间，摩挲景仰，不住叹息向往。

这日，容若又在戟门流连。前几日，他检阅书籍，寻到许多有关石鼓文字的考证资料，但众说纷纭。宋欧阳修疑石鼓历两千年难存于世，程大昌疑为成王之物，温彦威疑石刻为后周文帝所作。马定国、刘仁本、郑樵、王顺伯等人皆持有疑议。这些各执己见的说法，让容若实在委决不下。他决意好好考订一番。正凝神思虑间，容若听到了微微的叹息。

这声叹息听在容若耳中，竟大有离世之感。他觉得这叹息如同从自己胸中呼出，同样含着对远古光荣的钦羡，又混着对往者不可追的遗憾。他起了好奇，转过遮挡住自己的石鼓，朝声音来处望去。只见对面石鼓那里，也转出一个人来，正用同样好奇的目光，朝自己张望。

那人清癯俊雅，举止间有"潇洒出尘姿"。容若不禁心中暗叹，立刻生出了结交之心。那人见了容若，也是心中一凛，心道：看他眉宇何等高贵，却难得绝无咄咄逼人之态。两人相对怔忡片刻，还是容若先道："纳兰成德在此地瞻仰石鼓，不意竟有同道。"那人拱手道："在下张纯修。"

张纯修也是国子监学生，热爱绘画，善治印，文庙戟门也是他的胜地。当初，努尔哈赤初建八旗时，将所获各部俘虏，不分民族，均纳为包衣，分属八旗，归入满洲籍。"包衣"乃满语"包衣阿哈"的简称，即家奴。家奴也是世袭，世代为满洲贵族所占有。即使有的"包衣"从龙入关后，因战功、科举等而置身显贵，但对其主子始终保留奴才身份。张纯修家属正白旗包衣管领下人，其父张自德曾任山西巡抚。

这张纯修虽身为包衣，却是潇洒不羁之人，见容若不似凡间物，已大为倾慕，又见容若丝毫不以富贵子弟自矜，好感更深，便道："我听到有人叹息，原来是纳兰公子，在下张纯修。"

两人互有好感，很快便谈论起石鼓的历史。容若正苦于不能决断，于是将自己的疑虑和盘托出，两个对石鼓均有无限热爱的人便一起研究起来。

张纯修，字子敏，号见阳，是容若一生最早的亲密朋友，他们的感情正起

自这年国子监同窗共读。张纯修也是个痴人，于绘画颇有天分，尤妙临摹，能得前人之笔意。念书之余，他常整日整夜作画，他画的山水有北苑（董源）、南宫（米芾）之沉郁，兼云林（倪瓒）之逸致。而容若清才逸辨，兼工风骚、乐府、书法。两人爱着同样的事物，惺惺相惜，又年岁相当，立刻变成知己，很快又结成了异姓兄弟。张纯修稍长，便做了兄长。他见容若不以贵骄，更处富能贫，是以也不以包衣身份为意，同容若彼此兄弟相称。

这天下学后，两人又相携探访石鼓。

容若兴奋地对张纯修道："见阳兄，我知道这石鼓的来历了。"

张见阳奇道："吾弟何以知之？"

容若道："《元和志》云，石鼓在凤翔府天兴县南二十里，其数盈十，盖纪周宣王田于歧阳之事，而字用大篆，则史籀之所为作也。自正观中，苏勖始志其事，而虞永兴、褚河南、欧阳率更、李嗣真、章怀权、韦苏州、韩昌黎诸公并称其古妙无异议者。"

张见阳道："原来如此。"

容若又道："然宋代欧阳修、程大昌、温彦威、马定国、刘仁本、郑樵、王顺伯等人皆持有疑议。或疑石鼓历两千年难存于世，或疑为成王之物，或疑石刻为后周文帝所作。"

张见阳道："这却又如何辩驳？"

容若笑道："夫岣嵝之字，岳麓之碑，年代更远，尚在人间，此不足疑一也。程大昌则疑为成王之物，因左传成有歧阳之草鬼，而宣王未必远狩丰西。今草鬼歧遗鼓既无经传明文，而帝王辙迹可西可东，此不足疑二也。至温彦威、马定国、刘仁本皆疑为后周文帝所作，盖因史大统十一年西狩歧阳之语，故而按古来能书如斯冰邕瑗无不著名，岂有能书若此而不名乎？况其词尤非后周人口语，苏、李、虞、褚、欧阳近在唐初，亦不远而昧昧，此不足疑三也。……此不足疑五也。所以，我以为'此三代法物之仅存者'。"

容若滔滔不绝，旁征博引，张纯修听得目瞪口呆，继而赞道："例证确凿，引证得当，议论精严，小子可造。"容若苦思多日，疏通各家之说关窍，终于此刻一气说完，颇觉畅快，两人相视抚掌而笑。

张纯修的出现，使容若第一次感受到了友情的甘醇。这两个身世身份悬殊

的少年人，内心各有一段出世的痴情。一个少年丧父，失怙飘零；一个虽生富贵之中，平生事半点不由己。一个孤单，一个寂寞。于是张纯修于笔墨间抒发郁结，容若处诗余时翻腾心事。两个天才少年，各有一番伤心。这次国子监的相遇，两个世间最至诚的灵魂仿佛从对方的眼中看到了自己。他们相互饮尽友情之水，丰润了彼此寂寥的生命。

对于这段友情，容若常怀感激之心。在过去的时光中，他不止一次地意识到，皇亲贵戚的身份并没有带给自己幸福，相反，对于多数人艳羡的荣华富贵，他从内心深处感到的是束缚和不耐。这种"别有根芽"之心，在容若同张纯修的交往中也屡屡出现。他曾赠给张纯修一幅自己手书的厅联。随联有书云："厅联书上，甚愧不堪。昨竟大饱而归，又承吾哥不以贵游相待，而以朋友待之，真不啻既饱以德也。谢谢！此真知我者也。当图一知己之报于吾哥之前，然不得以寻常酬答目之。一人知己，可以无恨，余与张子，有同心矣。此启，不一。成德顿首。十二月岁除前二日。"

在这位富贵而脱俗的公子心目中，张纯修能够不以自己的富家子弟身份为意，诚意结交，竟是一种恩赐。容若感到，张纯修的熟视无睹，正是对自己在富贵外衣之下至诚灵魂的认同和了解。因此，在国子监的日子里，容若同这位异姓昆弟朝夕相从、形影不离。在这场如影随形的关系中，容若那颗少年人真诚而敏感的心获得了极大的满足和幸福。

留取湘江雨

别样幽芬，更无浓艳催开处。
凌波欲去，且为东风住。
忒煞萧疏，争奈秋如许？还留
取，冷香半缕，第一湘江雨。
（《点绛唇·咏风兰》）

国子监的生活对于容若来讲，是一次心灵和艺术的盛宴。他自师长处获取经史知识，同张纯修则彼此通过艺术交锋获得灵智的成长。

张纯修善画，曾临摹懒拙老人《五洲烟雨图》，以其少年笔力，却能得米友仁潦草不失天真之意，至后世仍受激赏。张纯修善临摹，皆因其善藏。他曾到处搜求名画，藏置其北京的西山别业里日夜揣摩。

这日无课，容若一早便骑马出了门。管家安三正从明珠房里出来，看容若匆匆忙忙，便追着问道："成哥儿这是去哪儿？"这安三是极伶俐的一个人，眼毒，颇能察言观色，因而深得明珠宠信。但容若素来不喜他势利，也不回头，只应了句："我去西山。"安三听了，眼珠子转了转，又往明珠房里去了。

容若急急往西山而来。才到，张纯修已经兴冲冲迎了出来。他笑着拉了容若的手，往家里走去。进入房内，容若抬眼便见中堂挂着一幅肖像，看题款，正是张纯修亲绘。容若用疑问的眼光望向张纯修，张纯修道："这是先父张自德，两年前已经过世了。"

容若奇道："可是河南巡抚张自德？"

张纯修点头："正是先父。"

容若"啊"地呼出声来。这一呼，张纯修脸色便暗了一暗。要知明珠于官场陷溺既深，难免多见广闻，有时会有意讲给容若知道，是以容若也听过

张自德的名声。原来这张自德为官以"实心任事",整饬邮驿、修葺学宫、伸理冤抑,在垦荒、赈谷、河务等方面著有劳绩,赢得商民交口颂焉,殁后祀名宦,是个好官。但他为人"性直,不能容人过,以此得严厉声"。

容若站定,恭恭敬敬向画中人鞠躬。容若站在画前细细端详,以他的性情,对苛酷之人,着实没什么好感。但他见画中的张自德面相儒雅温厚,并无苛酷之气,正在犹疑。张纯修见状,已知他心思,便道:"世人皆以家父为苛,其实不过是被家父教训过的人嫉恨不过散布的谣言。"

容若闻言,心下释然,点头称是。他道:"世间耿介者,往往以严苛名。其实,他是不单对他人严厉,对自己更是不肯纵容,屈子便是如此。"

张纯修道:"却不敢妄比。屈左徒瑾瑜比洁,日月争光,一般人怎能同他相比?家父不过尽为人臣的本分罢了。"

两人口中的屈子,正是战国时期楚国的左徒屈原。这是容若同张纯修共同敬仰的人。他们敬仰屈原,是因为他那如兰的气质和人生。

康熙18年秋,张纯修赴江华任县令。那一年,清兵攻入了一度为吴三桂、吴世璠占据的湖南。江华县刚收复不久,百废待兴。在张纯修任上的日子里,怀抱同样建功立业志向而未遂的容若,向好友寄去了许多思念和勉励,希望张纯修多做善事,利国益民。

江华县属于楚地,故容若在寄张纯修信中说:"沅湘以南,古称清绝,美人香草,犹有存焉者乎?长短句固骚之苗裔也,暇日当制小词奉寄。烦呼三闾弟子,为成生荐一瓣香。甚幸!"收到容若此信,张纯修便回忆起同容若一起被屈原感动的日子,于是,张纯修即以"美人香草"的命意画《风兰图》寄赠,容若见画,便题写了《点绛唇·咏风兰》:

> 别样幽芬,更无秾艳催开处。凌波欲去,且为东风住。
>
> 忒煞萧疏,争奈秋如许。还留取,冷香半缕,第一湘江雨。

湘江,正是暗喻命运多舛却九死未悔的楚国三闾大夫屈原。

公元前278年,秦国大将白起挥兵南下,大破楚国都城郢,"斩首五万,取析十五城而去"。那时节,"民离散而相失兮,方仲春而东迁。"在大雁飞往

南国的季节里，楚国的老百姓扶老携幼、仓皇地逃离腥风血雨的故都，顺着长江和夏水，向荒凉的东边迁徙。

慌乱之中，仍有人东走西顾，不肯离去。直到那高高的梓树、郢都的东门从视野中艰难地消失。

那个人就是屈原。楚国左徒之所以悲愤难耐，只因他除了国破之恨，还有流放之辱。《史记·屈原列传》载，楚顷襄王立，令尹子兰谗害屈原，屈原被放江南之野。屈原与自己的祖国同时遭受重创。

流放的日子如坐针毡。整整9年，"忽若去不信兮，至今九年而不复"，屈原渐渐感到前途无望。他日夜担忧，"惨郁郁而不通兮，蹇侘傺而含戚"。直到有一天，他终于想通了，"憎愠怆之修美兮，好夫人之慷慨"，如顷襄王一样的昏君是他命运最根本的杀手。

于是，这天早上，屈原"扈江离与辟芷兮，纫秋兰以为佩"，他披上生平最爱的江离、辟芷和秋兰，香喷喷地来到了汨罗江边。

望着苍凉的汨罗江水，屈原心如潮水。他想起了那些充满光荣与梦想的日子。

那时的屈原，就是披着这艳绝人寰的一身，随侍楚王身侧，商议国事，议定律例，为联齐抗秦的大业奔走。

那时的屈原充满了使命感和希望，直到有一天，他坚毅的脚步被挡在了宫门之外。

国君独立自主的志向被逸臣们的巧言撼动了。任凭屈原拼死力谏，公元前305年，楚怀王还是堆着一脸媚笑与秦国订立了黄棘之盟，欢天喜地投入了强秦的怀抱。

而那不知情趣的屈原也随之被楚怀王逐出郢都，流落汉北。

这一去就是9年。直到屈原难酬的壮志，化做微光，照亮了汨罗江上离离辟芷、秋兰。

容若同张纯修敬仰屈原，因而也爱那芬芳的风兰。而他们纯净的情谊，也正如清丽的风兰。

古人常以兰比友情。《易·系辞上》："二人同心，其利断金；同心之言，其臭如兰。"后因称知心朋友为"兰交"。唐代卢照邻有诗《五悲·悲今日》

云："兰交永合，松契长并。"故而容若此词，既是咏那生于岩石之上清香的风兰，也是赞那如兰的屈子，也是对他们彼此芬芳友情的怀念。

那日，容若再细细将张父画像端详一会儿，开口吟道：

豸冠丰采著垂鱼，共拟威稜肃剪除。

今日拜瞻温克甚，悬知宿好但诗书。

张纯修听闻容若脱口而作，不单对自己父亲执礼甚恭，且于四句诗中力破坊间不实传闻，眼眶一湿，道："想不到吾弟竟是他老人家的知己。"容若转过身，拉住张纯修的手，好言劝慰。二人遂又转往里间，欣赏张纯修的藏画。

所有画家里，容若最爱的是云林。"云林"是元代画家倪瓒之号。倪瓒父亲早逝，自幼为同父异母长兄倪昭奎抚养，倪昭奎乃当时道教上层，享有特权，倪瓒生活极为舒适，故而清高孤傲，不问政治，不事生产，常年浸习于诗文书画之中，一生未仕。倪瓒有洁癖，不单自己的服巾日洗数次，甚至屋前后树木也命仆人常常洗拭。后倪昭奎突然病故，倪瓒经济日窘，开始信仰道教，并广交僧、道及诗人、画家，性格日益孤僻，其作品与其卓荦、孤傲耿介品性一致，苍凉古朴、静穆萧疏。

容若生于富贵之家，又值康熙盛世，但他不爱这繁华，却偏爱倪瓒的冷逸荒寒。除了张纯修的藏品，容若还遍访倪云林真迹，他曾数次向往耿都尉所藏倪瓒《溪山亭子》，每多观摩一次，容若就多一分对江南的神往。在容若看来，倪云林一生谢绝尘世，远离宦海，其于山水之间"取琴和流泉，操瓢酌明月"的隐居生活，其萧疏清远的画境和人生之境，正是他心目中的"江南"之境。

容若也曾动笔画下他心中的江南。那是一幅扇面，乃容若"甲寅新秋仿云林溪亭秋色小景"。上端层峦山石，虚灵秀峭；荒草葭苇，萧萧浙浙。近坡疏木掩映、烟柳扶摇，草亭含虚，峙立翌然。之中一湖秋水，水中有砥石数块，岸边有空舟自横。绘画用折带皴画山石，用枯笔干墨空勾树干，随意点抹枝叶葭苇，间以浓墨点苔，不著一色，而湖水灵动。容若的这幅习作曾被张纯修大赞得倪云林之妙。

在国子监学习之外同张纯修之间真诚而充满艺术唯美气息的交流，既坚固

了容若对江南的向往，也是容若对江南式生活的初次体验。

这日，张纯修正在家中雕琢一方印章，忽有明府小厮送来一封书札。张纯修接过一看，信笺极雅，不单印有"鸾信笺"三字，并绘有鸾、芭蕉、石及小花。张纯修见信札这般珍重雅致，知必是容若无疑。他展开信札，果见容若清丽小字端书其上。

又一日，张纯修正于室内默赏沈周《溪山清远图》，小厮又送来一封书札和一只硕大锦盒。这封书札书的是"鹿鸣笺"三字，绘的是松、鹿角、花石。书札上书："前来章甚佳，足称名手。然自愚观之刀锋尚隐，未觉苍劲耳。但镌法自有家数，不可执一而论，造其极可也。日者竭力构求旧冻，以供平子之镌，尚未如愿。今将所有寿山几方，敢求渠篆之。石甚粗砺，且未磨就，并希细致之为感。叠承雅惠，谢何可言！特此不备。十七日成德顿首。石共十方，其欲刻字样，俱书于上。又拜。"张纯修打开锦盒，正有十方寿山石。

张纯修略一思索，吩咐小厮稍候。他随手裁下一页徽宣，几笔便勾出几条波涛，又写上三字："波涛流"，末了拿出一方刻有"张氏"二字的白文印章印了上去。他将这自制的书签叠好，交小厮送回。

小厮得了这东西，径直奔容若书房而来。容若接过，自然又是一番赞叹。几日后，容若回信，用的正是那张"波涛流"。只见容若札上书有："前托济公一事，乞命促之。夜来微雨西风，亦春来头一次光景。会朝霧色，亦复可爱。恨无好句以酬之，奈何，奈何！平子竟不来，是何意思？成德顿首。"文末下角押有长方形白文印一方，印文为"侧帽"二字。

张纯修见此印章，对小厮道："你家主人的闲章，正配这信笺。"小厮回府，照直回了。容若击掌道："见阳兄真我知人！"

原来，这"侧帽"闲章里有个故事。这故事是容若在《北史·独孤信传》读到的。那独孤信乃西魏、北周大将，鲜卑望族。生得俊美异常，传说独孤信在秦州时，一次耽于狩猎，回城之时天光已暮。独孤信担忧城门将闭，于是纵马入城，驰骋之中冠帽微侧，不想这翩翩骑姿竟成风尚。次日清晨，但见满城吏民戴帽者，无不慕信而侧帽焉。后来，容若读晏几道《清平乐》，见里面有'侧帽风前花满路'句，遂思及信之潇洒倜傥，深觉合意，便以此为印。他却万料不到，几年之后，他还会遇到一位跟他同样欣赏侧帽风情的友人。

国子监的这段生活，是容若一生美好友情的开端，也是容若江南情结真正生根的时期。容若生于北京，身上又流淌着满人骏马边疆的血液，见惯了北方风沙中的爽朗，对于飘逸风致的江南极其向往。从赵孟頫、倪瓒，到顾炎武、三徐，容若相信，是太湖的山水滋养了这些江南俊杰。他因而爱上了太湖，爱上了无锡、苏州，爱上了江南。而他这种爱，因为遇见痴于画者张纯修，又受明末清初江南士人崇尚倪瓒的推波助澜，变得一发不可收拾。那时，江南是整个中国文化的中心，人人倾慕，并以有无收藏云林画为清浊、以能否模仿云林画为雅俗。于是，容若对江南的向往越来越深，在他心中，江南仿佛故土，如果能够置身其间，那么，所有他无可放置的心情都将有了去处。因为有了这样的情结，此后容若结交之人多为江南名士，其中又以无锡人为最，顾贞观、严荪友、秦松龄、马云翎等均为无锡人，"平生师友尽在此邦"。

自从寒花走后，容若深锁内心，不肯让任何人来安慰，时间一长，甚至自己也忘记了开启心门。而张见阳的出现，使他复活了。少年时期同性间的友谊，本就同异性间的爱情一般，先倾慕，而后着意结纳，甚而同寝同食，形影不离。容若同张见阳，也每日一同课学，之后又一同赏玩文字，沉浸绘画之中。容若和张纯修之间纯净如水的友情，使他们深深乐于进入对方的世界。这令容若得了极大的安慰，几年前的那段感情伤痕，渐渐痊愈了。然而，也正是这段友情，在容若获得安慰的同时，也为他日后添上了新的愁绪。

容若之至情，是无论亲情、爱情、友情，一般诚挚。在他多情而脆弱的心里，留有太多空隙来承载这些情感。故而，每有亲人、朋友、爱侣离开他的生命中，他的心便无一例外犹如被生生割舍了一块，中心空虚的他，常常因此悲愁顿生。这些愁绪堆积在他的内心深处，渐渐成了心病，当他"独自闲行独自吟"之际，他甚至害怕提起那些曾经亲密的过往，只能在"月浅灯深"之时，叹息"梦里云归何处寻？"

忧能伤人，岂可一而再？再而三？

康熙11年秋天，容若18岁，参加了人生的第二场考试——顺天乡试。这次考试，容若轻取，中了举人，同榜的还有曹寅。连续两次考试的顺利斩获，似乎是容若生命春天即将来临的讯息。此时的容若，兵部尚书之子，皇亲国戚，少年英才，透过他的目光，我们仿佛看到未来正盛装而至。

感卿珍重报流莺

为春憔悴留春住，那禁半霎催归雨。深巷卖樱桃，雨余红更娇。

黄昏清泪阁，忍便花飘泊。消得一声莺，东风三月情。

——《菩萨蛮》

人的心理常常被生理决定。老子云："吾所以有大患者，为吾有身，及吾无身，吾有何患。"可见人的不自由。人是否有灵魂，每常令人遐想却无法定论。然而，人却实实在在皆依托身体而存乎世间。滚滚红尘中，熙熙攘攘的过客，为了这身躯之不灭，为着它舒适坦然，不知耗尽多少心力，甚至出卖几多灵魂。可笑的是，人却在这样的追逐里，逐渐损害着一身皮囊，最终拼不过油尽灯灭。以其之损而求其之增，缘木求鱼，人之可哀，何甚于此？

佛经有云，人有八苦，生老病死居其四。疾病同人的关系是一种若即若离的关系，这种关系若隐若现，总是出人意料地左右着我们那颗脆弱的心。一般人，健壮者常乐观，体弱者每多怨恨。所谓心宽体胖，到底是心宽而体壮，抑或因身体健康而心态平和，或两者互为因果，实在也难分清。但疾病对人性格的影响，却如跗骨之蛆，挥之不去。

《红楼梦》第八十三回里，王大夫给黛玉诊病，他道："六脉皆弦，因平日郁结所致。"说着，紫鹃也出来站在里间门口。那王大夫便向紫鹃道："这病时常应得头晕，减饮食，多梦，每到五更，必醒个几次。即日间听见不干自己的事，也必要动气，且多疑多惧。不知者疑为性情乖诞，其实因肝阴亏损，心气衰耗，都是这个病在那时作怪。不知是否？"紫鹃点点头儿，向王大夫道："说的很是。"原来黛玉平素爱使小性儿，嘴里常刻薄人，心窄、心重，皆因其多病的缘故。旁人不知根柢，因而不谅解她。于是，这病大大地害了她，不单木石前缘成空，更兼红消香断。

容若一生，才华挺秀而不寿，于富贵处长泛忧思，其实也同他的一种病有关，这病乃是寒疾。它最早以狰狞的面孔出现在容若生命里，是在康熙 12 年，那时容若 19 岁。

感卿珍重报流莺

误春期

新睡觉，正漏尽、乌啼欲晓。任百种思量，都来拥枕，薄衾颠倒。土木形骸，分甘抛掷，只平白占伊怀抱。听萧萧一剪梧桐，此日秋声重到。

（《剪梧桐·自度曲》）

　　此时的容若，已脱离青春的青涩执拗，变得气度从容，谦和温良。然而，外表温文的容若其实有一颗落拓不羁的内心。国子监求学的岁月里，他的江南梦正疯狂生长着。那些曾在历史江流中呼啸而过的伶俐身影，正在他的拣选中被义无反顾地筛去或从此长久地活在他心中。

　　经过反复的练习，容若对诗词的把握已经完全地超越了他的年龄和同龄人。他的词作空灵而自有一派风流，全不似出自血液中被烟尘充斥的满人之手。他曾经于旧词调之外自创新词，一首《剪梧桐》既能代表容若在诗词上的造诣，也能表达他此际那非同寻常的内心。他自比嵇康，写自己的容貌是"土木形骸"；他诉说自己的心境，谓"忧能伤人"，他追忆自己的人生——"忆少日清狂，花间马上，软风斜照"。

　　这些美丽而忧伤生命的外壳与内核——才华横溢、洒脱不羁、忧伤而美，正是容若经过拣选后的江南情结最形象的描绘。就像他爱的嵇康。

　　《晋书·嵇康传》载："嵇康字叔夜，谯国铚人也。其先姓奚，会稽上虞人，以避怨，徙焉。铚有嵇山，家于其侧，因则命氏。兄喜，有当世才，历太仆、宗正。康早孤，有奇才，远迈不群。身长七尺八寸，美词气，有风仪，而土木形骸，不自藻饰，人以为龙章凤姿，天质自然。"这位竹林七贤之领袖人物，魏末最具风范的思想家曾深深引动容若对江南的思慕。他不止一次在心中遥想嵇康离开人世

的那一天。

那应当是六朝历史上最萧瑟的一天，三千名太学生黑压压地站在刑场上，三千束悲愤而痛惜的目光凝望着刑场中央那个人。那人一如既往岩岩若孤松之独立。他站立着，没有悲愤，没有怨恨，没有对无妄之灾的不能释然。

是的，这样的死，并非嵇康所愿。然而，他并无任何悔意。因为，这灾祸到来，源于他不肯屈己从人。

嵇康不追求富贵，一贯以打铁为乐，打铁为生。他拒绝了大将军司马昭的笼络，也拒绝了司隶校尉钟会的结交。或许，他的拒绝未免轻狂了些。那时，嵇康与向秀正在打铁，挥汗如雨而平静快乐。钟会来了，再三谄媚，嵇康始终不假颜色。当钟会终于要离去时，嵇康问他："何所闻而来，何所见而去?"此时的钟会已经耗尽了耐性，于是愤而答道："闻所闻而来，见所见而去。"言毕拂袖而去。

钟会并没有真的离去，他的仇恨之心始终存在，直到吕氏兄弟事发，这怨恨便成了斩杀嵇康的利刀。那是一件关于东平吕巽吕安兄弟间的恩怨。吕巽丧心病狂，侮辱了吕安之妻。吕安不忿，便要告官。吕巽心生惧怕，便请嵇康从中劝解。嵇康本已劝服了吕安，孰料吕巽却又告吕安不孝，欲置兄弟于死地。调停者嵇康不肯颠倒黑白，遂写信与吕巽绝交，并毅然出面为吕安作证。这件事给了钟会和司马昭机会。他们趁机收押嵇康，并判决其死刑。

嵇康并没有因为死亡的来临而改变对钟会和司马昭的无视。临刑之前，嵇康看了看即将消逝的日影，神色如常地向兄长要来自己的琴，长舒广袖，坦荡的乐音在刑场上空飘荡。曲罢，嵇康将琴放下，叹道："《广陵散》于今绝矣!"刽子手手起刀落，嵇康微笑，若玉山之将崩。

这样的淡定从容，这样的风华绝代，这样的肯为心中的坚持赴死，这是19岁容若心中的江南。他在如彼的忧伤轻狂中，迎来了自己的新人生。

此时，紫禁城深处的玄烨，为加强中央集权，消除满汉隔阂，已果断实行了开科取士、推崇儒学的文化政策。亲政不久，玄烨即开经筵日讲，诏辑《四书》、《五经》，学习儒家经典。他下令将程朱理学确定为官方哲学，将朱熹倡导的"三纲"、"五常"等伦理道德观念确定为满汉共同遵循的公共道德规范。"上有所好，下必趋之"，满朝文武纷纷响应，令子弟竞相务力攻读并参加科考。

这一年，在大江南北学子奔赴"出则舆马，入则高堂，堂上一呼，阶下百诺"

的耀眼人生之际，倾巢出动赴京赶考的举人中，容若带着他的旷世微笑和才学出现了。他已通过会试，即将在神圣的朝堂上以他的智慧与同龄天子会晤。

殿试的前一晚，容若端坐书房，心潮翻涌。他翻开《论语》，信手翻到《述而》一章，默诵道："子曰：'饭疏食饮水，曲肱而枕之，乐亦在其中矣。不义而富且贵，于我如浮云。'"容若想："不义而富且贵，于我如浮云。自己自生来便栖身富贵之中，这并未经过修身之途、如同窃取的富贵，算不算不义呢？"这原本是个无须多虑的问题，因为容若深知身世无可选择，亦难以改变。但不知为什么，这"不义"二字，在即将殿试的前一晚，击中了他的心，缠绕不去。容若理不出头绪，索性放下，信步走到园子里。

初春的空气微凉，夜空平淡，全无半点星光。容若在园子里信步走着，想着千年前那个颠沛流离的身影，想着那兢兢业业谨守以"仁"为根本推行修身齐家治国平天下之道、明知不可为而为之的理想主义者，想着孔夫子如何身体力行道义却始终穷困潦倒、为世不容，容若思虑着、困惑着，不觉来到了自己亲手种植的合欢树前。

他停了下来，凝视那沉默的树木。容若想：无论自合欢树间呼啸而去的青春曾怎样欢喜悲哀，这合欢树还似当初，枝繁叶茂。容若的思绪又回到孔夫子，他想，夫子生前经历过的春秋风雨何等淋漓张狂，然而，风雨总有静止的一天，但夫子即便身死，精神却昂扬不灭。

容若轻抚合欢树斑驳的枝叶，他第一次感到那枝叶如此亲切，如同孔夫子穿越现实风雨而不能被摧毁的精神。在这精神跟前，容若感到了渺小，不仅自己渺小，也包括他同这合欢树，也包括这合欢树前他曾经为之幸福和痛苦的情感。

是的，容若想，孔夫子的志向是天下，而通往天下的路是来自圆融个体及家庭的延伸。那么，自己的心在何处？自己的家又在何处？自己于天然的富贵中又该如何自处？

容若在树前伫立良久，在他即将迎来开启未来人生的考试之际，曾经那样盘踞他内心的往事扑面而来，又渐渐消散。他感到，是到了让过去那全然围绕渺小自我的悲欢死去的时候了，他应当像孔夫子那样以个体的"仁"推及天下苍生，也应当像自己的祖先那样，在马蹄卷起的烟尘中去兼济天下。

于是，在这个新生的夜晚，青年容若默默地以再次回顾的方式同稚嫩的往昔

告别，思潮翻涌，踌躇满志。当他即将睡去时，他仿佛听到顾亭林那充满力量和激情的呼号："保天下者，匹夫之贱，与有责焉耳矣！"

清晨醒来，容若意外地觉到背上阵阵寒冷。他扶住头，然而头痛欲裂。容若绝望地躺了一会儿，门终于响了，婢女端着洗脸水进房来。

容若想说话，却喉头发痒发痛。那婢女浑然不知，照例拧了毛巾朝他脸上擦来，才碰到脸，婢女叫唤起来："烫！"

容若浑身难受，对婢女勉强点点头，说，"我起不了身了。"

婢女一阵惊慌，忙出门叫小厮报告老爷，又胡乱给容若倒了一杯水。

门外的小厮听闻容若骤然发病，一路癫狂地跑去对明珠说："老爷，成哥儿不好了。"

明珠刚洗漱完毕，正在思量容若今日殿试如何如何，听小厮这么说话，心上一凛，斥道："什么不好了？"

那小厮见明珠变了脸，心头发怵，嘴里更加不成话："成哥儿……起不来……不好了。"

殿试在即，明珠十万火急，也顾不得教训小厮，一边吩咐小厮去请太医，一边急忙往容若房内而来。

容若喝了口水，又让婢女给他加了条被子，这会儿略有些发汗。明珠摸摸他滚烫的额头，又问问情况，心中思忖这病来势凶猛，一时恐难好转。

一会儿，太医来了，看过之后，果然道："公子乃受寒邪侵袭肌表，毛窍腠理闭塞，卫阳被郁不得宣泄，因之恶寒发热，气血凝滞，疼痛和寒冷皆出于此。病无大碍，我给公子开个方子，只需按时服药，卧床休息数日，便可痊愈。"

明珠谢了太医，想病倒不算重，只是偏偏挑了殿试的关口，看来是无法参加考试了，但却是无可奈何，只认是天意。

那边容若人虽瘫软无力，神智却如常，将太医的话全听了进去。他万没料到这时候忽然生病，想来是昨夜风露立中宵，染了风寒，没想到竟会耽误殿试。容若心中难受，脸上便掉下泪来。明珠看他过不去的样子，便笑着安慰他道："成哥儿还年轻，大不了等两三年再参加殿试，左右是念书，不碍事。"

容若点点头，难过得说不出话，只是流泪。

这场突如其来的寒疾，使容若缠绵病榻数月。他并不知道，自此之后，寒疾

110

竟成了他生命中最亲密的仇敌，常常随着春天的回归不请自来。

疾病之于人，如同人性，也有趋同的倾向。出生于冬月的容若，似乎便同寒疾有不解之缘。他性情敏感，常以一己之感触推及自然。而他的身体也同他的心一样极易感受大自然的变化。春花秋月、炎夏寒冬，当旁人尚浑然不觉，容若已深入肺腑，冷暖自知。因此，容若笔下，情感同自然存在一种天生的默契和联动，秋愁和冬冷，总难以分解。即如：

> 木落吴江矣，正萧条、西风南雁，碧云千里。落魄江湖还载酒，一种悲凉滋味。
>
> 谁念西风独自凉，萧萧黄叶闭疏窗，沉思往事立残阳。
>
> 欲寄愁心朔雁边，西风浊酒惨离颜。黄花时节碧云天。
>
> 身向榆关那畔行，北风吹断马嘶声。深秋远塞若为情。

即使在容若未来随扈天子的途中，它也屡屡出现：

> 黄昏又听城头角。病起心情恶。药炉初沸短檠青。无那残香半缕恼多情。
>
> 曾记年年三月病。而今病向深秋。卢龙风景白人头。药炉烟里，支枕听河流。

疾病之于天才，则更像是一种充满悖论的同伴，如影随形，只因心性敏锐于常人，故用情太深，用心过重，以致早夭。

像那位同拜伦、雪莱齐名的英国诗人济慈，他是马房主的儿子，早年失去父母的孤儿，当他带着送别最后一位亲人、他的弟弟的悲哀，以及被弟弟传染的肺结核搬入伦敦市北近郊区汉普斯台德荒地，他的才情与咯血同时迸发了。济慈在幽僻而清新的清晨，"将椅子从餐桌旁挪到草地上的李树下，静坐两三小时。等他进入屋中，"那带给诗人身后无限荣耀的诗句、被徐志摩称之为"神奇"的、音乐般的《夜莺颂》便自他的笔尖缓缓响起。

> 永生的鸟呵，你不会死去！/饥饿的世代无法将你蹂躏；/今夜，我偶然

听到的歌曲/曾使古代的帝王和村夫喜悦；/或许这同样的歌也曾激荡/露丝忧郁的心，使她不禁落泪，/站在异邦的谷田里想着家，/就是这声音常常/在失掉了的仙域里引动窗扉：/一个美女望着大海险恶的浪花。

几个月后，25岁的诗人怀着对邻居年方17的姑娘芳妮的无限爱恋，怀着对屋外青色草坪、池畔的珍视与世长辞。济慈最终因传染病肺结核不治而亡，诗人生前用过的一切——家具，甚至壁纸和木质门窗，都被销毁。留在世上的，只剩蜷缩于墓园一隅的那抔黄土。他的墓地上没有名字，只有他亲手写就的那句诗："此地长眠一人，其名以水写成。"

济慈生命短暂，诗作却超越了其短暂变为永恒。

又如中唐诗人李贺，当他在世时，似乎已经预知不久人世的未来，故而时常骑驴，背一破锦囊，遇有所得，即书投囊中。及暮归，太夫人使婢受囊出之，见所书多，辄曰："是儿要当呕出心乃始已尔！"……

李贺呕心如此，沥血如此。故而"云烟绵联，不足为其态也；水之迢迢，不足为其情也；春之盎盎，不足为其和也；秋之明洁，不足为其格也；风樯阵马，不足为其勇也；瓦棺篆鼎，不足为其古也；时花美女，不足为其色也；荒国陊殿，梗莽邱垄，不足为其怨恨悲愁也；鲸吐鳌掷，牛鬼蛇神，不足为其虚荒诞幻也"。

当"细瘦，通眉，长指爪"的李长吉苦吟疾书，当他于仕途困厄、疾病缠身之际，"我当二十不得意，一心愁谢如枯兰"，他的死已经注定了，而他那诡异诗文的"活"也注定了。长吉生二十七年，用心所作，岂有不长存于世之理？

华美的济慈，奇幻的李贺以及缠绵的容若，他们都是世上稀有的浪漫主义者，他们以倏忽的生命，用病弱之躯，含笑书写了最强大的生命力。

"百年老枭成木魅，笑声碧火巢中起"。自此而后，年年三月，每当春来，容若的思绪里总弥漫着一股挥之不去的药香。

感旧知

　　人非生而知之。在荆棘丛生的路上，在最奇险怪谲的关头，我们需要智慧给予指引，充满思想的师长是真正的财富。

　　古希腊哲学家柏拉图，穷尽一生追求理想国。他的理想是超越现实一切物质，于掩卷冥想中找寻理念的"摹本"和"影子"。他这渺茫的理念曾经被宗璞以一个笑话做了精妙的阐述。在那个笑话里，柏拉图饥饿而差人去买面包，但店老板深为柏拉图理论倾倒，便以店中只出售实体的面包，无法提供柏拉图式的抽象"面包"为由拒绝了。柏拉图于是怀抱抽象的面包死于饥饿。

　　并非无人勇于反对大哲学家高深莫测的理论，最有力的反对者恰恰是他的得意门生亚里士多德。亚里士多德自17岁开始跟从柏拉图求学，师生情谊长达20年之久。他热爱柏拉图，曾表白"在众人之中，他是唯一的，也是最初的。……这样的人啊，如今已无处寻觅！"但亚里士多德并不盲从，并敢于提出跟恩师完全对立的哲学观点。他认为柏拉图的理论不但不能解决问题，反使问题变得更复杂。亚里士多德同他的恩师相反，他强调具体个别的东西才是真实，而柏拉图在日常所见的人和马之外，还要假定另外存在一个比人和马更真实的人和马的"理念"，是毫无用处的。

　　尽管师生经常为此进行了旷日持久的争论，柏拉图还是容忍了亚里士多德的对立。当有人指责亚里士多德背叛了老师，这为学认真却桀骜不驯的弟子回敬了

一句流传至今的名言："吾爱吾师，吾更爱真理。"这大约是史上最动人心弦的师生关系。爱之深，责之切。没有人怀疑他们彼此深厚真挚的情意。

师生情谊，是人生情谊中重要的一部分，它每每如春风，吹入我们陷入冰凉失意的心中。

临近殿试发榜，容若还躺在病榻上。料峭春风吹走了容若缠绵难绝的睡眠，他在这个软弱无力的春日惊醒。容若躺了一会儿，昏沉而沮丧。殿试前晚他在合欢树下那些逸兴飞扬的壮志，此刻变得遥远而不可把握。容若闭上眼，似在沉思。忽然，他撑起身子，唤一旁服侍的婢女拿纸笔来。他挣扎着，写下了他壮志未酬的惆怅：

> 晓榻茶烟揽鬓丝，万春园里误春期。
> 谁知江上题名日，虚拟兰成射策时。
> 紫陌无游非隔面，玉阶有梦镇愁眠。
> 漳滨强对新红杏，一夜东风感旧知。

写完此诗，容若颓然倒在床上，胸中块垒难消。那是一种羞惭。那羞惭，来自去年秋天他自中举筵席上看到的那一道期许的目光。

那是徐乾学的目光，徐乾学的名气在三徐中最盛。康熙年间，清"一代诗宗"王士祯、著名戏曲家"南洪北孔"的孔尚任、洪昇等都常于徐府唱和盘桓。在洪昇写给徐乾学的《上徐健庵先生》诗中曾云："二十余年朝宁上，九州谁不仰龙门？三千宾客皆推食，八百孤寒尽感恩。"窥此可知其名重当时。

去年，在顺天府考试中，主考官徐乾学第一次真正看到了容若。在无数考生中，一个举止闲雅的年轻人引起了他的注意。徐乾学凭借自己多年的阅历，直觉这个年轻人来历非凡，他身上具有一种在茫茫人海中轻而易举脱颖而出的气质。

对徐乾学而言，那不是一次普通的看见，犹如园丁看到一朵珍稀的蓓蕾，是欣喜若狂的一场目睹。这种心情在徐乾学批阅朱卷时又一次发生了，这使徐乾学有了一种预感，此科必有奇遇。

三日后，容若与同窗一道去谒见主考官徐乾学。徐乾学直到那一刻，方知这位气质脱俗的年轻人就是那气质脱俗的文章的主人，他叫纳兰容若，也是自己胞

弟曾称道的"司马公贤子，非常人也"。徐乾学暗暗点头，心道"只有此锦绣人才方配那锦绣文章"。

这次谒见，对于容若同样是一次欣喜若狂的谒见。容若对顾徐二人之风标暗自仰慕已极，不意今日竟能拜其外甥为师，心中喜悦当真难以言表。面对温厚凝重的徐乾学，他心中的江南情结再次勃发了。

在这次谒见中，在徐乾学雍容典雅风范的引领下，容若"如日坐春风令人神驰"。他和座师谈论经史源委及文体正变，侃侃而论，所言颇有创见，甚至宿儒亦有所不及。在这次交谈中，容若如一条溪流欢欣鼓舞地奔向大海，而他心目中的大海——徐乾学则颔首微笑。那一刻，徐乾学预感到，容若将是他平生最得意的弟子，他用目光表达了这种嘉许和喜悦。

和徐乾学的相遇，对于好学聪敏的容若而言，不啻是进入了一座取之不尽、用之不竭的宝藏。青年容若那踌躇满志而又充满对建功立业渴望的内心即将获得最智慧之人引领；他对江南的愁思也将在吴侬软语般的教诲中得以纾解。容若的生命似乎从来未曾如此接近过光明，他"入而告于亲曰：吾幸得师矣！出而告于友曰：吾幸得师矣！即梦寐之间，欣欣私喜曰：吾真得师矣"！

徐乾学对于容若的大喜有些意外。他阅史阅人无数，也曾见过不少才学出众的青年，但却没有一个像容若这般天分极高而为人极真。容若眼里闪烁的喜悦使这一向庄重的儒家弟子心内涌起了久违的热潮。容若的热忱甚至使他想起了自己年轻时，在舅父顾炎武跟前那同样仰望而热忱的心境。如果说，最初的容若以自己超凡脱俗的文采吸引了园丁的目光，此刻，却是以纯净如赤子的心打动了徐乾学的老心。

正如徐乾学所感到的，容若对这位老师，有着发自肺腑的尊重。他曾道："夫师岂易言哉！古人重在三之谊，并之于君亲。言亲生之，师成之，君用而行之，其恩义一也。然某窃谓师道至今日亦稍杂矣。古之患，患人不知有师；今之患，患人知有师而究不知有师。夫师者，以学术为吾师也，以道德为吾师也。今之人谩曰：师耳，师耳，于塾则有师，于郡县长吏则有师，于乡试之举主则有师，于省试之举主则有师，甚而权势禄位之所在则亦有师。进而问所谓学术也，文章也，道德也，弟子固不以是求之师，师亦不以是求之弟子。然则师之为师，将谨谨在奉羔、贽雁、纳履、执杖之文也哉！洙泗以上无论矣。唐必有昌黎而后李翱、皇

甫湜辈肯事之为师。宋必有程朱而后杨时、游酢、黄干辈肯事之为师。夫学术、文章、道德，罕有能兼之者，得其一已可以为师。今先生不止得其一也。文章不逊于昌黎，学术、道德必本于洛闽，固兼举其三矣，而又为某乡试之举主，是为师生之道无乎不备，而某能不沾沾自喜乎？"

正是出于对徐乾学无比的敬重，容若终生都不曾忘记徐的教诲。尤其是在第一次谒见徐乾学时，徐乾学曾告诫他："为臣贵有勿欺之忠。"徐乾学的话像一颗石子投入容若如深井般的心中。这颗石子不停地向下坠落，直到碰到另一颗深藏于容若心中的石子，在容若心中升起了美丽的光芒。

那颗石子是徐乾学的舅父顾炎武投下的。那是容若曾经读到的一篇顾炎武的《与友人论学书》。顾炎武在信中谈到了如何做学问。顾炎武道，从前孔夫子"其答问士也，则曰：'行己有耻'；其为学，则曰：'好古敏求'。"他说，孔夫子凡回答读书人之提问，便对以"立身行事要讲究廉耻"。每论治学，则言"好古则勤奋敏捷地去追求"。

他认为，从个人到天下、国家，都是可以学习的事情；从子臣弟友到出入往来、辞受取与，都关系到廉耻。廉耻乃做人之根基，不要以粗茶淡饭为耻，也不要以衣衫褴褛为耻，真正的耻辱是不能为万民谋平安与利益。因此一切的根源都在于个人内心的诚恳。

当日，顾亭林的这封信，曾经激起容若心中千层波澜，使他对自己的锦衣玉食而百无一用起了愧疚。如今，徐乾学的一席"为臣贵有勿欺之忠"又再次掀起了他对自己食君之禄、却并未忠君之事的惶恐。他期待自己能更为迅疾地摆脱这饱食终日无所作为的苦恼，为天下兴亡而战，为黎民百姓之幸福而战。

于是，他将"勿欺"二字镌刻成了一方闲章，庄重地置于自己的书桌之上。然而此际，在这误了春期的病榻上，这方闲章、心底的石子以及记忆中的那道目光变成容若心中难以释怀的块垒。君恩似海，师恩如山，容若该如何面对？

因不能参加殿试而令容若辗转反侧的根由，并非由于他不能一酬壮志的遗憾，而是来自难以酬谢恩师期望的惭愧。身为一个至情者，容若一生，总不肯辜负任何情意。他背负起每个他遇见的师、友、亲人的厚望，用尽全身气力去回报，即使那将是千万倍的回报，他也无所畏惧。是以，3年之后，当容若终于参加了殿试并获得认可，当春风得意的马蹄踏过情意绵绵的春堤，那代表仕途开启的樱桃宴

也未曾带给容若与旁人相同的称意与快乐。因为，这本是 3 年前的今日便当来临的光荣，"蜡泪恼东风，旧垒眠新燕"——容若于乐中品尝苦涩，只觉烛泪恼人，那梁上一双新燕所归，如那姗姗来迟的荣耀，无非是已布满征尘的旧垒。情深者反为情伤，这是容若在今后的人生中屡次面对的景象。

慰多情

绿叶成阴春尽也，守宫偏护星星。留将颜色慰多情。分明千点泪，贮作玉壶冰。

独卧文园方病渴，强拈红豆酬卿。感卿珍重报流莺。惜花须自爱，休只为花疼。

（《临江仙·谢饷樱桃》）

同即将到来的成功擦身而过，令寂寞的春天再度回到容若心中。寒疾带给他不可逆转的命运，并将他牢牢锁在无所事事的病床上。在一阵春雨带来的愁思中，容若陷入了昏睡。他做了一个梦。

那是被香气浮起的梦。梦里，他走在红桥上，身旁是温柔的寒花。他们悄然走着，仿佛走在无忧无虑的人间。他们安静、坦然，一直走向一阵幸福的雨雾之中。然后，他醒了。容若看到自己仍然躺在空虚的病床上，阵阵胡笳声自城楼外飘缈地传来。

容若叹口气。他望向窗外，雨已经停了，春寒之中，月光照着屋外桃花，使那桃花显出一种艳丽的凄凉。容若以病后脆弱的心情思量着，想寒花之后，还有谁会弹奏思念的箜篌？还有谁会在意自己生命中全部的心碎？容若无力地怅惘着，仿佛正目睹韶华正自冰凉的指缝间流过。这情景刺伤了他，他闭上眼睛，鼻中嗅到碧纱窗外若有若无的茶香。

> 冷香萦遍红桥梦，梦觉城笳。月上桃花，雨歇春寒燕子家。
> 箜篌别后谁能鼓，肠断天涯。暗损韶华，一缕茶烟透碧纱。

当春风将要吹尽的时候，韩菼来了。

　　韩菼是与容若同场乡试的同窗，乃徐乾学弟子。在康熙 11 年的顺天府乡试中，他本已落榜。但当时的主试官徐乾学慧眼独具，在如山落卷中发现了韩菼的试卷，一读之下，击节赞赏，曰："此文开风气之先，直盛世之音也"，即取为上等。徐乾学慎重取材，挽玉山于既倒，一时传为佳话。从此韩菼便入徐门成了弟子。

　　韩菼同容若虽为同窗，彼此并不十分亲近，只因韩菼作文好古雅，容若则重性灵，志趣有异。两人性情虽然不同，但对师长徐乾学，都有共同的深情厚谊。容若是一片赤诚，从不自诩天才；韩菼则是幸得提携，宁负当初？即使在若干年后，徐乾学罢归田里，众多趋炎附势者先后逃窜，唯有韩菼"独昕夕造门"，始终敬重有加。而容若也从不曾改变对徐乾学的感激与尊崇，即便当徐乾学同明珠各为南北党，为彼此的政治集团挥戈相向也始终如一。

　　这样善始善终的两个人，即使性情不相投，自然是互相钦敬而尊重的。

　　这次，韩菼参加了容若错失的那场殿试，并高中榜首。仍在病中的容若在韩菼一脸春意中恍惚看到了自己。他想，自己原本也应当顶着这样的一脸春意。然而，那不期然的寒病，是一次意料之外的功亏一篑，犹如呼啸的箭矢在飞奔中戛然而止。那种生生消失的力量以及随之而来的未曾准备的人生空白，带给容若无限惆怅。

　　容若将韩菼让进书房。桌上一张新鲜墨迹吸引了韩菼，他拾起那页纸，吟道：

　　桃花羞作无情死，感激东风，吹落娇红，飞入窗间伴懊侬。
　　谁怜辛苦东阳瘦，也为春慵，不及芙蓉，一片幽情冷处浓。

　　韩菼读罢，劝慰道："成德弟不必懊侬，健庵先生有言，以弟之高才，他日必定芙蓉镜下及第。"原来容若此词乃有本事。传说唐代李固在考试落第之后游览蜀地，遇一位老妇，预言他次年会于芙蓉镜下科举及第，事后果如其言高中，而榜上恰有"人镜芙蓉"一语。

　　容若听了韩菼的话，只是苦笑。他并非不相信自己会有高中的一日，只是平白蹉跎年华，心中难以释怀，竟开口吟道："彼君子兮，不素餐兮。"容若吟的是《诗经·魏风·伐檀》，用以表达自己"不稼不穑"、"不狩不猎"却酒足饭饱的惭愧。

　　韩菼看他眉头紧锁，无法劝解，便道："健庵先生让我给你带来了这个"，说罢，竟唤人端进一篮樱桃来。送樱桃的人是徐乾学。容若看到樱桃，百感交集。

　　这并非普通的樱桃，他来自为新科进士们庆贺的樱桃宴，这是徐乾学以独特方式对与考试失之交臂的容若的谅解，也是最直白的安慰。樱桃宴传说源自唐僖宗乾符4年，当时的宰相刘邺为贺次子刘覃进士及第，竟以几十树樱桃，专门举办了一个盛大的樱桃宴。时逢樱桃初上市，许多权贵尚未尝鲜，但在刘邺的家宴上，樱桃却堆积如山，樱桃的新贵同新科进士的娇贵相得益彰。这便是新科进士以樱桃宴庆贺的由来，它代表了珍贵和荣耀。在容若羞惭的时刻，徐乾学以雍容大度的智慧开解了他。

　　容若拈起一颗樱桃放入口中，樱桃初出，入口微酸，然而这酸却甜蜜地惊醒了容若。他一扫胸中块垒，从消沉的阴影中振作起来。容若的病好似立刻痊愈了，他拉住韩菼，道："且住，我当填词以谢恩师。"遂提笔写道：

　　　　绿叶成阴春尽也，守宫偏护星星。留将颜色慰多情。分明千点泪，贮作玉壶冰。　　独卧文园方病渴，强拈红豆酬卿。感卿珍重报流莺。惜花须自爱，休只为花疼。

　　徐乾学的樱桃胜过最名贵的汤药，容若精神大振。他拖住韩菼，道："元少兄，快说说你参加殿试的情形。"

　　韩菼并非矜夸之人，但见容若真诚，便道："这次时务策，天子问的是治天下之大法与至治之根柢。"

　　容若一听，心中一凛。要知当时朝廷正面临最大的毒瘤——三藩，若要治天下，首要便是治三藩。然而，当时吴三桂一方独大，朝野众多大臣尚不敢毁一词，区区举子却如何作答？

　　韩菼道："不若我将试卷背给你听。"容若自然道"好"。

　　韩菼站起身，负手诵道："臣闻帝王欲举治天下之大法，必先有以倡天下之人心。夫心者，万事之权舆，至治之根柢也。"

　　容若心道："这却说得同亭林先生一致。"

　　又听韩菼道："世有百年必敝之法，而有万世可以无敝之心。为政而不本之以

心，虽举唐虞三代之法施之，而无一可。古之圣王不能以身劳天下，而惟以心劳天下，其分猷布化，则寄之百官有司。其兼总条贯，则付之纪纲法度。"

容若听韩菼气势如虹地背下去，听他从倡心而谈到足民，自足民谈到了减赋、缓征、减饷，心中且佩且忧。他不禁想，设若当日自己也在太和殿中，必定也将如韩菼一般写出汪洋恣肆之文。

他听韩菼继续背道："古者一州之入，必足当一州之出。姑以战国时言之，养兵百万，而不仰给于他国。今天下大定，而馈饷不绝，如岁岁用兵，竭中原民力之供輦，输于岭海之滨，绝远不毛之地，而所在雄藩大镇，外挟一二窜伏山澨之余孽以自重，而内以邀于朝廷，日耗司农不生不息之财，以厌其子女玉帛无穷之欲，此岂可为继，而辄因循而不变乎。臣请于兵之可撤者撤之，其必不可撤者则留屯田。"

容若闻此，不禁长身而起，喝彩道："元少兄竟言撤藩，无少顾忌，如此胆识，成德深佩。"容若此美言非虚。康熙12年3月，三藩之一的平南王尚可喜请老，康熙许之，然而驳回了以其子之信嗣封镇粤的请求，令其撤藩还驻辽东。这是康熙企图撤三藩所抛出的一块试金石，而容若的父亲明珠，正是力主此举的大臣。

当时，更有许多大臣，深恐激怒三藩，令天下大乱，是以竭力阻止。而小小的一个韩菼，却不畏强势，勇于在三藩虎视眈眈之下，明确提出撤藩之论，这正是康熙帝深加赞允，钦点其为状元的根本原因。

容若被韩菼感动了，他自韩菼飞流直下的文字之中，听到了和自己相同的济世之心，他难以抑制内心的澎湃，并对自己的脆弱和娇情感到了更深的惭愧。

就在这年，以吴三桂为首的三藩最终发动了蓄谋已久的叛乱，挥戈北上，直指京师。在这场生死较量中，玄烨再一次展示了他的谋略和胆识。更重要的是，在军事上对三藩予以重击，甚至在大厦将倾的危机中，举重若轻，让惴惴不安的官僚和百姓，去除了心内隐藏的不安，为他们展现了一幅太平盛世的治世繁华前景，并适时极大催生了暗藏的踌躇满志。玄烨再次成功度过了统治初期的又一场危机。

也就在这年5月，一个年轻人于黎明之际纵马来到了徐府门前。这风尘仆仆的青年及时勒住了骏马的奔腾，他自马背跃下，将马缰扔给门房，肃正衣冠之后

方才进府。

　　这个人是容若，在大病初愈的夏日，他已自消沉中奋起。自此，逢三六九日，容若黎明即至，同徐乾学师生二人讲论书史，酣畅淋漓，俟光影渐暮乃去。这种面对面的传道授业，使容若的学识突飞猛进，而徐乾学在做人作文上的言传身教，更是容若善感心灵服用的一剂良药。古人面对跌宕命运的襟怀，使他学到自眼前的乖戾中挣脱，望向更为坦荡的未来。

对景排

漠陵风雨，寒烟衰草，江山满目兴亡。白日空山，夜深清呗，算来别是凄凉。往事最堪伤。想铜驼巷陌，金谷风光。几处离宫，至今童子牧牛羊。（《望海潮·宝珠洞》）

《望海潮·宝珠洞》是若干年后，容若身任康熙御前侍卫，随扈前往东北途中写的一首咏史之词。那一年，当容若伫立于宝珠洞前，他看到的，并非宝珠洞那离奇的景色，而是洞内外幻变的历史风光。那洞口衰草横生，犹如此起彼伏的江山社稷——兴亡的交替，充满人力无法挽回的沧桑。空山寂寥，夜来梵呗如诉，一切都终归于虚无。黄金般耀眼的往事已经消逝了，于往日的霸陵之上悠然行来的，不过是无知的牧羊童子。举目望去，荒沙遍布，河水冰凉，苍鹰自天际划过，只剩炊烟无言，细雨迷离，一抹残阳斜斜地自林外洒下。于是有归雁阵阵，云散而水低回，山冈荒芜。这样的黄昏，唯有一弯凉月，照着紧闭的寺门。

"世人都晓神仙好，惟有功名忘不了！古今将相在何方？荒冢一堆草没了！"这首词，写的正是兴亡。对兴亡的强烈感触，在容若后来的侍卫生涯中时时弥漫着。

其实，容若从很早的时候就开始关注历史。当容若在明府花园里，对着刻满年轮的树干迷离怅惘之际，他对历史的好奇与迷恋已经萌发了。对历史的关注，往往是人思虑成熟的开始。我们的一生中，难免会受到过往某段历史的启蒙。人们习惯认为熟读历史，将有利于对当下生活的处理和抉择，宋仁宗就有"鉴于往事，有资于论道"之说。但写《中国思想史》的葛兆光先生却认为，"我总觉得这样理解历史功用太实际也太狭隘，并不是每个人都有可能是决策者，也不是所有

123

需要读历史书的人都有机会用历史经验处理现实问题，也不是每个人一生中都能遇到可以比附和取资历史记载的大事件的。历史真正的普遍的意义仍然在于布罗岱尔说的'国民意识'的建构，用一个比喻说罢，历史仿佛给人们提供着关于'故乡'的回忆，这种回忆不一定是对于村庄位置、房舍田地、乡亲父老、水井道路的具体再现，而是一种关于故乡的温馨感受，使人们一想起故乡就觉得亲切，使互不相识的人一提到共同的故乡就有'同乡'甚至'同根'感觉，'君从故乡来，应知故乡事'，即使在很远的地方，也始终存在着眷念，这就是历史的价值。"

这就如同荣格关于"集体无意识"的论断。

1909年，荣格同他的老师弗洛伊德同赴美国克拉克大学讲学。在前往美国的船上，在七个星期的航程里，他们每天在甲板上相会，彼此分析对方的梦。荣格谈到了他的一个梦。梦里，他处在一所陌生两层的房子里。最上面一层是一个沙龙，陈列着一些古旧的罗可式家具，墙上挂着几张珍贵的古画。荣格走下楼梯，来到更加古老的底层，房里是典型的中世纪格调，地面用红砖铺成，到处都很黑暗。荣格在底层发现了一扇厚重的门，他开门进去，看到一道通往地下室的楼梯，荣格顺着楼梯下去，看到一个更加古老的圆顶房间，墙壁用罗马时代的砖石砌成。他拉起地上的一个环，那是一块石板，下面是一个狭窄的石梯，通向更遥远的深处。当他走下去，便进入一个低矮的石洞中，地上尘土累累，还包裹着一些零碎的骨头和破碎的陶器，正是原始文化的遗迹。当他拾起两个头骨凝视时，他醒了。对这个梦境，荣格自己的解释是："我很清楚好房子代表着一种精神的意象，就是说，代表着我当时的意识状况以及到那时为止的无意识附属物。沙龙代表意识，它虽然古色古香，却有人居住的气息。下面一层代表无意识的第一个层次。我越往下走，那景象就变得越怪异和越黑暗。在洞穴中，我发现了原始文化的遗迹。那就是在我自身之中的原始人的世界——一个几乎无法为意识所达到或照亮的世界。人的原始心理邻接着动物的灵魂的生命，正像史前时代的洞穴在人占有之前常常居住着动物一样。"荣格认为，这个梦指出了文化史的基础——意识的不断积累的历史。这就是集体无意识。

对容若而言，对历史的兴趣，或许正如自己对文学的兴趣一般，是一个寻找自我、寻找心灵故乡的过程。那时，容若的身体逐日康复，并同时萌发了对经史更加浓厚的兴趣，这兴趣，来自徐乾学那非同一般的书房。那是任何读书人都会

震惊的书房，万签插架，堆满了宋元诸家的经解著作。

徐乾学酷爱藏书，他于故乡昆山，"筑楼于所居之后，凡七楹。间命工斫木为橱，贮书若干万卷，区为经史子集四种，经则传注义疏之书附焉，史则日录、家乘、山经、野史之书附焉，子则附以卜筮、医药之书，集则附以乐府诗余之书，凡为橱者七十有二，部居类汇，各以其次，素标缃帙，启钥灿然。"

饱读诗书的徐乾学对人生尤有独到见解。他认为："盖尝慨夫为人之父祖者，每欲传其土田货财，而子孙未必能世富也；欲传其金玉珍玩、鼎彝尊罍之物，而又未必能世宝也；欲传其园池台榭、舞歌舆马之具，而又未必能世享其娱乐也。"因此，他将自己全部藏书传之子孙，徐乾学对儿孙道："然则吾何以传女曹哉？"指书笑曰：'所传者惟是矣！' 遂名其楼为'传是'"。

丰富的藏书成就了徐乾学的文名，也使他走到清王朝政治舞台的前台。玄烨治国，务求满汉融合，曾下诏采购遗失的经书，以体现对汉学及汉学者的尊重，而徐乾学正是"以宋元经解，李焘续通鉴长编及唐开元礼，或缮写，或仍古本，综其体要，条列奏进，上称善"，从此得到康熙的宠信。如今，这些书籍，又将成就容若蹇阻之中的新生。

徐乾学一边让容若在书房内浏览，一边道："读书，是为学之根本。家舅少年时最喜抄书。吾受其教训，饮阑寝倦，从无释卷之时。"

容若道："先生所说，可是著《日知录》的亭林先生？"徐乾学点点头，道："正是。"又问："你可知这《日知录》出自何处？"

容若道："《论语·子张》中，子夏曰：'日知其所亡，月无忘其所能，可谓好学也已矣'。想来应是出自这里。"

徐乾学含笑点头。他接着道："家舅遍览二十一史，明代十二朝实录，天下图经，前辈文编说部，以至公移邸抄之类，有关于民生利害者，分类录出，用以旁推互证。这才成得《日知录》。"容若听了，暗自震惊，想这亭林先生何等勤奋，难怪文章独步天下。

顾亭林此人，毕生学问都从抄书入手。名为抄手，实际乃寓创新于抄书之中。《日知录》中，每一条大率皆合数条或数十条之随手札记而始能成。

容若对这位传奇人物一早倾慕，岂肯错过机会，他问徐乾学："亭林先生后来却去了何处？"

125

徐乾学道："舅父晚年筑土室于丛冢间，与妻偕隐，自署门联云：'妻太聪明夫太怪，人何寥落鬼何多。'"容若想这人本是极聪明极勤奋之人，却自云其怪，可见其狷介，不禁默想其风范。

徐乾学又道："家舅生平制行极严，为人方正。一次吾兄弟三人请吃饭，家舅入坐不久，便起还寓。乾学等请终席张灯送归，家舅作色道：'世间唯有淫奔、纳贿二者皆于夜行之，岂有正人君子而夜行者乎？'"容若听了，肃然起敬。

他想了想，又问道："我听说亭林先生始终不肯回乡祭扫祖坟，这却是为何？"

徐乾学道："家舅虽南人，下半世却全送在北方，至死不肯返乡。他本是性情极厚、守礼极严的君子。考妣之墓却忍数十年不扫。便是夫人死了，也只临风一哭，作诗以祭。如此非常之举，自有非常之理。"

徐乾学说到此处，便停住不言。容若听闻，未知究竟，见先生不肯说，便只在心里琢磨，不敢再问。

徐乾学不再谈及顾炎武，他转身，自书架上取下一摞书，递给容若。容若仔细看去，全都是相当罕见的宋元经学著作，自己见所未见，不禁捧书欢喜。

自儒学建立，便注定有经学产生。自五经、九经，至十三经，历代学者都倾注心力为之作注作疏，于是儒学渐成系统。康熙朝定程朱理学为官学，容若自小便熟习。然而，直到今日，他才于徐乾学处见到程朱之外的解说，这使他追根溯源，洞见了经学的来处和发展。自此之后，容若每至徐府，必借书而观。在阅读中，容若越来越感觉到自己的无知，也越来越叹服汉文化之博大精深。

在徐乾学的悉心指导下，容若走出了个人得失的狭小空间，"益肆力经济之学"。为了更好地钻研经书，他广泛收集《经解》书籍，曾"属友人秦对岩（松龄）、朱竹垞（彝尊）购诸藏书之家"，又钞得徐乾学"传是楼"藏《经解》一百四十种。

康熙 12 年，缘于朱彝尊的提议，清代最早的一部阐释儒家经义的大型丛书《通志堂经解》开始着手编写。这个编写者，是一位名叫纳兰容若的青年。这一年，是容若生命中的一次真正意义上的春天，这次编写，是他对失意殿试的一种姿态。在随后几年的蹇阻时光中，是这部书的编写，充实了他初次失意的人生。

容若为什么要编写这样的一部丛书？这或许缘于对先贤的效仿。"文王拘而演周易，仲尼厄而作春秋；屈原放逐，乃赋离骚；左丘失明，厥有国语；孙子膑脚，

兵法修列；不韦迁蜀，世传吕览。"也或许是出于对顾亭林等江南人物的向往。

　　然而，不仅仅如此，容若此举，既是对所积累学问的一种总结，更是对错失殿试的一种反击。他是骄傲的，虽然不曾因自己富贵公子身份而骄傲，却一直自负才华。世有追名逐利者，容若性情孤傲，视金钱如粪土，然而，他是儒家弟子，他需要仕进，需要向全天下展示他不世的才华。他不单单是一个吟咏风月的浪子，更是一个能兼济天下的世家子弟。

　　不妨说，编著这部《通志堂经解》，显示了容若的才华，也显示了他的野心。

　　然而，这部书，在容若身后，却带给他意想不到的纷争。最令人不可思议的，是若干年后的乾隆皇帝，对这部书署名"纳兰成德校订"颇有不屑。乾隆五十年5月29日他颁布上喻曰："朕阅成德所作序文，系康熙十二年，计其时成德年方幼稚，何以即能淹通经术？向时即闻徐乾学有代成德刊刻《通志堂经解》之事，兹令军机大臣详查成德出身本末，乃知成德于康熙十一年壬子科中式举人，十二年癸丑科中式进士，年甫十六岁。徐乾学系壬子科顺天试副考官，成德由其取中。夫明珠在康熙年间，柄用有年，势焰熏灼，招致一时名流，如徐乾学等互相交结，植党营私。是以伊子成德年未弱冠，即夤缘得取科名，自由关节，乃刊刻《通志堂经解》，以见其学问渊博。古称皓首穷经，虽在通儒，非义理精熟毕生讲贯者，尚不覃心阐扬，发明先儒之精蕴。而成德以幼年薄植，即能广收博采，集经学之大成，有是理乎？"

　　乾隆的这篇上谕着实厉害，一眼便看穿了容若编书的心理根源，"是以伊子成德年未弱冠，即夤缘得取科名，自由关节，乃刊刻《通志堂经解》，以见其学问渊博。"然而乾隆以容若年幼，不得有此实力，则未免武断。且不说事实上纳兰成德生于顺治十一年，中康熙十一年壬子科举人，时年十八岁；明年参加康熙十二年癸丑科会试，时年十九岁。上谕中所列容若年岁与事实不符，有碍乾隆做出正确判断，即便乾隆确知容若真实年岁，只怕仍是不屑一顾。乾隆所为，乃是针对明珠，殃及容若而已。

　　《通志堂经解》一共1792卷，收录了先秦、唐、宋、元、明经解138种，容若自撰2种。容若有生之年，但凡有暇，便埋首其中。对历史的摩挲，使容若自少年成长为青年的历程中，平添了几分沧桑感触。那秣陵风雨，寒烟衰草，铜驼巷陌，离宫牛羊。满目兴亡之江山，曾勾起容若多少今昔之感，而远眺中的茫茫荒沙，

冷雪中翱翔的雕，却于乱云低水中横生豪宕。这是容若对历史的感悟，既有对消逝繁华的惆怅，更有惆怅中新生的豪情。容若以韶年登甲科，未与馆选，本有受挫之感，但在钩沉历史中形成的对历史的豁达见解使容若得以重新思考自己人生中小小的挫折。

同样，读《易》，也使容若再一次重新面对自己错失殿试带来的失意。他在渌水亭中读《易》，感悟生命中的消息盈虚，并进而聚《易》义百家插架，着手论述事物的盛衰变化或行为的出入进退。这由感悟而研究的过程，使他开始学习得而不喜，失而不忧。他在广泛收集《易》义的基础上，取宋陈隆山《大易集义》六十四卷、曾种《大易粹言》七十卷合而订之，删去二书之重复，补陈书之《系》以下，且于陈书所集之二十家中，删八家而补六家，间以"臆见考其原委，定其体例"，编成此书。其书"理"、"数"兼陈，不主一家之说。宋儒微义，略备于此。书成之日，容若欣喜地奉呈徐乾学订正，徐乾学读罢称"善"。

《通志堂经解》的编写，使容若获得了心灵的平静，更获得了一生中几位良朋，朱彝尊、顾贞观都是在这个春天同容若相逢。然而，无常的命运再一次展露了他无法预知的一面，当这部书真正付梓的时刻，容若却不得不面临一次忠与孝的考验。

愁不胜

雨打风吹都似此，将军一去谁
怜。画图曾见绿阴圆。旧时遗镞地，
今日种瓜田。

系马南枝犹在否，萧萧欲下长
川。九秋黄叶五更烟。只应摇落尽，
不必问当年。（《临江仙·卢龙大
树》）

师生情谊，向来为中国人所推崇。那位在渭水之滨以直钩垂钓文王西伯姬昌，身为中国历史上最享盛名的政治家、军事家和谋略家的姜尚，在他的《太公家教》里郑重提出，"弟子事师，敬同于父，习其道也，学其言语。……忠臣无境外之交，弟子有束修之好。一日为师，终身为父。"姜子牙历史上真正的老师，我们已不可考，但在《封神演义》里，这位有神通的奇人，对他的师父元始天尊的确也恭敬有加，且看这段：

> 话说子牙借土遁来至玉虚宫前，不敢擅入。少时，只见白鹤童儿出来，看见姜子牙，忙问曰："师叔何来？"子牙曰："烦你通报一声，特来叩谒老师。"童子忙进宫来，至碧游床前启曰："禀上老爷：姜师叔在宫外求见。"元始天尊曰："着他进来。"童子出来，传与子牙。子牙进宫，至碧游床前，倒身下拜："弟子姜尚愿老师万寿无疆！弟子今日上山，拜见老师，特为请玉符、敕命，将阵亡忠臣孝子，逢劫神仙，早早封其品位，毋令他游魂无依，终日悬望。乞老师大发慈悲，速赐施行。……"

中国人说到尊师重道，自然要提到孔子。公元前551年，生于鲁国的孔子是中国历史上第一个私塾老师。冯友兰在《中国哲学史》里谈到，"孔子在生前就被

认为是博学的人。例如，一个与他同时代的人说：'大哉孔子！博学而无所成名。'他坚持了古代中他认为是最好的东西，又创立了一个有力的传统。""他本来是个普通教师，不过是许多教师中的一个教师，但是他死后，逐渐被认为是至圣先师，高于其他一切老师。到公元前2世纪，他的地位更加提高，当时许多儒家的人认为，孔子曾经真的接受天命，继周而王，他虽然没有真正登极，但是就理想上说，他是君临全国的王……这些儒家的人说，根据可以在《春秋》的微言大义中找到。他们把《春秋》说成是孔子所著的表现其伦理、政治观点的一部最重要的政治著作，而不是孔子故乡鲁国的编年史。再到公元前1世纪，孔子的地位提高到比王还高。据当时的许多人说，孔子是人群之中活着的神。……在现在，大多数中国人会认为，他本来是一位教师，确实是一位伟大的教师，但是远远不是唯一的教师。"

孔子当然不是唯一的教师，然而却几乎是一切教师。因为他的博学和他那诲人不倦的精神，一直被认为是教师的基本素质。这种素质，对容若而言，在他的恩师徐乾学身上全部都得到了体现。也正因此，容若同徐乾学的师生关系，是一段一言难尽的关系，这段关系，不仅仅与他们有关，还同容若父亲明珠以及整个朝廷风云有关。

明珠毕生最纠缠不清的人，是索额图。面对索额图，明珠应该具有一种极其复杂的心境。因为，正是在同这个人的斗争中，明珠爆发了全部的政治潜力，获得了政治生涯的巨大成功，一个高明的对手，往往同时能成就自己的高明。然而，也是这个人，最终弹劾了明珠，使他在晚年，不得不面对残阳，吹着无限怅惘悲切的秋风。

从明珠第一次遇见索额图起，便注定了两人今后的权力之争。他们都是康熙朝的重臣，对玄烨华美辽阔的江山社稷都做出过巨大贡献。

索额图的一生主要政绩包括：

其一，助康熙擒鳌拜，于生死之间夺回君主政权。

当年，鳌拜以第一辅政大臣的身份专权跋扈，广植党羽，"文武各官，尽出伊门下"，直接蔑视康熙的权威，方时，索额图是康熙的一等侍卫，深得信任。康熙8年5月，康熙帝"以弈棋故，召索相国额图入谋画"，采取突袭的方式，逮捕鳌拜，惩其党羽，至此，康熙帝始得真正主持朝政。此事之后，索额图以厥功至伟，

于八月升任国史院大学士。

其二，出使俄国，签订平等双边条约。

康熙27年，索额图以钦差大臣尊贵身份，两次出使俄国，在谈判中，阐明黑龙江流域属于中国的原委，驳斥了俄方提出以黑龙江或雅克萨为界的无理要求，最终在对等谈判的基础上签订了第一个中俄条约——《尼布楚条约》，在中国历史上首次确定了以额尔古纳河、格尔必齐河、外兴安岭至海为中俄东段边界。

其三，平定准噶尔叛乱。

索额图先后两次参加平定准噶尔之役。以满人之凶猛善战，为皇帝化解边陲骚扰之忧。

明珠的一生主要政绩包括：

其一，助康熙撤三藩，尽忠职守安定朝廷大局。

康熙亲政初期，尚可喜、吴三桂、耿精忠三藩手握重兵，各踞一方，骄横无忌，直接藐视中央政府，成为清朝中央政权的最大毒瘤。康熙一直耿耿于怀，伺机而动。康熙12年，适逢镇守广东的平南王尚可喜奏请返辽东养老，由其子尚之信袭封王爵，继续驻守广东。时为兵部尚书的明珠敏锐地体察到康熙之志，主张同意尚可喜返回辽东，但其子不再承袭爵位。并在朝廷下令尚可喜撤藩、其余两藩为窥测朝廷动向上疏申请撤藩、议政王大臣各执一词之际力排众议，坚定不移；当"三藩之乱"震动全国，满朝文武大惊失色，明珠仍强烈主张以暴制暴，并以处死滞留京城的人质吴三桂儿子吴应熊、孙子吴世霖表明平叛决心，最终帮助康熙割掉了三藩毒瘤，整个朝廷安静了，康熙时代到来了。明珠的果断与坚定使他由此被提升为武英殿大学士，长期掌管兵部尚书之要职。

其二，收复台湾。

郑成功驱逐荷兰殖民者、收复台湾之后，坚持抗清，成为清廷一统全国的重大障碍。郑成功逝世后，其子郑经继位，继续和清廷对抗。康熙8年6月，受玄烨委派，明珠踏上了收复台湾的道路。他刚柔并济，以软语令郑经接受谈判，又施以硬手，趁郑经病死，其次子郑克塽杀兄袭王位之际，建议清廷派福建提督施琅进剿。清康熙22年，郑克塽遣使求降，台湾问题顺利解决。

其三，打通签订《尼布楚条约》之路。

康熙21年，明珠协助黑龙江将军萨布素两次围攻雅克萨，迫使俄方同意和平

谈判，用非战争方式来解决边界争端。清康熙25年，在与以文纽科夫和法沃罗夫为首的俄国谈判使团会谈中，明珠作为我方主辩，义正词严地驳斥了文纽科夫的无理取闹和颠倒黑白，俄方代表同意亲往雅克萨，命俄军出降，为日后《尼布楚条约》的签订创造了必要的条件。

可见，在国家大事上，明珠和索额图都发挥了极其重要积极的作用。在去除康熙心病的较量上，索额图有诛鳌拜，明珠有撤三藩；统一问题上，索额图有平噶尔丹，明珠有收复台湾；在与俄的边境纠纷上，索额图最终能签订条约，与明珠之前的铺垫密不可分。

因此，在康熙的心目中，两人都是国家的重臣。在巍巍朝堂之上，明珠与索额图都有俯视众臣的资本。但是，同为宠臣，必然有所比较。康熙会比较，明珠和索额图也会比较。

有比较，便有斗争。在漫长的政治风雨中，索额图和明珠，作为旗鼓相当的敌人，彼此将对方长萦心怀，恐怕胜过了亲密的情人。他们关注对方、时刻牵挂对方，其亲密和胶着长达数十年。

在这场斗争中，他们做了同样的事情。

一是培植各自的势力集团；

二是依附各自的未来主子。

在做这同样的事情之时，明珠与索额图的不同显露无遗。

同明珠祖先一样，索额图的先世原隶哈达部。明万历28年，努尔哈赤灭哈达，索额图的祖父硕色、叔祖希福携带家口归附。努尔哈赤的度量如同他的武力一般无敌，当他获悉硕色、希福兼通满、蒙、汉文字，并命二人同值文馆，赐号"巴克什"，并屡次遣使蒙古诸部。崇德元年，希福任内弘文院大学士，进二等甲喇章京，顺治9年11月卒，赠太保，谥文简。索额图之父索尼在天命年间为一等侍卫，其后屡立战功。天聪五年升任吏部启心郎。崇德八年，晋升为三等甲喇章京。皇太极病逝，他以拥立皇子福临继位，成为维护八旗内部稳定局面的重要人物。顺治八年，累进为世袭一等伯，擢内大臣，兼议政大臣、总管内务府。顺治帝曾褒奖他"克尽忠义，以定国乱，诚为荩臣"。顺治18年，福临病逝，新君玄烨即位。索尼与苏克萨哈、遏必隆、鳌拜同为辅政大臣，又授世袭一等公。康熙6年6月索尼去世，谥文忠。

索尼长子噶布喇曾任领侍卫内大臣。

康熙4年，太皇太后册其第二个女儿为皇后。康熙13年，皇后生皇二子允礽后不久便去世，谥称孝诚仁皇后。次年，允礽被立为皇太子。

索尼第五子心裕"尚公主，遭遇之隆，古今罕觌"，先袭一等伯，后又世袭一等公，官至领侍卫内大臣。六子法保袭一等公。

索额图乃索尼第二子，在先世留下的无限荣耀中，索额图以堂堂正正的其皇亲国戚之特殊地位理所当然跻身于朝廷，并成为康熙之宠臣。

而明珠是不同的，作为被打败的部族之后，尽管同样有着八旗子弟的最贵血统，但是，他的祖先并未能善加利用，因此，到了明珠的时代，他只剩下遥远的荣光。这也造就了明珠和索额图具有完全不同的气质。

索额图与明珠，原本是一类人。都热衷名利权势，且自视甚高。但是，不是所有风，都带来安慰。索额图因为生就显贵，因而性格倨傲，心胸狭窄，在朝堂之上，不能容忍异己，树敌颇多；而明珠，本来就是夹缝中求生存之人，天性又聪明，虽然本身同索额图一般，怀抱的是一颗"顺我者昌、逆我者亡"之心，但他特别善于伪装，外表对人极其谦和。

在培植自身的势力集团中，明珠也善于观察皇帝的好恶。

康熙崇尚理学，用以改变满族贵族缺少文化素养的武夫形象，并作为统治汉人的思想武器。在他周围聚集了如熊赐履、汤斌、李光地等理学名臣。对这些人，明珠着意结纳。由于他本人"辩若悬河，兼通汉满语言文字"，于是常常不失时机地显示自己"好书画，凡其居处，无不锦卷牙签，充满庭宇，时人有比邺架者，亦一时之盛也"。同时，他利用理学名臣之间的门户之见，左右逢源，收买人心。

和明珠引纳新近相对抗，索额图则凭借自己的家世老底，结集一班老臣子，窥视明珠集团的所作所为，必欲一击即中。

于是，明珠同索额图，自康熙初年因在平三藩、收台湾、治理河道、举荐汉官以及立储等问题上，开始出现严重分歧，之后便由廷争发展到各植党羽，擅权营私，互相倾轧。

而容若的恩师徐乾学就在明珠与索额图的斗争中出现了。他最初曾醉心于明珠的风度，主动请李光地引见，认为明珠是"可与为善之人，还有心胸"，但在索额图被康熙扳倒以后，形势又有新的变化。徐乾学与明珠信任的武英殿大学士余

国柱、吏部尚书科尔坤、户部尚书佛伦先后发生龃龉。同时，他又与在辅导皇太子读书问题上与明珠结怨的东阁大学士熊赐履、江苏巡汤斌私交甚好，来往密切，引起了明珠的忌恨，以致二人反目成仇，形成了南北党争。康熙27年，徐乾学在康熙的授意下，指使御使郭琇参奏明珠、余国柱等结党营私。明珠罢相，余国柱革职，那时，容若已撒手人寰，去世3年了。

　　没有亲眼看见父亲同恩师之间明刀明枪的争战，这对用情良苦的容若来讲，未始不是一种幸运。左手父亲，右手座师，一个养，一个教，对自己皆有无限恩情，徐乾学与父亲的反目，左右手之间的水火不容，令容若情难以堪。其实，容若生前对自己生命中两个重要男人之间的矛盾早已心知肚明，并"料事屡中"。据清人李光地《榕村续语录》卷十四《本朝时事》载，徐乾学曾经告诉别人：当日成容若不过一同年友，每见必唏嘘相戒曰："家君未尝一刻忘年兄，年兄其备之。"父子不顾，尚披露肝膈如此。由此可见，容若在世时，徐乾学与明珠的矛盾已经尖锐化，且容若同情于座师，并为座师稍有不慎即遭父亲明珠算计的状况深为担忧。

　　于是，随着明珠同徐乾学政治生涯的向前推进，容若的生活里增添了一种永远无法调和又永远不能回避的矛盾。这种矛盾，使他在恩师徐乾学和生身父亲明珠之间，备受煎熬。

Chapter 06

唱罢秋坟愁未歇

飞絮飞花何处是，层冰积雪摧残。疏疏一树五更寒。爱他明月好，憔悴也相关。

最是繁丝摇落后，转教人忆春山。湔裙梦断续应难。西风多少恨，吹不散眉弯。

——《临江仙·寒柳》

江郎才尽之前，写下了令人震撼的《别赋》——"黯然销魂者，唯别而已矣!"

在江淹笔下的七种离别中，有两种涉及男女情感。一为夫妇之别："又若君居淄右，妾家河阳，同琼佩之晨照，共金炉之夕香。君结绶兮千里，惜瑶草之徒芳。惭幽闺之琴瑟，晦高台之流黄。春宫闭此青苔色，秋帐含此明月光，夏簟清兮昼不暮，冬釭凝兮夜何长! 织锦曲兮泣已尽，回文诗兮影独伤。"一为有情男女之别："下有芍药之诗，佳人之歌，桑中卫女，上宫陈娥。春草碧色，春水渌波，送君南浦，伤如之何! 至乃秋露如珠，秋月如圭，明月白露，光阴往来，与子之别，思心徘徊。"

君居淄右妾河阳，琴瑟和谐的夫妇不得不被生活分隔在不同的空间里；送君南浦，思心彷徨，两情相悦的伴侣又大多于情浓之际撒手而去。有情而分离，实是人生种种悲剧的渊薮，也是造就人类普遍悲凉心境的根柢。渐渐老去的青春，逐日孤单的自己。千金散尽，华发早生。无论是功名还是富贵，都难以永恒。至于那更加值得珍重的情感，不管有过怎样的执着，却最终徒留"杨柳岸，晓风残月"，"便纵有千种风情，更与何人说!"

　　情深不寿，"天若有情天亦老"。死者已矣，而活着的还要强颜欢笑地活下去。当黛玉叫着"宝玉，你好……"，随即凌厉地枯萎，当苦情的梅和温情的珏先后凋落，宝玉看破了，觉新绝望了，而容若，当卢氏在他生命中来了，又去了，他的心中单只剩下无边的悲凉。他悲凉着，追忆着，一笔笔书写着过往，一字字揪着那已回不来的不放，"唱罢秋坟愁未歇"。

唱罢秋坟愁未歇

相思绝

露下庭柯蝉响歇。纱碧如烟，烟里玲珑月。并著香肩无可说。樱桃暗解丁香结。

笑卷轻衫鱼子缬。惊起双栖蝶。瘦断玉腰沾粉叶。人生那不相思绝。（《蝶恋花》）

　　这首词，以初恋时特有的画面展示了人生初期那种青涩的心情。那是一幅看似宁静的画面：天色已黄昏，甚至聒噪的蝉也因疲倦而停止了鸣叫。两个年轻的身影静静地走在夜色和心事里。月光静静地洒在两人身上，那微弱的亮光，却将彼此沉寂的心照彻了。少女忽而想到了什么，一边情不自禁摩挲着衣襟，一边独自望空微笑了。然而，她的笑却穿越了虚空，温暖了身旁的那人。少男一径沉默着，而女子也什么都没有说，只是抬起手轻轻捕捉空中的流萤，一双蝶因而惊起，跟着便远去了。整幅画面是这样的静谧，没有人生的喧嚣，没有对过往和未来的追究，也没有对当下心情的解说，画面中的少男少女，只是沉默着，思量着，并肩向前走去。但在这样的宁静里，我们却分明可以感到，两颗年轻的心正起伏不定，如同他们未来的悲喜不定。而那沉静与起伏，正如这夜色与月色，纯净而坦然。

　　每个人一生，一定有过一个那样的夏夜。那时，蝉鸣已歇，而如潮的情感才刚刚自心底涌起。身旁并肩而行的是第一个来到自己心中的人。那时，彼此沉默着，心中是惊疑不定的情感，空中是晶亮而捉不住的萤火虫。一切都暧昧不分明，一切都似一场混沌甜蜜忧伤而必将消褪的梦境。

　　如此温情惆怅，人生那不相思绝。

　　纯净初恋对人的非凡影响力，几乎总令人想起普希金和格林卡。这两位分别

在俄罗斯文学和音乐中创造了奇迹、在各自生命中都拥有一个"凯恩"的艺术家，用不同的方式先后表达了对初恋魔力的相同心境。

1819年，当年仅20岁的普希金在彼得堡进步人士的文艺沙龙上与少女安娜·彼得洛夫娜·凯恩相识，他的心扉便被打开了。6年之后，普希金由于显著的自由和反专制倾向，被押解到普斯科夫省的米哈伊洛夫斯克村监视居住，在孤独和痛苦地生活了两年后，普希金意外重逢了他初恋的少女。当时，凯恩去普希金居所邻近的姑妈家小住。这段重逢带给普希金极大的安慰和幸福，使他在阴暗的生活中窥见了亮光。当两人再度分别之际，普希金写下了《致凯恩》：

我记得那美妙的一瞬：／在我的面前出现了你，／有如昙花一现的幻影，／有如纯洁之美的精灵。

在绝望的忧愁的折磨中，／在喧闹的虚幻的困扰中，／我的耳边长久地响着你温柔的声音，／我还在睡梦中见到你可爱的面影。

许多年代过去了。／狂暴的激情，／驱散了往日的梦想，／于是我忘记了你温柔的声音，／还有你那天仙似的面影。

在穷乡僻壤，／在囚禁的阴暗生活中，／我的岁月就那样静静地消逝，／没有神往，没有灵感，／没有眼泪，没有生命，也没有爱情。

如今灵魂已开始觉醒：／于是在我的面前又出现了你，／有如昙花一现的幻影，／有如纯洁之美的精灵。我的心狂喜地跳跃／，为了它一切又重新苏醒，／有了神往，有了灵感，／有了生命，有了眼泪，也有了爱情。

对于普希金来讲，凯恩是生命、眼泪和爱情，是一切生机和纯洁。这种感受，其实是一切人对初恋的感受。因而，当音乐家格林卡与自己的妻子离异后，当名叫叶卡捷琳娜·叶尔莫拉耶芙娜·凯恩的女孩儿闯入他的生活，格林卡忽然发现普希金当年为安娜·彼得洛夫娜·凯恩写下的《致凯恩》，仿佛描绘的正是自己此刻对这一个凯恩的情感，于是格林卡便动笔为普希金的诗写了曲子，借以向小凯恩表露心迹，这就是浪漫曲《我记得那美妙的瞬间》。而格林卡的凯恩，正是普希金的凯恩的亲生女儿，那时，普希金已经去世3年了。

普希金的诗深情而忧伤，格林卡的音乐起伏委婉，其中的焦灼和明亮，恰如

其分地表达了初恋那柔美纯净的感情境界。而那种境界，是一经发生，便会永远在我们生命中忽隐忽现，并不时净化我们日益粗糙心境的珍贵记忆。

初恋在人生中的举足轻重，并非仅仅在于它是一种开启或开始。成年人的选择，因有理智的参与，得失的衡量，结果或许是最适宜的，然而却缺少了天然的情意。当我们成熟之后，当我们在一场自如的情感关系中水到渠成，我们往往会发现，曾经占据我们初次爱恋的那个人，竟同如今的自己如此格格不入。我们总是设想，如以此时的心境，穿越岁月的雾霭，回到那青涩怅惘的暗夜，我们很有可能作出不同的选择，而那将同我们已经错失的初次情感不同，会是一次有始有终的选择。但是，初恋几乎并非一种选择，而是一种生发，是青春情感积累之后的一番偶遇。无论他是谁，无论他有怎样的性情、身份，无论他是否同我们有着完全不同的思想与理想，一旦相逢，便是一场刻骨的来去。因而，初恋的令人不肯释然，在于它完全摈弃了利益，出乎情感、出乎自然。也许它必将失败，但因它寄寓了我们最纯粹青涩而一去不回的自己，故永不肯忘记。

人生那不相思绝？不仅仅是思念那人，也思念那时的自己。

而且，当我们细细拣择一生的情感，我们发现，消解了那些经理智分析而不合理的部分，初恋其实也是选择，甚至更是一种潜在的心理选择。那些曾经导致初恋失败的缘由，我们自觉不自觉地会在未来的情感路途中小心避过，而独独保留那些核心的东西——那些真正属于我们情感理想的范式，那几乎是一生都难以改变的。

容若青春生命中的第一次情感，已永远消逝于大觉寺的经声佛火之中。但作为容若心灵的第一个闯入者，寒花的出现与离去，都以优美和感伤的形式，栖息于容若心中徘徊不去，最终成为他毕生持有的对于情感的一种审美心境。当所有的一切都已决绝、不可重复，在容若心中，开始与结束变得模糊，唯有那次回廊上的转身，成为这段往事无可磨灭的符号，并由此确定了它在容若生命中的意义。

那是有关感情的一种范式，就在他子衿远去，她衣袂迷离，彼此将要永远失之交臂的刹那，他才真实地爱上了她，而她也决心视爱如归。那是回廊对于容若和寒花爱情的真正意义，因其蜿蜒，即使经过了，还能回头瞭望，还能在凝望中终于握紧对方。而这紧握，是他们彼此在长夜彷徨之后的抉择，是明知大光明后那深渊般的黑寂，仍然义无反顾的抉择。这正是容若心中对那段感情的了悟，

也是他终其一生耿耿于怀的真正含义。

于是，当康熙 13 年，20 岁的容若遵父母之命将要迎娶新妇时，他造了一所曲房。

"曲房"，最早见于《楚辞·大招》"曲屋步榈"句。朱熹《楚辞集注》释"曲屋"为"周阁也"，即带有回廊的房子。在容若内心深处，爱情便是那座千折百转的回廊：百折千回，却有雅人深致。当曲房建成，容若站在那美丽的回廊上，心中唏嘘。当年，寒花自回廊消逝，而今，卢氏将于回廊那端奔赴他空茫已久的感情。他不曾见过她，她也不曾见过他。她还没有开始，然而，他已经结束了。容若不能反抗父母之命，然而，他也不能反抗自己的内心。他的心，是属于过去的寒花和自己的。他望着回廊，心中升起一丝悲哀。

卢氏，"两广总督、兵部尚书、都察院右副都御使卢兴祖之女，赠淑人，先君卒。"卢氏出现在容若生命中时，卢父已经离世多年。卢兴祖是苏克萨哈宠爱的僚属，重视教化。康熙 4 年 3 月，任广东总督，后兼管广西，成为两广总督。卢兴祖在任上，曾经以广西土司管辖地区文化落后，以致"争替袭，连年不解"为由，提出"教化莫过于学校"，让土司俊秀子弟在附近府县学校学习，"俾知观感，争端亦足止遏"。后因鳌拜绞杀苏克萨哈，卢兴祖为求自保，被迫以"盗窃案日多"，自己无能处置为口实，自请罢斥。卢兴祖被革职后，按照八旗制度的规定，回归北京。

当容若还在青涩的帷幕中窥探爱情真相之际，他未来的妻子卢氏，在一个看似平淡的春天，离开瘴雨蛮烟的南粤，跟随垂头丧气的父亲，赶回京城。这位"南国素婵娟"，就如此这般，自南向北，千辛万苦奔赴生命中的一场生死爱恋。

卢兴祖回到京城，不久病死，其子卢腾龙仍在兵部供职。卢兴祖重视教化，曾对卢氏悉心培养。卢氏幼承母训，娴彼七襄；长读父书，佐其四德，因而婉变端庄。加之卢氏生于京，长于粤，受南北文化交叉濡染熏陶，经历了人生的起伏，见惯了世间乖顺，不但知书达礼、善解人意，而且性情温柔。这是一门相当恰切的亲事，卢氏也正是符合容若父母审美取向的儿媳。而经历了殿试小蹇的容若，虽经以汉学的濡润消解了内心有关命运的块垒，却尚未来得及期待一场新的感情。这场婚姻，对卢氏和容若而言，一个是新生，一个却是旧创。容若是一个深情者，然而卢氏不知道，她即将面对的是一个深情者比无情者更可怕的冷漠。

　　于是，在那个良辰吉日，年仅 18 岁的卢氏贞静娴雅地踏进了明珠府，乌衣门巷，百辆迎归。当喧哗已尽，容若同卢氏独处一室，房间里弥漫了不寻常的沉默。

　　卢氏起初带着娇羞，近乎慌乱地等待着。然而，容若没有像一切新郎那样，握住新妇的手，"头巾既揭，相视嫣然"。良久，隔着低垂的头巾，卢氏听到容若似乎在桌旁坐了下来。过了一会儿，房里响起了书页翻动的声音。这声音响了很久很久，间或夹杂着低低的叹息。这一夜，卢氏在床边静坐，内心惊异而委屈；而容若，挑灯夜读，也有一腔理还乱的愁怨。自始至终，这对新婚夫妇没有说一句话。

　　次日清晨，容若醒来时，发现自己趴在桌上迷糊睡去。此时，卢氏已在洗漱。白昼的光芒和卢氏被光芒笼罩的身影给了容若一丝错觉，使他仿佛置身久违的亲切情境中。那是一种生活着的情境，一种安详和平淡。日后容若才发现，在卢氏看似柔弱的身上有一种莫名的力量，使人乐于亲近并感到安宁，而当时，正是这种力量促使容若第一次正眼看卢氏。卢氏的眉眼是温婉的，神情中隐约可见悲天悯人的柔和。这柔和令容若原本善良的内心起了阵阵愧疚。他忍不住问道："这么早?"听到容若跟自己说话，卢氏脸红了，她答道："要去给额娘阿玛请安啊。"容若闻言，忽然不知所措。要知道，昨晚的一切，容若并没有预谋，他原本已经决意听从父母的安置，娶新妇，彻底同过去的自己决裂。然而，当鼎沸的人声响起，当热切的烛光在他眼前明亮地燃烧，他不由自主想起了寒花，想起了她目前凄苦的处境。他觉得，面对寒花的凄苦，自己的一切幸福都是罪恶的，是对寒花的不公和刺伤。于是，在同卢氏的新婚之夜，容若退却了。他无意伤害卢氏，但却无法说服自己去亲近她。

　　然而，此刻，当卢氏提起额娘和阿玛，容若忽然起了恐慌。他知道，他对卢氏的冷漠，必定会遭到双亲的斥责和禁止。他的不安那样明显，尽管卢氏出于羞怯并未正视他，却也感觉到了。这使她在临出房门之前勇敢地看了他一眼。

　　这个早晨，容若待在新房里，哪里都没去，直到卢氏请安回来。他想他会看到一张带泪的脸，他已经预备好一场来自双亲的震怒。然而，回来的只有卢氏自己，她的脸上仍是自她迈进明府便带着的初为人妇的羞涩和端庄。她进了房，靠在床边，低头沉思。卢氏的沉默使容若越加不知所措，他更加不敢去问额娘和阿玛，容若索性打开房门，走到园子里。

　　初春的园子半是萧瑟半是春意。容若信步走到合欢树前，站住了。这合欢仍然是他与寒花的记忆。那曾经被国子监生活掩盖，一度沉寂的情感，因为卢氏的出现，重在容若心底惊动了。他对自己说，幸福是可耻的。

　　在晚饭的桌上，容若的父母含笑看着新婚夫妇，各自交换着欣慰的眼神。显然，卢氏替容若保守了秘密，这出乎容若的意料，并赢得了他的感激，但这感激并没有改变他的决定。他们照旧在同一个屋檐下陌生着。一个月转眼过去了。卢氏性情温婉，博得了明府上下的称赞，然而只有她自己知道，在那美丽的曲房里，有怎样不为人知的离奇。

　　这一日，容若在书房念书，卢氏第一次来到了合欢树前。她不止一次看到容若凝视这棵树。女性的直觉使她意识到这棵树的不平凡。

　　看到少奶奶来了，打扫园子的小厮忙过来请安。小厮道："这合欢树是少爷亲手种的，他……"卢氏摆摆手，不让小厮说下去。"合欢"，她想，这必定有个悲苦的故事。然而，容若不曾告诉她，她便不肯问旁人。

　　这夜，卢氏辗转难眠，她相信，容若对自己的奇异举动，必定同这合欢树有关，而这树里，必定有一个女子。卢氏心里一阵难过，她想，不知那是个怎样的女子？竟然在无形之间，影响了自己的生活。

是寻常

谁念西风独自凉，萧萧黄叶闭疏窗，沉思往事立残阳。

被酒莫惊春睡重，赌书消得泼茶香，当时只道是寻常。

（《浣溪沙》）

那是又一个月之后的夜晚，容若照例在合欢树下徘徊之后回到房内。刚走到门外，忽然听到房里传出卢氏低低的诵读声：

独倚春寒掩夕扉，清露泣铢衣。玉箫吹梦，金钗画影，悔不同携。

刻残红烛曾相待，旧事总依稀。料应遗恨，月中教去，花底催归。

容若闻言一惊，那是自己写给寒花的词句。房内的卢氏显然被词中的心情惊扰了，是以她边读边思量，声音颇有停顿。那词中本是容若对寒花最真切的心情，是他从未宣之于人的痛苦，是他孤寂的根源。此时这心情被卢氏温婉的声音缓缓读来，在容若心中引起了异样的涟漪。那一瞬，他仿佛化身另一个自己，在一墙之隔的门外，听房内的自己诉说无限心事。容若一时恍惚，伫立门外，几乎痴了。

房里的卢氏忽然叹了口气。这是充满同情和了解的叹息，也是在寒花事件中从来无人给过的温暖。容若被这叹息引出无限心事，正不能自主，房门却开了。骤见容若，卢氏显然吃惊不小。她一下子满脸通红，像犯错的孩子般手足无措，而容若却立刻清醒过来。他猛地拉起卢氏的手，走进房内。

桌上果然放着容若的词稿，一旁是翻开的李煜词。容若明白了，必是自己无意将词稿夹入书中，卢氏偶然翻阅，偶然看见了。

　　对寒花无望的情感，对卢氏的内疚，对命运的愤恨，使容若觉得再也无法隐瞒，他拾起词稿，对卢氏道："这是写给她的，她叫寒花。"

　　在一阵奇特的勇气支配下，容若将发生在明府里的自己同寒花间的一切向卢氏和盘托出。述说的容若以为自己的讲述是出于赤诚，却不知道，实在是因为卢氏天生的善良和对他的情感给了他勇气。

　　卢氏一边听，一边紧紧攥着容若的手。当她听容若讲到寒花进大觉寺做了道姑，不禁潸下泪来。容若讲完，陷入往事中，自己先沉默了。

　　卢氏望着容若，良久，忽然说道："跟寒花比，我真是幸运。"容若听了这话，问道："你如何不责怪我对她负心？"卢氏像是受到这话的惊吓，她低头沉思，片刻抬头道："这不是公子负她，是谁都不能自主的命运。"

　　卢氏的话使容若深受感动，事实上，他心底对寒花一直充满愧疚，不止一次，他想自己应当带寒花远走，逃开命运的惩罚。但是，他这些话，从来不曾对任何人说过。他看着卢氏，刚要说话，卢氏又道："公子性情至孝，自不能忤逆双亲。寒花固然命苦，公子也并不快乐。"

　　容若又滴下泪来，但这一次，是一阵温暖的眼泪，他情不自禁握住了卢氏的手。

　　容若仔细端详卢氏，看到了他期待中的模样：温婉的眉眼，神情带着悲悯。卢氏生平还不曾被容若这般的陌生男子逼近凝视，不由含羞低头，脸上起了红晕。但她并未躲避，她知道，这是自己丈夫独有的权利，也是身为人妻的自己享受的幸福。

　　容若看着卢氏渐渐羞红的脸庞，恍惚间竟似寒花。往昔的遗憾因而更加鲜明，容若胸中一阵伤感，竟而潸然泪下。

　　卢氏见容若流泪，略一迟疑便坦然扔下自己的羞怯，用手去擦拭容若的脸，直到此刻，她才敢正视他。容若先是哽咽，继而是一场压抑而奔放的痛哭。面对自己新婚丈夫的眼泪，卢氏什么也没问，只是静静地等待容若倾泻心中如潮的情感。她的擦拭温柔而自然，使容若情不自禁将脸俯到她的手中，然而她的手太小，容不下他的脸，她忙用双手捧住。

　　容若的眼泪从卢氏指缝中滴落，彼此第一次真正相对，他便这样信赖而依赖她，她感到由衷的欢喜和一丝难过。过了一会儿，容若渐渐止住了突如其来的哀

伤。他抱歉地抬起脸，见卢氏正专注地看着自己，她的脸上看不出任何责备和埋怨，只有仁慈的了解。容若拉起卢氏的手，道："惊扰你了罢?"卢氏摇摇头，只是微笑。

当卢氏的眼泪同容若的眼泪跌落在一起，容若便知道，眼前的女子将是自己心灵最虔诚的守护者。卢氏眼中的宽容、温和告诉了他这一切。而当容若将自己同寒花的往事尽数说给卢氏知道，他才终于放下了同寒花之间的一切，他同卢氏之间才有了真正开始的可能。

次日清晨，容若醒来时，卢氏已在洗漱，容若道："你等着我，我这便起身。"说着便自床榻跃起，卢氏含羞微笑着，赶紧过来替容若更衣，容若凝视这温柔的妻子，心中升起歉疚和无限情意。这天早上，容若第一次同卢氏去给额娘阿玛请安。

容若已将他在遇见卢氏之前的生命中最重要的经历和心情毫无保留地袒露给卢氏，而卢氏对于寒花事件的理解使她和容若之间打通了唯一的阻碍。在容若孤单的光阴中，第一次有了一个既温柔又懂得欣赏自己的女性。容若的母亲固然以他为荣，但容若并没有体会到太多女性的温柔，明珠的甜蜜更衬托了觉罗氏与普通母亲不同的严厉。除了如梨花的清丽，芙蓉的婉媚，卢氏兼且知书能文，通情达理。对于对文字极其敏感和热爱的容若来说，卢氏能解文法，比其温存的性格更令他惊喜。寒花虽然也曾经热烈地崇拜自己，然而寒花不文，只是单纯顺从，故虽为温柔伴侣，毕竟不能理解容若的深心。故而，当容若不再执着往事，卢氏在他眼中便几乎完美了。

这日，容若在书房读李煜词。他翻到《渔父》，轻声诵读："浪花有意千重雪，桃李无言一队春。一壶酒，一竿纶"，才读到这里，却听到一个轻柔的声音接到："世上如侬有几人?"

容若抬头，见是卢氏正端了一杯茶进来。容若惊喜得跳了起来，一把将卢氏手里的茶放下，一边拉她的手呼道："料不到，李后主知己不止有我!"

卢氏任由容若孩子气，微笑着，道："当日我也曾读过一点后主词，恰巧记得这阙。"

容若开怀而笑，道："当日李清照同赵明诚屏居乡里，饭罢无聊，便烹茶赌书，指堆积书史，言某事在某书、某卷、第几页、第几行，以中否角胜负，为饮

茶先后。万料不到，我们今日竟也有此同乐。"

卢氏闻言，不禁向往："这样饮茶，倒有趣味。"

容若摆摆手，道："这样饮茶，茶却不得饮。"

卢氏奇怪，道："为何却不得饮?"

容若道："她夫妇二人凡言中，既举杯大笑，至茶倾覆怀中，反不得饮。"

卢氏听了，凝神细想，不觉莞尔。却又道："真真令人神往。只是自古能有几位女子能如李清照，公子却不得其乐了。"

容若拉住她，道："我有谢娘，如何不能?"

容若此地说的"谢娘"乃是东晋才女，乃谢安侄女、也是王羲之之子王凝之之妻。据说一次谢安召集儿女子侄讲论文义，俄而大雪骤下，谢安兴起，问道"白雪纷纷何所似?"安侄谢朗答："撒盐空中差可拟。"而谢道韫则道："未若柳絮因风起。"其敏捷才思令谢安大悦。而容若此言，即是将卢氏比作了谢道韫。

自此而后，容若少年夫妻二人常在一处谈诗论词，赌书泼茶。

> 十八年来堕世间，吹花嚼蕊弄冰弦。多情情寄阿谁边。
>
> 紫玉钗斜灯影背，红锦粉冷枕函偏。相看好处却无言。

当初夏姗姗而至，容若带着卢氏在明府里畅游。他们常行至荷塘，看莲叶田田。有时，卢氏小女儿心态骤起，会一改素日温文，淘气地抓起一把莲子向水里抛去。容若见她这般，便对她道："唐郭橐驼《种树书》有云：'以莲荷投靛瓮中，经年移种，发碧花。'不若我们试试?"卢氏却不理会他，反叫他也学自己将莲实抛在水里。

容若不解，卢氏望着他，轻声道："我种一个，你种一个，来年便是并蒂莲。"容若听了，心下感动异常。那个夜里，卢氏读到了容若的新诗：

> 水榭同携唤莫愁，一天凉雨晚来收。
>
> 戏将莲荷抛池里，种出莲花是并头。

她捧着诗，幸福地微笑，直到灯灭，还看到她脸上无边的欢喜。

这日，容若正在书房中读书，卢氏端了一杯香茶进来。容若见了她，便放下书拉她坐下。卢氏问道："公子看什么书？"

容若道："我在读唐诗。"

卢氏喜道："却读的哪位名家？"

容若将书递给她。卢氏一看，却是《中庸》。卢氏被轻易捉弄，面上一红，赶忙将书拿在手里，半遮住脸，一边假意读道："不偏之谓中，不易之谓庸……"容若隐约见她窘迫得满脸红云，更觉其娇媚，便伸手去夺她手中书本，不意竟从书中掉下一页纸来。

容若放下书本，拾起那页纸。卢氏好奇，也斜身过来瞧。原来是容若自画的一帧小照，寥寥数笔，显见并未完工，但眉眼已经酷似。

卢氏将小照捧在手中，端详不已。是时一阵和风自窗外吹来，卢氏身上的薄纱随风微动，她看看画，又看看容若，不自觉露出微笑。

容若心中被这刻幸福涨满。他凝视着卢氏，热切地道："洛神浅笑，岂能不留？"说完，容若急将卢氏摁坐在椅子上，随即将一纸徽宣铺在桌上，不由分说描摹起来。

卢氏起初惊疑，此刻见是给自己画像，便笑着安坐下来，任由容若将画纸频频擦拭，务使将佳人令人神驰的表情留于丹青。

天色渐渐暗了，房内两人在暮色中以画为凭借，再一次靠近了对方。

> 旋拂轻容写洛神，须知浅笑是深颦。十分天与可怜春。
>
> 掩抑薄寒施软障，抱持纤影藉芳茵。未能无意下香尘。

不久，容若在曲房门楣之上挂了一个秾丽的匾额："鸳鸯社"。这是容若嘱托擅长书法的友人严绳孙为其书写的。"鸳鸯社"典出于南唐张泌《妆楼记》："朱子春未婚先开房室，帏帐甚丽，以待其事，旁人谓之待阙鸳鸯社"，这名字代表了容若对这段婚姻的认同和期许。

当最初美好的辰光过去，容若同卢氏的感情并没有随着激情的消逝而变淡。他们是幸福的两个人，虽是父母之命、媒妁之言成就的婚姻，然而，他是极好的、高贵、温柔。她也是极好的、端庄、贤淑。在茫茫人海中，他们如此幸运地碰到

了彼此，虽未精心挑选，却比精心更合心。

有关同卢氏的这段幸福生活，在容若所著《通志堂集》卷五收录的四首七绝《艳歌》中，可见一斑。

> 红烛迎人翠袖垂，相逢常在二更时。情深不向横陈尽，见面消魂去后思。
> 欢尽三更短梦休，一宵才得半风流。霜浓月落开帘去，暗触叮玲碧玉钩。
> 细语回延似属丝，月明书院可相思。墙头无限新开桂，不为儿家折一枝。
> 洛神风格丽娟肌，不是卢郎年少时。无限深情为郎尽，一身才易数篇诗。

这是记录容若与卢氏蜜月的诗句。语句香艳，抒写少年夫妻如胶似漆情怀，不一而足。然而，在容若过分优裕的生命中，似乎从来没有一刻真正的完美。彼时的容若，由于那场无端的寒疾，使他错失了即将到手的功名。因而，此际虽在新婚之中，却也不得不于国子监苦读，准备下一次的殿试。

就这样，即使新婚的妻子使容若难以割舍，他也仍然清晨即起，夜半方归。许多时候，他只能端坐书房，以一室月华传递对卢氏无言的思念。如同卢氏生命最后的结局一般，他们的幸福虽然浓厚，却难免混合一丝仓促。

两年过去了。在容若新婚那年来到人世的弟弟揆叙也已经开始在明府花园里到处奔跑了。

康熙 15 年，容若迎来了迁延 3 年的殿试。沉寂 3 年，容若在考试中"叙事析理，谙熟出老宿上，结字端劲，合古法，诸公嗟叹，天子用嘉"，考中二甲第七名。

这是容若生命中第一次盛大的光荣，也是容若人生中最光明的时刻。红袖添香、前程似锦，容若惊奇地发现，那些曾在他生命中缭绕不去的忧伤，那些无数次沉寂在清风与水波之中的幽愤，已经远远地离开了自己。如今只剩无限欢歌。他也将如自己的父亲，在朝堂之上同天子谈论天下大事；或者身佩天子赐印，去广袤的世界里勤政爱民。在不远的未来，他的家族将以自己为荣。

这一年，京城里盛传，明珠之子容若，将是未来京城中走出的又一颗明珠。

容若等待着，但他还没等到崭新的人生，却等来了卢氏的告别。

独自凉

泪咽却无声。只向从前悔薄情。
凭仗丹青重省识，盈盈，一片伤心画
不成。

别语忒分明。午夜鹣鹣梦早醒。
卿自早醒侬自梦，更更，泣尽风檐夜
雨铃。（《南乡子·为亡妇题照》）

这是康熙16年，春末夏初，容若的儿子富尔敦出生了。这是卢氏为他生的孩子，是他们恩爱心情最真实的烙印。在此之前，拥有一个孩子，这在容若心底，几乎是不能想象的。在卢氏的呵护之下，容若感觉自己甚至比从前更像一个孩子。他的委屈，他的怯懦，他的志向，他的理想，都因为有卢氏的存在，而变得有价值和意义。对于相爱的男人和女人，彼此总是同时担任着太多的角色。是父亲、丈夫和儿子，是母亲、妻子和女儿。他要如父亲般坚强，当生命中可怕的考验来临时，他应当永远乐观，并有层出不穷的对策；她要如母亲般柔韧，当岁月的河流被阻塞甚至回流时，她应当永远微笑，并有取之不竭的温暖。他们是彼此的伴侣，共同奉献最赤诚的情感和唯一的激情。他们是对方的子女，当生活变得乏味时，他的偶尔孩子气，她的间或娇痴，是医治那渐渐生疏情感的良药。卢氏对于容若，便是这样的百变的伴侣。她令他成长，也给予他休憩的场所。容若享受这样的夫妇关系，也满足于这种关系。对于即将到来的转变，容若有几丝陌生。然而，他毕竟要做父亲了，他的生命，他同卢氏非同寻常的感情，将要被一个新生命定格和延续，这令容若感到兴奋，也令他忽然之间，仿佛理解了父亲明珠。

比起母爱，父爱一向有些故作严肃。那种深沉的情感仿佛必须隐藏，必须永不说出才显出其真实。秦帝国最聪明的宰相李斯，当初为了追名逐利，不惜离开故乡上蔡，不惜告别恩师荀卿，西入秦国。当他费尽心机绞尽脑汁在一次次的政

治斗争中打败了敌人，成为一人之下万人之上的宰相时，他没有回想起当年的幸福。直到秦始皇身死，李斯伙同赵高，立胡亥而逼死扶苏最终为赵高所害，以谋反罪腰斩于咸阳。临刑之前，面对被株连的儿子，李斯说了一句话："牵犬东门，岂可得乎！"这是李斯对一生的领悟，是他对幸福的最终定义——那不是权利，不是富贵，而是父子间最单纯的感情。是平淡生活中牵着黄狗溜达在东门的快乐，这便是父与子的快乐。而这快乐，如同容若当年牵着明珠的大手在上元节灯火闪烁的晚上那明晃晃的快乐。

是的，将为人父的喜悦再一次使容若对明珠的情感到达了顶点。他还记得，自己是同那位紫禁城深处的天子在同一年里降生的。因为在他的幼年，他不止一次听到父母无意间的谈论，知道那位失怙天子有着怎样孤单的童年。他还记得，每当此时，他的父亲明珠，总是闪烁着一双明珠般的眼眸，带着慈爱和幸运的眼神凝视着自己。那时候，他并不懂得自己享受着连天子都无法拥有的幸福。

然而，今天，容若忽然洞悉了那些藏在他童年里无知的缝隙。他借着自己此刻的经验，将那些缝隙一一填满。于是，他的童年完整了。他对明珠的情感，那些依恋，那些敬仰全部升华了。他忽然意识到，自己一直在明珠的期待中成长着。他的父亲，那位永远春风满面的明珠，一直热烈而饱含慈祥地护佑着自己。这是一个父亲对另一个父亲无言情感的领悟。这领悟，几乎完全消解了容若对父亲某些行径的抵触和拒绝。他甚至开始明白，基于明珠那深沉的父爱，自己将永远无权怨恨父亲。

但是，儿子的降生带给容若的欣喜如同荷露，很快便在阳光下消散了。卢氏病了。富尔敦的降生对他的母亲而言是一个艰难的过程，这次艰难的生产夺去了卢氏的健康，她受了风寒，变得异常虚弱，因生子而欣喜的脸庞开始黯淡。瞬息之间，她便已经不能同容若在园子里看合欢花开，也不能陪伴他在书房，听夜雨生香。

那是自他们成亲以来两人心情最艰难的一个月。卢氏缠绵病榻，开始出现生命最后阶段的迹象。容若整日坐在她的床前，长久地、默默地望着她。她已经很少说话，因为那会耗费她太多力气，而她的力气正以看得见的惊人的速度从她年轻羸弱的身体中逐渐消失。容若起初还背着她独自流泪。但后来，他已经不能再克制自己，他不止一次，面对正逐日失去颜色和光华的花朵，潸然泪下。

卢氏有时会竭尽全力抬起手，想擦掉容若脸上汩汩的热泪。有时，她只能微弱地动弹一下，企图握住滴在自己手上的容若的眼泪。这样的情形持续了一个月后，在一个漫天花瓣飞舞的夜里，卢氏带着对初生子的无限内疚与不舍，带着对容若无法言喻的眷恋，于康熙16年5月30日，离开了她匆匆经过的人世。

她几乎没有留下什么话，但临死时，她那悲怆的眼神给了容若永生难忘的温情。她仿佛在说："我走了以后，你就是世上最孤独的人了。离开了你，我也将是冥间最孤单的灵魂。"

卢氏的离世，是容若一生都难以释怀的事。不仅因为在容若的思想里，从来没有将卢氏当作自己之外的另一人，也因为他们在一起太幸福，因而也不曾有过任何准备来接受任何一种形式的别离。对旁人而言，卢氏的死，是一场意外，是一个悲剧。但对容若而言，卢氏之死，是对他新生生命和幸福的无情劫掳，停止呼吸的是卢氏一人，然而再也无法活过来的仿佛是容若和卢氏两个人。

在卢氏刚刚离世的那段日子，容若夜不能寐。卢氏走后，容若"悼亡之吟不少，知己之恨尤深"，"鸳鸯社"成了他的追梦之所，相思之地。他常中宵站在鸳鸯社的回廊上，梦想卢氏还会从回廊的另一端，向自己奔来。然而，卢氏的身影却凭空消失，如同从来未曾出现过。悲痛如夜风，整晚吹不尽。容若青衫已湿，却无法自已。他写道：

> 青衫湿遍，凭伊慰我，忍便相忘。半月前头扶病，剪刀声，犹共银釭。忆生来、小胆怯空房。到而今、独伴梨花影，冷冥冥、尽意凄凉。愿指魂兮识路，教寻梦也回廊。　　咫尺玉钩斜路，一般消受，蔓草斜阳。判把长眠滴醒，和清泪、搅入椒浆。怕幽泉、还为我神伤。道书生薄命宜将息，再休耽、怨粉愁香。料得重圆密誓，难禁寸裂柔肠。

这是容若肝肠寸断之作。他想起卢氏是那样害怕独自待在房内，此际却不得不孤独地躺在冰冷的棺里。他愿意拼尽一生的眼泪，将卢氏的长眠唤醒，他期待她的灵魂识得归途，仍然会像当初一样，自回廊向自己奔来。然而，容若心中的回廊和词中的回廊一样，只能带给他无尽的痛苦。卢氏来不了了，她如今能去的只是蔓草丛生的玉钩斜路。他回想起卢氏临终时的眼神，那是关切忧伤的眼神，

容若深信，直到此刻，直到卢氏去了九泉之下，她必定还在为自己的孤单而神伤。这猜想使容若更加疯狂和绝望。

康熙16年的整个秋天，容若都陷入一种深切的痛苦情绪中无法自拔。

他已经不能待在书房里，那里的每一篇书页在秋风中发出的哗啦啦的声音，都似在责备容若当初忙于读书，让卢氏于大好光阴中独自寂寞。他也不肯待在书房内，因为那里的每一本书，都曾经被他们怀着同样幸福的心情翻阅过。

> 谁念西风独自凉，萧萧黄叶闭疏窗，沉思往事立残阳。
> 被酒莫惊春睡重，赌书消得泼茶香，当时只道是寻常。

他也不敢独自在鸳鸯社中久留，那里的每一处都是卢氏。卢氏的小照还放在桌上，容若捧起小照，只觉物是人非，哀伤欲绝：

> 泪咽却无声。只向从前悔薄情。凭仗丹青重省识，盈盈，一片伤心画不成。　　别语忒分明。午夜鹣鹣梦早醒。卿自早醒侬自梦，更更，泣尽风檐夜雨铃。

佛家说，生是一场大梦。

他紧紧地捧着画像，恨不能一切重新来过，恨不得今日方是初识，恨自己当初太孟浪，不知珍惜。这悔恨压得他喘不过气来，他逃了出去。

容若走向园子里，感觉月光一片晶莹，白得惊心动魄。那样地白，同他心里的苍茫是一样的。他站在那里，透过月光，分明看到卢氏云鬟如云，正笼罩在若有若无的香雾之中。

容若想起当年的月色，那样明亮而温暖。他们曾在月光下，自满地竹影中寻找彼此的身影。

> 愁痕满地无人省，露湿琅玕影。闲阶小立倍荒凉，还剩旧时月色在潇湘。
> 薄情转是多情累，曲曲柔肠碎。红笺向壁字模糊，忆共灯前呵手为伊书。

又想起那些安静的夜晚，他们一起数过漫天繁星：

近来无限伤心事，谁与话长更？从教分付，绿窗红泪，早雁初莺。

当时领略，而今断送，总负多情。忽疑君到，漆灯风飐，痴数春星！

容若吃惊地发现：那些夜晚，同这个夜晚，何其相似！

这相似的夜晚使容若受到了蛊惑，他心狂喜地想要走上前去，握住卢氏的手，然而，他迈不开脚步，他像被命运狠狠地钉在了地上。容若不甘心，他使劲抬腿，竟惊出一身冷汗。这冷汗惊醒了他，他看见那团烟雾散了，地上仍然只有晶莹的白光。

他不知在园子里站了多久，合欢树的树阴里混合着他的影子，月已西沉。容若感觉到一阵寒意，然而，这寒意并未使他冷，只是使他伤心。分明只是去年，就在这园子里，就在这蟋蟀鸣叫的西风之中，卢氏曾为他披上外衣，给予他寒夜中的温暖。"无语问添衣，桐阴月已西。"然而，卢氏永远地离去了，再也不能在如水的凉夜中为他添衣。他情愿就这样寒冷，他情愿这样被寒冷着，这使他能更深切地感受到卢氏的消逝，也更深切地感受到卢氏曾经那样真切地存在过。

人在世上的生存和消灭，有时真如一梦。容若曾经以一首《南乡子·为亡妇题照》来表达这种心情。

泪咽却无声。只向从前悔薄情。凭仗丹青重省识，盈盈，一片伤心画不成。　　别语忒分明。午夜鹣鹣梦早醒。卿自早醒侬自梦，更更，泣尽风檐夜雨铃。

"卿自早醒侬自梦"，除了幽明相隔的痛，也仿佛说出了人生的虚幻。关于人生如梦，没有什么形容胜过佛经。《金刚经》说，"一切有为法，如梦幻泡影。如露亦如电，应作如是观。"必定会醒来的梦境、终将破灭的泡影，当太阳升起便消散的露水，瞬间熄灭的闪电，没有一件不明亮，却也没有一件可以永恒，《金刚经》的这句话，把人世的一切存在比作梦与泡影，比作露水与闪电，等于把人世的一切全部否定了。这种否定，便是一种人世虚无观。

史上有很多文人，在一生之中都曾产生过这样的幻灭感。

李煜有《浪淘沙》词云："帘外雨潺潺，春意阑珊，罗衾不耐五更寒。梦里不知身是客，一晌贪欢。　　独自莫凭栏，无限江山。别时容易见时难。流水落花春去也，天上人间。""梦里不知身是客"，就连帝王之身也会改变，也不过是繁茂人世的一位过客，自然是一场梦境的存在了。不光政治热情是梦，夫妇感情也如此。台湾诗人郑愁予有《错误》一诗，写了人间处处发生的"闺怨"："我打江南走过/那等在季节里的容颜如莲花的开落/东风不来，三月的柳絮不飞/你底心如小小寂寞的城/恰若青石的街道向晚/跫音不响，三月的春帷不揭/你底心是小小的窗扉紧掩/我达达的马蹄是美丽的错误/我不是归人，是个过客……"

任凭思妇如何等待，那浪子只当是一个错误。

而苏轼，竟直接说出了"人生如梦"。当他因"乌台诗案"贬官黄州，辟畦耕种，游历访古之际，面对炎炎赤壁，滔滔江水，苏轼感慨顿生，他吟道："大江东去，浪淘尽，千古风流人物。故垒西边，人道是，三国周郎赤壁。乱石穿空，惊涛拍岸，卷起千堆雪。江山如画，一时多少豪杰。　　遥想公瑾当年，小乔初嫁了，雄姿英发。羽扇纶巾，谈笑间，樯橹灰飞烟灭。故国神游，多情应笑我，早生华发。人生如梦，一尊还酹江月。"帝王将相，布衣百姓，最终无不灰飞烟灭。苏轼也只能叹息着，将一杯杯苦酒倾入江中，饮入心里。

故，真正看得透的只有庄子。那时，庄子在濮水钓鱼，楚国国王派两位大夫先前往去请他做官，二人见了无所事事的庄子，便以高位诱之，曰："愿以境内累矣！"庄子微笑，并不回头，却给二人讲了一个故事。庄子说，楚国有只神龟，三千岁上死了。它死之后，楚王用上好的锦缎将它包裹了，放在竹匣中，珍藏在宗庙的堂上。二位大人，这只神龟，是宁愿死了之后留下一堆骨头让人们珍藏呢，还是情愿一直活着在烂泥里，快活地摇着尾巴呢？这个简单的问题没有难倒楚国的两位大臣，他们笑着回答：自然愿活。庄子也笑了，他还是头也不回，对两位使臣道："两位大臣所言极是，在下也情愿一直活在这烂泥里呢。"庄子不愿梦醒，于是拒绝了做梦。

不是谁都能做庄子。好似容若，在悼念卢氏的词里，感叹"卿自早醒侬自梦"，言下之意，卢氏已然脱离了人世的迷梦，解脱了爱恨，然而自己却依然在这一个梦境里，眼巴巴看卢氏醒转、离去。他虽说着人世如梦，却痛恨着卢氏的早

醒。因为，这意味着他自己将孤独地在这梦里飘荡下去。

谁不知道人世的一切终将过去呢？然而，谁又肯轻易放弃？

容若也想过，卢氏离去带给他的毫无防备的痛苦几乎超过了他的忍受极限，他想放弃这样的存活。

厅堂内，明珠父母正在用饭。安三在一旁垂手肃立。明珠抬起头，他的脸见出了苍老。他问安三："成哥儿这几日如何?"安三答道："只是饮泪，并不吃饭。"

明珠想了想，道："他这会儿在哪里? 我去瞧瞧。"安三道："多半在园子里，少奶奶殁了后，成哥儿就不肯进房了。"

明珠叹口气，让安三下去，自己慢慢踱到园子里。

未招魂

春情只到梨花薄，片片催零落。
夕阳何事近黄昏，不道人间犹有未
招魂。

银笺别梦当时句，密绾同心苣。
为伊判作梦中人，长向画图清夜唤真
真。（《虞美人》）

　　容若果然在园子里，他站在合欢树下，形销骨立。明珠想上前招呼他，又停住了。他见容若已消瘦得不成样，心中绞痛，不知如何安慰。

　　无论命运有怎样的色彩，我们每个来到世间的人，起初都是赤条条出现的。我们降生时一无所有，除了自己。人们因此往往认为，当我们终于要离去时，我们将什么都无法带走，只能跟来时一般赤裸。然而，我们知道，这并不是真的。当我们在世间行走，我们不停地追逐世间美好的东西，以为可以拥有心底最热爱的东西，我们给原本赤裸的自己加上了越来越多的附属品，我们以为自己不断被丰富着，以为更多地拥有着，然而，我们在获得的同时，也必然在付出，我们得到爱，便付出爱，我们得到恨，便付出恨。我们的感情变化着，我们魂魄的斤两也变化着。甚至，每一个亲人的离去，都带走一部分的我们——我们的记忆，我们的感情，我们纠缠不清的想念，我们的灵魂。我们完整着，同时又不断残缺着，直至生命的尽头。

　　也正因此，明珠此刻的担心是有理由的，因他于这夜的园中，透过容若独立寒风的单薄身影，依稀见到了那身影飘然欲去的魂魄。中国古人一般相信魂魄的存在，也相信生命的回环往复。相信这一切，倒并非一定相信它的实有。而是若果真有，那么，生命就是一个永恒流转，而非戛然而止的过程。那么，一切的错过都不是错过，在生生不息的宇宙里，总有再度相逢。而魂魄若果真有，面对

已经泯灭了躯体的卢氏，容若就不必拘于形体的约束，而可以以自己的魂魄与之重逢。因而，明珠才从容若怪异的神情中，看到了"死亡"的意志。

明珠悄悄地凝视容若许久，方举步向容若书房踱去。

书房里，书本零落，甚至蒙上了一层灰，任何人见了这景象，都知道这书房的主人不是远去了，便是很久没有来过。明珠见这凄凉光景，心道下人们竟这般胆大，主人不在，便不肯打扫。他哪里知道，容若自己虽不肯迈入书房一步，却也不许任何下人迈入书房一步。他怕下人不知轻重的来去惊扰了乘夜归来的卢氏。

明珠站在房内，但觉心中悲伤。一阵风，吹动了桌上凌乱的纸。明珠走近一看，是一些诗稿。在这些诗稿中，明珠见到了一帧卢氏的小照。画纸已经有了褶皱，看得出曾经被人洒过热泪，又反复地凝视过。明珠颤抖着手拾起那小照，见上面潦草地题了一首词：

> 春情只到梨花薄，片片催零落。夕阳何事近黄昏，不道人间犹有未招魂。
> 银笺别梦当时句，密绾同心苣。为伊判作梦中人，长向画图清夜唤真真。

明珠看罢，觉得胸口被重重地击打了一下，险些跌倒。他喃喃自语："'人间犹有未招魂'，这是万念俱灰啊……"明珠不想卢氏一死，容若竟伤心至此，悄然有了去意。明珠既心痛又心急，捏着这页纸，便奔"绣佛堂"而来。

现代人不相信魂灵的存在，然而古人却认为人有三魂七魄。道书《云笈七签》云："夫人有三魂，一名胎光，一名爽灵，一名幽精。"七魄是：尸狗、伏矢、雀阴、吞贼、非毒、除秽、臭肺，皆"身中之浊鬼也"。这种说法因为难以佐证，很难证实它的实有或是不稽。清代袁枚《子不语随园琐记》中曾自述：他某日病重高烧，感觉到有六七人纵横杂卧一床，他不想呻吟，但他们呻吟；他想静卧，但他们却摇醒他。后来高烧退去，床上人也渐少，等到烧退尽，那些人皆不见了。原来，与他同卧之人，皆是他的三魂六魄。

中国文学史上第一位浪漫主义诗人屈原写过一首《招魂》。这位以橘自居的被贬黜的楚国左徒，当他听闻他的国王楚怀王客死秦国之后，忘记了自己被流放的耻辱和痛苦，满怀深情地为那位给过他无上荣光和悲痛的君王招魂。

"魂兮归来！东方不可以托些"。"魂兮归来！南方不可以止些"。"魂兮归来！西方之害，流沙千里些"。"魂兮归来！北方不可以止些"。"魂兮归来！君无上天些"。"魂兮归来！君无下此幽都些"。"目极千里兮，伤春心。魂兮归来，哀江南。"

东南西北、上天入地均不可以，只有回到郢，回到他们当初美好的国都，楚怀王的魂魄才能安息。

据说，只有在巫风盛行的楚地，人们才知道如何实行招魂之礼。我们的魂魄一旦离开躯体就仿佛变成了瞎子。去黄泉的路上需要黑白无常的牵引，升天堂的途中也要依靠巫师的帮助。所以活着的人，总不肯放弃为那些他们以为迷路的亲人的魂魄招魂。

其实，迷路的未必是丧失了肉身的魂魄，真正迷路而需要招魂的，是活着的寂寞的人。失去了所爱，活着的人已经死了，魂飞魄散。"人间犹有未招魂"，是生不如死。

斋堂内，容若的母亲觉罗氏正低头诵经。同明珠一样，她的脸上也已经有了岁月的沧桑。卢氏的死使这老妇人伤了心，媳妇的柔顺以及带给儿子容若的安定祥和，曾经使觉罗氏深感安慰。然而，卢氏竟如此福薄，年纪轻轻便撒手而去。

觉罗氏叹了口气，抬起头，看见明珠站在门外。意外的，她从丈夫的脸上看到了惊慌。在觉罗氏的记忆中，这是极少出现的情形。从觉罗氏认识明珠以来，明珠脸上从来都挂着春风般的微笑。这让觉罗氏相信，这个世界上，没有明珠办不到的事情。

然而，此刻，春风消失了，代之以深深的瑟瑟秋意。

觉罗氏用询问的目光看着明珠。明珠将手里快要攥出水来的纸递给她。觉罗氏一字字读完儿子的心情，沉默了，手里的佛珠数得更快。

过了一会儿，她问明珠："成哥儿每日还向你问安吗?"明珠听了这话，点点头，起初觉得有些不着边际，但明珠何等聪明人，略一思索，立刻明白过来。明珠一会意，夫妻俩便交换了一个意味深长的眼神。明珠的脸色立刻晴朗了。他示意觉罗氏继续诵经，自己离开了绣佛斋。明珠一路远去，脚步轻快了许多。觉罗氏低下头去，继续诵经了。

容若的父母猜得不错，在失去卢氏最初一段时间里，他几乎失去了活下去的愿望。然而，每到容若想要任由心中喜好决定人生方向时，"孝"之一字便会轰然来到他的心中。

这次也一样，容若在最悲苦的时候，仍然清醒地意识到，自己并不属于卢氏一个人。他是纳兰容若，这明珠府里所有的一切，都有着他的留念与感情。高堂在上，弱子在下，这都是容若心中的牵扯，他挣不断，也不忍挣断。因此，他除了忍受，能选择的还是忍受。

容若就这样混沌着，好让自己麻木，但是七夕很快来了。对长久分离的牛郎织女，今夕是最美丽的节日，而对阴阳两隔的容若和卢氏，此夜是最难过的长夜。

七夕夜，京城里热闹非凡。许多灵巧的女子，穿针结彩，府里的小丫鬟们，也纷纷跑出去放河灯。明府寂寞着，但都不及容若的寂寞。他知道，那些穿针的女子中没有卢氏，那些河流中的倒影也没有卢氏。

> 乞桥楼空，影蛾池冷，佳节只供愁叹。丁宁休曝旧罗衣，忆素手为余缝绽。　　莲粉飘红，菱丝翳碧，仰见明星空烂。亲持钿合梦中来，信天上人间非幻。

一个晚上，容若都沉浸在悲苦里。

次日是个晴朗天气，婢女进房来替容若整理被褥，将天热穿不着的衣服拿去曝晒。婢女抱了一堆衣物刚要走出去，却被容若叫住了。容若站起身，从那一堆衣物里拣出一件玄色衣衫，然后挥挥手，对婢女说："你去忙吧。"

婢女道："那衫子穿不着，怎么不晒?"

容若没有言语，只让她自己忙去。婢女摇摇头，只得走了。

容若将那衣衫捧在手里，转过身，掉下泪来。他还记得，这件衣衫曾经裂了个小缝，是卢氏亲手替他缝补的。容若略找找，便看到了那被卢氏缝补的针迹。那些针迹整整齐齐地排着，像卢氏的恬静。物是人非，容若攥着衫子，心里一阵阵痛起来。

痛苦是这样一种东西，起先令人精神亢奋，之后又让人疲惫不堪。一段时间之后的一个夜晚，容若正在园子里徘徊。此时，卢氏刚离去时容若感到的那剧烈

的痛苦已经稍稍迟钝，而变为一种时断时续的锐利的疼痛，他的眼泪也比先前略少了一点。

这晚的月亮如钩。容若抬起头，很快他的眼便模糊起来。在这模糊中，天上的一弯月亮好似变化了：从晶亮的银色变成了黑色，又逐渐变成两道温和的娥眉。那是卢氏的双眉，那样温柔恬淡。

容若痴痴望着，想着，信步在园里走着。经过园子里漆黑的梧桐树，容若忽然一阵心酸，腿软得走不动路。他扶住梧桐树，前日的雨还残留在树干上，此刻湿了容若的手。他用手感觉那已略显干燥的湿润，想自己的眼泪也如那雨，终有流尽的一日。然而，卢氏却再也回不来了。一去不回——这想法第一次硬生生地来到容若脑海里，他猝不及防，几乎跌倒在地上的苔藓之中。容若无力抗衡心中的痛，索性在地上坐了下来，他望着月亮，不觉夜深了。

> 雨歇梧桐泪乍收，遣怀翻自忆从头，摘花销恨旧风流。
> 帘影碧桃人已去，屧痕苍藓径空留，两眉何处月如钩？

次日清晨，打扫园子的下人在一棵梧桐树旁发现了昏睡的容若。他们飞奔去禀报老爷太太，然后七手八脚地将容若抬进了房里。

太医来了，开了方子，下人们给容若灌了药，大半天之后，容若醒来了。他睁开眼，见明珠和觉罗氏正一脸忧伤地坐在床榻前。

容若朝自己父母凝视良久，脸上浮现出歉意。他伸出手，拉住双亲，勉强笑道："额娘、阿玛快些放心，孩儿很好。只是昨晚太困，没来得及回房便睡着了。"

明珠含着泪，唤下人给容若换身干净衣裳。他什么都没说，只是安顿容若再度躺下，便拉了觉罗氏出来。

这次之后，在明珠夫妇眼里，骤遭丧妻之痛的容若慢慢从打击中挣脱出来了。他不再一个人在园子里待到深夜，也不再惮于面对卢氏的旧物。

安三曾经禀奏明珠，想将卢氏当日所用之物统统换掉。明珠沉吟一阵，摆摆手，道："让成哥儿留个念想吧。"事实证明，明珠此举是明智的。

这天，容若待在书房里看书。他翻着唐诗，蓦地停了下来。容若死死地握住书本，好似受到惊吓。他口里轻声读着。过了一会儿，他深深地叹了一口气，放

下了书本。

　　次日，明珠从侍奉容若的婢女那里拿到了一页纸，上面是一首《浣溪沙》：

　　　　风髻抛残秋草生，高梧湿月冷无声，当时七夕记深盟。
　　　　信得羽衣传钿合，悔教罗袜葬倾城，人间空唱雨淋铃。

　　这首词，用的尽是《长恨歌》的情节和语句。词里描述了唐明皇同杨贵妃的旷世悲情，那些画面，都是两人情事中最动人的画面：天宝 10 载，唐玄宗与杨玉环于骊山避暑，适逢七月七日之夕。两人仰天望月有感，遂密相誓心，愿世世为夫妇。

　　传说安史之乱后，玄宗复归长安，对贵妃长思难尽，于是命道士访得玉环。玉环指碧衣取金钿合，各析其半，授道士曰："为谢太上皇，谨献是物，寻旧好也。明皇既幸蜀，西南行，初入斜谷，属霖雨涉旬，于栈道雨中闻铃，音与山相应。上既悼念贵妃，采其声为《雨霖铃》曲，以寄恨焉。"

　　明珠心想，容若这是将自己同卢氏的情感比作杨李，乃借他人的故事来诉说自己的衷肠。虽然可见其悲苦之心的努力压抑，但已不惧睹物思人，到底没那么尖锐了。明珠长舒了一口气。

两凄迷

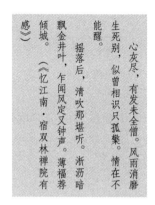

心灰尽，有发未全僧。风雨消磨生死别，似曾相识只孤檠。情在不能醒。

摇落后，清吹那堪听。渐沥暗飘金井叶，乍闻风定又钟声。薄福荐倾城。

（《忆江南·宿双林禅院有感》）

　　康熙 16 年的秋天，是个多雨的秋天。在微雨天气里，一个清癯的年轻人步履蹒跚地朝着阜成门外的双林禅院而来。等他行至寺院门外，身上已经湿了。他毫不停留，径直跨入了寺中。

　　他是容若，他来这里，是为了陪伴妻子卢氏。自去年卢氏亡故，一直未葬，她的灵柩暂时安放在这里。在这一年中，明府屡屡延请僧侣做法事，超度卢氏的亡灵。

　　只要卢氏没有下葬，容若就感觉她还在自己身边。死亡此刻是一种比生更强的力量，吸引着容若不断往寺庙而来。他在庙里卢氏的灵柩前，往往一坐便是一日。

　　守灵的这段时日，是容若倾洒悲哀，也是治疗悲哀的日子。每当容若在灵柩前坐下，他便好似融入了寺庙之中。寺庙中来来往往的僧众，那些千人如一的袈裟，供桌上明灭的佛灯，每日随钟声响起的诵经声，看在容若眼里，听在容若心中，都有一种特别的亲切和感动。

　　有清一代是一个佛学气氛浓厚的朝代。康熙 6 年时，全国兴建大小寺庙近 8 万间，僧尼超过 11 万之众。每当佛教的重大节日，众多信徒便如潮水般涌向寺庙。他们在庙里朝拜、进香，许愿或还愿，并津津乐道于佛教的因果报应、转世轮回。

　　容若的家在什刹后海附近。什刹海又称"净业湖"，周围原有不少琳宫梵宇。

如净业寺、佑圣寺、寿明寺、永泉庵、广华寺、静海寺等，香火鼎盛。容若的母亲笃信佛教，容若小时候常跟随母亲出入这些寺庙，拈香拜佛，聆听梵音。那里还有纳兰家族的两座家庙——龙华寺和高庙，后来容若还曾在这里接待友人。这些经声佛火在容若幼小的心灵中留下了类似宗教的情结，也使他成年之后始终保持着对佛教的浓厚兴趣。他曾经写过一首《净业寺》，描写的就是什刹海的环境：

> 红楼高耸碧池深，荷芰生凉翳远襟。
> 湖色静涵孤刹影，花香暗入定僧心。
> 经翻佛藏研朱笈，地赐朝家布紫金。
> 下马长堤一吟望，梵钟杂送海潮音。

这些庄严而神秘的寺庙，撩动了容若心底的凤慧，少年容若曾在海潮同梵音的交替声中，遍访京城的寺庙，京郊的红螺山大明寺、呼奴山白云观、西山潭柘寺、畏吾村大佛寺，还有京城里的千佛寺、药王庙、龙华寺、功德寺、资福寺，都曾留下他探寻的心。他甚至在自己的杂集《渌水亭杂识》里，记录了对这些寺庙历史、碑刻、风俗异闻的考证。

世事难料，曾给过少年容若遐想的浮屠世界，如今竟成了他一颗伤心的避难所。

《大明三藏法数》里曾将凡人所受之苦分为五种：生老病死苦，爱别离苦，怨憎会苦，求不得苦，五阴盛苦。此际，容若便深陷于爱别离之痛苦。这痛苦如此深重，即使身在缭绕的香火中，容若听到的仍然是心底对卢氏离去的无法忍受的悲鸣。

在佛堂中，容若觉得自己的灵魂已经离开了自己，他看见自己是这寺庙中千人一面的僧人中的一个：面目模糊而平淡。这种壮观的平淡给了容若暂时的平静，他愿意如此老僧入定，他愿意永不返回凡俗而痛苦的世界。

> 心灰尽，有发未全僧。风雨消磨生死别，似曾相识只孤檠。情在不能醒。
> 摇落后，清吹那堪听。淅沥暗飘金井叶，乍闻风定又钟声。薄福荐倾城。

"情在不能醒"，道尽了人世间情感的苦涩。

容若是不能醒，却也不肯醒。寒花的离去在他的心里留下了一个洞，是卢氏的出现填补了这个空虚。而今，卢氏也去了，这个洞又再度出现了，并且更深更空虚。容若的人生还能经受几次如斯空虚呢？一个人的情感又能经受几次潮涨潮落呢？

心灰意冷的容若真的像僧人那样盘腿而坐。然而，当他闭上眼，耳边呼呼而过的全是过去生活中鲜活的情境。他的身体静止着，但心潮却一点点涌上来，慢慢淹没了他。四周响起了低低的诵经声，容若感到，自己已经同卢氏一道，被超度至另一个世界。

良久，容若睁开眼。眼前是黑压压的僧侣，高高的殿堂里，挂着长长的经幡。座上佛容安详，桌上灯火闪烁。容若呆住了，听木鱼的声音一下又一下敲进心中。

> 挑灯坐，坐久忆年时。薄雾笼花娇欲泣，夜深微月下杨枝。催道太眠迟。
>
> 憔悴去，此恨有谁知？天上人间俱怅望，经声佛火两凄迷。未梦已先疑。

容若踉跄着回到明府，他两岁的弟弟揆叙向他扑了过来。容若将揆叙搂在怀里，他刚刚离开卢氏的灵柩，此刻又看见这新鲜的生命，他躲不开无常的生死，不禁悲从中来。

揆叙多日不见哥哥，这下好容易见到了，便拉住他不肯松开。

一旁服侍揆叙的老妈子随口问容若："成哥儿可是去了庙里？"

揆叙听到老妈子说到"庙里"，忽然挣脱容若，脸上现出严肃的表情，双手合十，嘴里含混不清地诵道："阿弥陀佛。"

老妈子见揆叙这样，急忙牵上他向里面走去。一边走，一边跟容若解释，"叙哥儿常听老太太念经，所以学了这样子……"

容若早被揆叙的童真引得鼻子发酸，他转过头，悄悄拭去眼泪。

中元节时，寺庙里举行盂兰盆会，为所有死去的亡灵做法超度。前一夜，容若通宵未眠，他为卢氏抄写了一部佛经，将自己全部的祈愿都融入佛经带来的未来世界的梦幻之中。次日清晨，容若在凉风中走入寺院。

　　容若跟随放灯的人群行至寺庙前的水池畔。他蹲了下来，将刚刚写就的佛经放进了河灯里，然后慢慢地将河灯放了下去。容若看荷灯越漂越远，脸上净是热泪：

　　手写香台金字经，惟愿结来生，想鉴微诚。欲知奉倩神伤极，凭诉与秋擎。西风不管，一池萍水，几点荷灯。

　　直到康熙 17 年 7 月 28 日，卢氏终于归葬纳兰家位于玉河皂荚屯之祖茔。在卢氏下葬之前，张纯修收到了容若寄去的一张手简，上书："亡妇灵柩决于十七日行矣，生死殊途，一别如雨，此后但以浊酒浇坟土，洒酸泪以当一面耳。嗟夫悲矣！"

　　卢氏的丧葬周章丛杂，穷极奢费。当卢氏的棺木终于消逝在泥土深处，容若无声地哭着，悲痛欲绝。

　　这一晚，容若梦见了卢氏，他看到她红装素裹，头上插着菱花，手持钿盒向自己走来。第二天早上，在卢氏离去一年之后，容若终于第一次喝完了一整碗粥。他放下碗，立刻走进书房，他急于要将一日的事情完毕，以便夜幕早早降临，他能同卢氏再一次梦中相见。

　　重阳节前 3 天，容若真的梦见了卢氏。只见卢氏淡妆素服，脸上全是眼泪。卢氏握住容若的手，低低诉说，良久，卢氏离去，临别时说："衔恨愿为天上月，年年犹得向郎圆。"

　　这次的梦境，意外地拯救了容若即将悲痛欲绝的心。梦的存在，使容若相信卢氏灵魂犹存，并未弃他而去，这多少给他带来安慰。

　　这之后，容若渐渐开始接受卢氏的死。他开始挣脱了纯粹的痛苦，从回忆中寻找曾经的幸福来安慰自己。容若想到瞬息万变的无常人世，想到卢氏的美丽与温婉，以及她凉薄悲惨的命运。他想到卢氏在嫁给自己之前颠沛的生活以及嫁给自己之后短暂的幸福。他记得他们曾于绣榻旁看花瓣吹落，曾于栏杆处同看斜阳。他记起卢氏梦中相赠的残诗，诗歌的命运如同他们的命运，美丽而残缺。卢氏的音容，也只在梦中，转瞬即逝。每当容若看到儿子富尔敦，便想，卢氏是为了自己而死的，是为了给自己这个孩子而死的，她那样努力地将孩子送到了这个人世，

却最终丧失了自己的生命。容若心中充满了对卢氏的感激，这感激又令他黯然神伤。这个念头，使容若甚至会有意地避开儿子，以避开回忆带来的痛苦，因而他对富尔敦便有了一种奇怪的若即若离的态度。

容若开始坦然接受，明晨醒来，自己的头发将因思念而变短变白；每一朵春花秋叶，都将触动自己对卢氏的怀念。他期待同卢氏再续前缘，但又担心再次中断，自己已经无法承受。当容若的心痛稍稍减轻，便开始逃避这样的痛苦，他期待邻人的笛声能表达自己悲伤的情绪。

瞬息浮生，薄命如斯，低徊怎忘。记绣榻闲时，并吹红雨；雕阑曲处，同倚斜阳。梦好难留，诗残莫续，赢得更深哭一场。遗容在，只灵飙一转，未许端详。

重寻碧落茫茫。料短发、朝来定有霜。便人间天上，尘缘未断；春花秋叶，触绪还伤。欲结绸缪，翻惊摇落，减尽荀衣昨日香。真无奈，倩声声邻笛，谱出回肠。

卢氏下葬之后，容若手中常握一本《四卷楞伽》，每个看到这景象的人，都会想起白居易的那首《见元九悼亡诗因此以寄》："夜泪暗销明月幌，春肠摇断牡丹庭。人间此病治无药，惟有楞伽四卷经。"

容若从此自号楞伽，然而，他对卢氏的思念一直没有治愈。

赏心应比驱驰好

问我何心？却构此、三楹茅屋。可学得、海鸥无事，闲飞闲宿。百感都随流水去，一身还被浮名束。误东风、迟日杏花天，红牙曲。

尘土梦，蕉中鹿。翻覆手，看棋局。且耽闲嗜酒，消他薄福。雪后谁遮檐角翠，雨余好种墙阴绿。有些些、欲说向寒宵，西窗烛。

——《满江红·茅屋新成却赋》

人类的生存方式向有三类：一类入世，一类避世，一类于入世和出世间彷徨。这些方式，或隐或显，每个人总有些倾向，总有些偏好。

以旷达闻名的苏东坡，在其生命的前期十分崇尚儒家以天下为己任的理想，故有"老夫聊发少年狂。左牵黄，右擎苍。……会挽雕弓如满月，西北望，射天狼"之豪情。只是经历了颠覆的命运之后，才尚道尚佛，在另一种方式中寻求心性的支点，而有"竹杖芒鞋轻胜马，谁怕？一蓑烟雨任平生。……回首向来萧瑟处，归去，也无风雨也无晴"之旷达。

在虔诚佛教徒的母亲养育下长大的王维，经仕途小小失意之后，虽未撒手红尘，却于蓝田县辋川别墅半官半隐，至晚年更如僧侣般"独坐幽篁里，弹琴复长啸。深林人不知，明月来相照"。

他们都曾经追求驱驰中的乐趣，而当这乐趣不可追求时，他们又转而寻求一份简单的赏心的快乐。

驱驰和赏心，是中国文人生存的两大出口。于驱驰处渴望赏心，当赏心时又艳羡驱驰。因为，每个人都希望过另一种生活。无论当下的生活有如何被他人仰慕处，另一种生活总闪耀着别样的光芒。

容若也一样。在他的一生之中，对于江南式生活的渴慕，就是这种心境的最直接证明。他是北人，因而渴望南方；他是满族，故而拥抱汉家文化。北方未必没有风花雪月，游牧民族也有他们独特的文治武功。然而，因为不同，因为远在别处，便令人思之再三，求之再三。容若一生始终在努力挣扎，想挣脱自己的出身、自己的血脉，他不仅仅是简单的挣脱，而是力图超越。超越自己，是人世最大且最艰难的命题。当春风过处，渌水之上的荷叶迎风生姿时，容若几乎做到了。他心中的江南，他身边的江南仿佛全部实现了。然而，他心中始终荡漾的与众不同的情感，他那至情而不至性的存世方式，最终使他的挣脱变成了更深的陷溺。

Chapter 07

赏心应比驱驰好

笑江湖

蜃阙半模糊，踏浪惊呼。
测笑江湖。沐日光华还浴月，我欲
乘桴。

钓得六鳌无？？竿拂珊瑚。桑田
清浅问麻姑。水气浮天天接水，那是
蓬壶？《《浪淘沙·望海》》

康熙17年，容若的妻子卢氏青春的风华最终为无情的黄土彻底掩埋。容若望着那小小的棺椁被深深地埋进地底，只觉自己也随之而去。葬礼之后，容若失魂落魄，整日将自己关在房内。他又变得沉默而忧郁，少年时期的那个寡欢的容若仿佛再度回到了他身上。

谁也不曾料到，就在这样的消沉中，皇恩骤至，容若被玄烨钦点为乾清宫侍卫，命运之手往往对脆弱的芸芸众生极尽嘲笑，他还未从过去的痛苦中自拔，不期然又迎来了无法抗拒的新生活。

在满语里，侍卫称为"虾"、"辖"。努尔哈赤崛起之初，侍卫主要由其家丁充任，负责保卫等重要事务，到后来增加了归附部落首领和宗室、勋戚子弟担任此职。清朝多选上三旗子弟中才武出众者担任皇帝的随侍警卫。侍卫既有等级之分，又有职司之别。等级有一、二、三等，其衔为正五、正四、正三品；职司有御前侍卫、乾清门侍卫以及其他宫门侍卫。至康熙年间，随着皇权的加强，又将侍卫分为御前侍卫、乾清门侍卫和大门侍卫。乾清门侍卫与御前侍卫同属于内廷侍卫，乾清宫乃皇帝处理朝政之所，事关朝廷机密，职责举足轻重，多以王公、贵戚、世臣子弟充之，一般都由皇帝亲自授选。内廷侍卫由领侍卫内大臣统领，御殿则在帝左右，皇帝听政时还要行使引导、宣谕的职责。与南书房主拟制者对掌枢机，贵要莫比，并非仅是宿卫禁闼，执戟檐雷。而文武全才的容若，就是这样被玄烨

169

钦点成为一名金刀侍卫。

　　这次任用，来得比想象中晚，也同想象中不同。因为这桩任命，自卢氏葬礼之后便一直被阴霾笼罩的明府，如同沉睡湖底的鱼群被春风唤醒，再度喧哗起来。在这之前，明府空气冷清，晨昏平淡无奇，只有园子里的合欢树寂寞地凋零，所有的人都不敢高声说话，唯恐惊动了痛苦的往事。但是，因为这任命的到来，明府上下再次在浩荡皇恩中找到了从前的生命姿态，热热闹闹地重又活了过来。

　　容若感到，自己身边的人，与其说是在为他的被任用而雀跃，不如说是为明府和自己的重生而欣慰。这种欣慰之情，在明珠身上尤为明显。作为一个从侍卫的职位上一步步走向了无上荣光的鲜活榜样，明珠深知，不是每个人都有这样的机会成为皇帝身边的近身侍卫，那是一种荣耀，也是一条荣升天子近臣或重臣的捷径。他相信，"虎父无犬子"，容若虽然看起来命运单薄，然而纳兰家福泽深厚，这迷人的富贵毕竟还是会延续下去。明珠笑逐颜开，他对容若道："成哥儿，你要知道，阿玛最初也是一名侍卫。"

　　同明珠的心意一样，每一个朝向容若的眼神都变了，他们仿佛通过他看到了天子，看到了巍巍朝堂，看到了另一颗明珠即将照耀皇廷和门楣。容若的侍卫是二等五品衔，甚至比状元榜眼所授的翰林院修撰、编修还要高一级，俸禄优厚，并且同王公大臣一样可得园田，可以说，这是令普通读书人普遍艳羡而不可得的职位。所以，接到任命的这日，明府门庭若市，争先恐后来祝贺的人如过江之鲫。

　　容若的书法师傅高士奇此时尚在明珠府内居住，他闻讯立刻跑到明珠那里，拱手贺道："凤吹临清野。看旌旄、葳蕤百里，仙郎扈驾。一簇红云班队里，个个轻装都冶。应只有、长卿闲雅。谁识胸中才八斗，任浮沉、执戟鸾旗下。　　白玉勒、五花马。天高风紧斜阳也。听传宣、雕弓新上，锦鹰初架。霜落草枯平坡阔，好骋穿杨骑射。频拜赐、宫庖法炙。不信能文兼会武，向周庐、读史消寒夜。羽猎赋，更须写。"

　　这老套而华丽的词调契合了明珠的心境，高士奇词中那天子身边荣耀的生活正符合他对容若由来已久的期许。对所有的朝贺，明珠都欣然笑纳。而那个真正荣登金阶的容若，却只是矜持着，未见更多欢容。生命中的悲欢来得太快，容若来不及整理自己，在含混不清的感情中，他只隐约感到难以解释的命运播弄。

　　朝廷任命的到达，尽管是在阴霾般的日子里出现，毕竟也带给容若小小的欣喜。殿试高中之后，他曾在心底无数次畅想过自己的未来。或是进翰林院，或是去地方任职，无论是穷经皓首还是挥斥方遒，他成容若都无惧。他心中早有无数可供瞻仰模范的前贤，他渴望成为他们中的一员。在过去的岁月中，他毫无怨言、苦学不辍，只因他早已决意躬身实践儒家修身齐家治国平天下的理想。然而，他唯独没有想过他的理想竟是在这样的时机、以这样的方式开启，他竟将径直去到天子身边，做他最贴身贴心的侍卫。

　　虽出乎意料，但这任命无疑是极光荣的，尽管这光荣之下似乎暗藏着让他不能释然的深意，但却足以激发容若积攒多年的豪情。容若想起这年刚刚认识的陈维崧寄来的贺词："丹凤城南路。看纷纷、崔卢门第，邹枚诗赋。独炙鹅笙潜趁拍，花下酒边闲谱。已吟到、最消魂处。不值一钱张三影，令旁人、拍手揶揄汝。何至作、温韦语。　　总然不信填词误。忆平生、几枚红豆，江东春暮。昨夜知音才握手，笛里飘零曾诉。长太息、钟期难遇。斜插侍中貂更好，箭骲鸣、从猎回中去。堂堂甚、为君舞。"是的，"总然不信填词误"，成容若并非一个只能吟弄风月的士子，他有足够的魄力像他的祖先一样为建立千秋功业穿梭烟尘。正如他的父亲所说，明珠也是从一名侍卫开始，逐渐进入了朝廷决策的核心。

　　容若的血液似乎沸腾了。自卢氏离世，他的血已经冰冷了很久。身为叶赫部男儿，容若并非只有一腔锦绣心肠，却也有蓬勃的斗志。最恩爱的伴侣已经逝去，容若似乎在刹那决意不再留恋那缠绵悱恻的忧思，既然寒花和卢氏都已离开他的生命，既然男欢女爱已经无法成为他的生命出口，他愿意将全部豪情奉献给他的天子和满人最壮观的天下。

　　康熙17年的秋天，一个普普通通的清晨，身披侍卫金甲，俊秀威武的纳兰侍卫一步一步踏进了乾清宫。他看上去神情肃穆，谁都体察不出他内心正惊涛骇浪。这是第一次，容若作为一个独立的个体，进入到朝廷的政治核心。尽管他始终无法摆脱相国之子的身份，然而，就在这乾清宫里，他将作为王廷的哪怕极其微末的一员，目睹英明的当朝天子和他最信赖、最睿智的群臣如何运筹帷幄、治国生民。这位新丧爱妻的初任侍卫，胸怀新生活的兴奋以及卢氏猝然离去留给他的阴影，默默踏入乾清宫，如同初见大海，悲喜交加。

　　容若此刻第一次面对真正壮阔生活时那种豁然开朗而又心生敬畏的情绪，正

如几年之后随康熙冬巡，途经山海关，生平第一次看见大海的感受："蜃阙半模糊，踏浪惊呼。任将蠡测笑江湖。沐日光华还浴月，我欲乘桴。　钓得六鳌无？竿拂珊瑚。桑田清浅问麻姑。水气浮天天接水，那是蓬壶？"

容若在这首词里，以难得的惊喜与豪迈，抒发了浩渺大海带给他的震撼。他为梦幻般苍茫的大海而惊呼，他深切体会了浅陋者与博大者的分别。大海的壮阔和美丽使他浮想联翩，他坠入神话与历史的沧海桑田巨变之中。

海洋到底对人类意味着什么？是陌生的异域，还是容纳一切的宽容？我们似乎很少意识到，我们生存的这颗星球，原本是一片被海洋包围的陆地，那是十分之七的海洋包围中的十分之三的陆地。我们分明置身于巨大的海水之中，然而，生存在地球上的人们日常所见不过是自己脚下的一小片干燥土地。尤其生活在内陆的人们，很难见到真正的大海，很少听到来自大海深处的声音。只有登上最高的山峰，"会当凌绝顶，一览众山小"，我们方才知道世界之巅的飘摇；只有到了海边，才会懂得什么是崇高。就像庄子《秋水》里的那个故事：秋水时至，百川灌河。泾流之大，两涘渚崖之间，不辨牛马。于是焉河伯欣然自喜，以为天下之美为尽在己。顺流而东行，至于北海。东面而视，不见水端。于是焉，河伯始旋其面目，望洋向若而叹曰："野语有之曰：'闻道百，以为莫己若'者，我之谓也。且夫我尝闻少仲尼之闻，而轻伯夷之义者，始吾弗信，今我睹子之难穷也，吾非至于子之门，则殆矣。吾长见笑于大方之家。"

庄子在《秋水》里讲的其实就是一个"井底之蛙"的故事。河伯因为没有见过浩瀚的东海，一直窃以为自己统领的河流是世间最壮美的河流。直到他随波逐流来到东海，一眼望不到海的边际，他才愧觉自我的渺小。比起那始终没有觉悟的青蛙，河伯从自大到自觉，算是善补过者。

不是每个人都能住在海边，但是每个人都可以有一片广阔的心海。人心，是世上最具有弹性的事物。它可以很大，也可以很小。雨果的《悲惨世界》是一本充分表达了这种弹性的书。为解救抚养自己长大的姐姐那七个饥饿的孩子而偷取了一个面包的冉阿让，经过了十九年的苦役后出狱，到处遭遇白眼，这时，他遇见了有着海一般胸怀的卞福汝主教。他留他住宿，并为他提供食物，"阿尔卑斯山里的夜风是够受的。先生，您大约很冷吧？"每次他用他那种柔和严肃、诚意待客的声音说出"先生"那两个字时，那人总是喜形于色。"先生"对于罪犯，正像一

杯水对于墨杜萨的遭难音。蒙羞的人都渴望别人的尊重。后来冉阿让出于对社会的仇恨偷走了主教的银烛台，然而，那颗海洋般广阔的心带给他的感动最终奏效了，"他变卖了主教的银器，只留了那两个烛台作为纪念，从这城溜到那城，穿过法兰西，来到滨海蒙特勒伊……一面追念那些伤怀的往事，一面庆幸自己难得的余生，可以弥补前半生的缺憾；他生活安逸，有保障，有希望，他只有两种心愿：埋名，立德；远避人世，皈依上帝。"

但是，当一个无辜的人即将代替出狱后抢劫了通烟囱的孩子的冉阿让受到惩罚时，此时已经是市长的他陷入了巨大的矛盾中。面对这矛盾，雨果写道："世间有一种比海洋更大的景象，那便是天空；还有一种比天空更大的景象，那便是内心活动。"

还是那一颗海洋般的心，使冉阿让最终勇敢地自首，在"留在天堂做魔鬼，或是回到地狱做天使"之间选择了天使般地回到地狱。

这是海洋的魔力。这种魔力也震动了情怀低落的容若。

冷峻的风吹进了皇家院落，和容若共值的几个侍卫走到各自的位置上站定，乾清宫内鸦雀无声。他们的神情全部如同空中盘旋的冷风一般肃杀。容若也站到自己的位置上，眼睛望着宫门。

有感于明亡的教训，清朝的皇帝大都勤政。从康熙朝开始，皇帝每天都要在皇宫乾清门前御门听政，有时也会移驾中南海瀛台勤政殿、畅春园澹宁居、避暑山庄澹泊敬诚殿等。这每日的朝廷例会由皇帝亲自主持，出席者乃六部九卿，会议记录称作起居注，除了证明皇帝的勤恳，也以备后世皇帝查考湮没于历史风尘中的往事。

跟容若同岁的当朝皇帝爱新觉罗玄烨，自14岁亲政以来，日日清晨八点准时"早朝"，每天御门听政，一年四季，无论严寒酷暑，从不间断。在位的半个多世纪中，玄烨"一岁之中，昧爽视朝，无有虚日。亲断万机，披览奏章。"即使在康熙18年京师发生惊天动地的大地震时，这位伟大的皇帝仍如常早朝，泰山崩于前不变色。而容若，在其短暂的生涯中，有幸同这位皇帝朝夕相处，见证了这位天子含辛茹苦的人生。

一个身影大踏步走进了乾清宫。明艳的黄色使这灰色的朝堂顿时变得明亮。身着龙袍的玄烨带着天子特有的激情和从容在龙椅上坐下。玄烨静静地坐在那里，

眼睛望着宫门。门外，传来清晰、急促的脚步声，大臣们一个个庄重地行了进来，其中也包括明珠。

容若心中起了一种混合着神圣和怅惘的感觉。他终于靠近了他，这个紫禁城中最具权势的人。几步之遥的朝堂内，他分明感到了玄烨那不可靠近的力量。这个与他同龄的天子，胸中装的是江山社稷，并有足够的魄力和智慧通过这小小的朝堂将作为国家意志的个人意志传至天下。两个时辰很快过去了，早朝结束。对容若而言，这是一次奇妙而令人窒息的领会。容若望着玄烨那和自己一般年轻的脸庞，陷入了沉思。

玄烨起身离去，在他即将走出乾清宫的刹那，玄烨转过头，朝着容若的方向微微一笑。这笑容有种化解冰冻的力量。容若在任上的第一天，便深深体会了天子的威严和关怀。回家的途中，容若想着白天经历的一切，内心彷徨不定，若有所失。

赏心好

倚柳题签，当花侧帽，赏心应比驱驰好。错教双鬓受东风，看吹绿影成丝早。

金殿寒鸦，玉阶春草，就中冷暖谁知道？小楼明月镇长闲，人生何事溜尘老。（《踏莎行》）

玄烨当然知道容若。是他，在众多的皇亲贵戚之中钦点了容若。他当然知道，这个年轻人和自己同年。他也知道，明珠之子才华卓绝。在他向容若微笑的一瞬，他已将容若端详分明。他从容若眼中看出了金甲之下的书生意气，也从这意气中看到了满人的威武血性。玄烨对自己的眼光感到满意，这是个配得上自己和这朝堂的侍卫。

康熙 17 年秋冬间，容若以新任侍卫之身随扈遵化，侧身豹尾之间，隆重开启了他的侍卫生涯。

这次康熙出巡，自九月初十起程，十四日至温泉，诣孝陵，而后巡近边；九月二十六日还京，历时半月。这是容若首次扈从，便是在这一次，容若对随侍天子的荣耀和艰辛有了深切体会。出巡对天子而言，是一番美妙的过程。"普天之下，莫非王土；率土之滨，莫非王臣。"这是拥有者心满意足的探视，故必兴致勃勃。加之玄烨精力过人，出巡途中每有吟兴。容若的首次扈从，天气寒冷，秋风萧瑟，然而玄烨兴致颇高，这高昂的兴致同容若雀跃的心境异曲同工。因而，这次巡行是一次令人欣喜的旅程，玄烨的新任侍卫纳兰容若出口成章、随声唱和，每每大称圣意。君臣二人，于秋意之中寻获了彼此都期待已久的回应。

是夜，玄烨已睡下，容若在帐外侍候。秋风袭来，容若忽然感到一阵疲

怠，伴随疲惫而来的是长久以来的心痛，白天的时候，这心痛为新生活掩盖了，但到了夜晚，万籁俱寂，一切都睡去时，它却再度分明起来。近一个月来，容若打起精神面对新的生活，在父亲跟前不忍扫兴，在皇上跟前不能懈怠，初任侍卫的新鲜惊喜使他浑然忘却了那几乎令自己崩溃的悲剧，直到此刻，他才再次独自面对内心的痛楚。当他心中重又开始剧烈疼痛，他开始意识到，他并无一丝忘却了卢氏，他只是如同陷溺水中的人，在仓促之间抓住了一根救命稻草，他抓得太紧，以致自己误以为已经完全离开了那黑色的水中。天子侍卫的生活，便是容若绝望心境的稻草，他紧紧握住了，但并未能挽救他的凄凉。

此际，在天子睡去的间隙里，他再一次放纵自己，思念起那已香消玉殒的卢氏。往事纷纭，容若凝视夜幕中的深秋，回想着卢氏离去前后的日日夜夜，脱口吟道：

> 风紧雁行高，无边落木萧萧。楚天魂梦与香销，青山暮暮朝朝。
> 断续凉云来一缕，飘堕几丝灵雨。今夜冷红浦溆，鸳鸯栖向何处？

次日，容若一路兢兢业业护卫康熙前行。中途休息之际，玄烨对容若道："楚天魂梦与香销，纳兰侍卫词甚凄凉啊。"

容若听了，知昨夜忘形吟咏，却被皇上听去，忙谢罪道："臣该死，惊扰了皇上好睡。"玄烨摆摆手，道："四年前，允礽出生，皇后赫舍里氏也离我而去。这些年，我也很想念她。"容若闻言，怦然心动，他万不料万人之上的天子竟有和自己一般的寂寞。容若的眼泪几乎就要夺眶而出，然而，在龙颜之前，他不敢流露自己的悲痛，只是强忍道："谢皇上不怪罪臣。"玄烨拍拍容若的肩，道："生离死别，纵天子亦不能免，纳兰侍卫幸勿过于悲痛。"容若点点头，一时说不出话来。

容若不知道，在玄烨的皇室生涯中，自他降生，到坐镇紫禁城，几乎从未享受过无忧无虑的心境。皇父母的早逝，幼年的仓皇，初登帝位的险象环生，玄烨心中承载了太多责任与危难。如今，天下初定，万民归心，玄烨才算暗暗舒了一口气。这位当世最聪慧最有气魄的青年，能于莫测的政治风云中指挥若

176

定，其气宇胸襟非一般人所能想象。

容若也不能。在见到康熙之前，容若也是他生活中的翘楚，及至近身侍卫天子，他在玄烨的威严和笑容中体会了冷峻与春风，容若由衷敬仰这位与自己同龄的天子，他不知道玄烨如何只身度过紫禁城里孤单的夜晚？当他去设想时，心里竟起了毛骨悚然的震颤，在那一刻，容若更深地了解了父亲明珠以及他苦心经营的生活所代表的意义，那是令人在变幻的人生和宇宙中找到依靠的意义，那是摆脱黑夜一般孤独的意义。

因为有这样的恐惧，容若更加敬畏玄烨；因为敬畏，他在侍卫任上更尽忠职守。然而，在无言肃立的那些时刻里，容若心中也不时泛起不为人知的一星苦涩，这苦涩来源于容若的身世，那是明珠家绝口不提的前尘往事。

同龄人之间的相惜，容若在扈从中表现出的文武全才，使他获得了玄烨的信任。自此之后，天子无论南巡北狩，祭祀长白山、五台山、泰山，或游览苏杭，总喜欢将容若带在身边。每次扈从，容若一律佩刀而侍。遇事凡有劳苦，必当身先士卒，从不避艰险；而玄烨有所指挥，亦从来未曾擅离半步。其中一次，他们取道松花江，天寒而一路冰行。容若带人马在冰上跋涉数日，方险渡过去，困苦中不忘携带记录了大量的风土方物的文稿，玄烨阅之大为欣喜。容若虽然因路途艰险消得人憔悴，归来之后却依旧谈笑自若，既有儒家子弟的涵永，又有满族男儿的血性，这博得了玄烨的赞赏，他笑言："此富贵家儿，乃能尔耶?"玄烨欣赏容若，于是不断赏赐金牌、彩缎、御馔、袍帽、鞍马、弧矢、字帖、配刀、香扇等物以为表达，容若唯诚惶诚恐，明珠则十分得意。

去日如驰，当新生活逐渐褪去最初的光环，御前侍卫的身份开始显露出令容若痛苦的另一面。每当他如磐石般挺立在乾清宫里，眼睁睁看朝堂上风起云涌，而自己只能作壁上观，容若觉出了生活的苍白。容若感到，自己如同玩偶，虽得到皇上的恩宠，却只是一件恩物。他的才情，也不过是康熙皇辇之间及朝廷之中的装饰：美而无用。侍卫生活对向往江南般旖旎人生的容若而言，开始呈现出金枷玉锁的意味，他内心渐渐生出对这貌似光辉的职位的抗拒。

这日，正值容若值守。他同往日一样，肃立在乾清宫里，像一块精美而沉默的石头。在玄烨出现之前，容若的目光长久地停留在乾清宫外的台阶上。他看到了那里的几棵草在朔风中张狂。容若不禁微笑，笑里带着难言的嘲弄。他

想起自家池塘边的那些青草，如何诗情画意？又想起城外寺中随处可见的小草，自由自在随风飘舞。容若感觉自己就像这乾清宫外的小草一般，即使身处天子脚畔，却仍然不能改变被践踏和吹落风中的命运：

> 倚柳题签，当花侧帽，赏心应比驱驰好。错教双鬓受东风，看吹绿影成丝早。　　金殿寒鸦，玉阶春草，就中冷暖谁知道？小楼明月镇长闲，人生何事淄尘老。

"金殿寒鸦，玉阶春草"好像金丝雀，没有人真的肯做，因为那必须拿出自由来交换。谁不想"倚柳题签，当花侧帽"、快意平生？然而即如圣人孔夫子，也要到七十岁之际，方能"从心所欲不逾矩"，而他的"从心所欲"还必以不逾越规矩为前提。

可见，追求绝对的自由是难以实现的。我们每个在世间的人都被有形无形的东西束缚着。或许是被视为粪土的财富，或许是终为尘土的虚名，甚至或许是世间最宝贵的感情。

富贵与浮名的束缚因人而异。有些人比较洒脱，处贫穷时能安贫，于富贵处有仁义；有些人比较执着，得意忘形、失意也忘形。也不过是做人的功力，或是个人的修养。只要不伤天害理，似乎不必过分追究。

除去名利，爱也是一种束缚，并且在事实上是一种更大的束缚。父母的爱使孩子失去放纵的自由，伴侣的爱使男女失去不负责任的自由，儿女的爱使父母失去软弱的自由。但这样的束缚也未必不好，至少它使世界变得有情有义，使我们在牺牲"小我"中获取战胜世俗自己的满足。

不仅难以追求，而且世间也并没有绝对的自由。一切自由都要付出昂贵的代价。有些是能买到世上种种唯独买不来尊严的白花花的金钱，有些是出卖人格的相安无事。苏格兰裔美国人帕特里克·亨利，弗吉尼亚殖民地最成功的律师之一，他在反抗殖民者统治的演说中慷慨激昂："先生们希望的是什么？想要达到什么目的？生命就那么可贵？和平就那么甜美？甚至不惜以戴锁链、受奴役的代价来换取吗？全能的上帝啊，阻止这一切吧！在这场斗争中，我不知道别人会如何行事，至于我，不自由，毋宁死！"

178

　　"不自由，毋宁死"，不自由是任何人都不肯的，但是为了自由而死，很少有人做得到。因为和平的生活的确是甜美的。就像容若认为自己必须维持的君臣、父子关系一样，这种维持，尽管必须以牺牲自己部分的生命理想为代价，但却带来甜美。那甜美正是容若的期望。

　　几点鸦声自宫殿上空传来，又远去了。容若渐渐感到了厌倦。他想，自己此刻经历的是怎样的生活？作为侍卫，皇帝在京时须随时听从差遣；皇帝出巡时则随扈保驾；皇帝驻跸行宫要戒备守卫；皇帝行围狩猎，更要执弓执矢，既要射击猎物取乐皇帝，还要保护皇帝不受野兽侵袭；皇帝检阅八旗官兵操练，侍卫需上场示范，必要时甚至要同各营将领比武演练，以激发兵士护国的热情；而唯一令人兴奋的，也许是偶尔担当皇帝的特使，去执行一些如刺探敌情等特殊任务。容若想及此，轻轻地叹了口气。

　　然而，真正令容若厌倦的，或许尚不是这些枯燥的事务，在容若心目中，做天子近侍，毕竟也是为国尽忠。他烦恼的是，作为侍卫须得处处体察皇帝的意图行事，一言一行必须惟皇帝意旨是从，即使这样，稍有闪失就被降黜，重者流放充军，甚至头颅落地。换言之，水能载舟亦能覆舟，愈近天子，机会愈多，危险也愈大。何况，御前侍卫，表面风光，其实也不过是一介美丽的应声虫。

　　做应声虫，这几乎侵犯了容若的尊严。他感到了笼罩一切的失落。高级仆役的真实生活淹没了容若对王廷的向往。他想，驰驱扈从，贻误了他赏心悦目的时光，使他华发早生。入值宫闱，犹如兀立于金銮殿上的寒鸦，生长在白玉阶前的春草。只是天子身边的装饰。装饰越华贵，自由越稀少，越令人痛苦。容若感到，自己心底深处想过的那种放逸潇洒的江南生活越来越遥不可及。

　　但世上事常如此，越避之不及的，越来得轰轰烈烈。容若自小所受到的一切伦常教育，使他即使心中烦闷仍然恪守职责、毫无懈怠。他恰到好处的举止获得了天子的信任，平常玄烨无事之时，常常宣其入宫伴驾。容若清晨而往，常至傍晚也未见其回来，如此已习以为常。然而每当容若下值，走出宫外，他总驻足望天。而灰暗的天空下，可见容若面色惴惴不安，略带忧郁，似如履薄冰之态。

总如水

马齿加长矣，枉碌碌乾坤，问女何事。浮名总如水。拚尊前杯酒，一生长醉。残阳影里，问归鸿、归来也未。且随缘，去住无心，冷眼华亭鹤唳。（《瑞鹤仙》）

　　这是康熙 15 年 12 月 12 日，纳兰容若 22 岁生日时的自寿词。他在这首词里，就着碌碌人生和如水浮名求取长醉。他之所以买醉，是因为"蛾眉供人嫉妒，风雨飘残花蕊"，故他只能在浊世中抱持清醒饮醉。这是容若生日之际的思考。

　　如果说，每个人一年之中只有一天在思考，那么一定是生日这天。正是因为这一天的开启，才有了之后数十年层层叠叠的悲欢。应当说，大多数人都是以哭泣来面对一生中的第一个这一天的，哭泣的缘由或许有生理学上的依据——例如骤然离开母亲温暖的羊水带来的不适，然而，我们宁愿相信，那是天灵未泯的初生儿对未来艰辛卓绝人生的本能抗拒。据说有些人出生时并没有哭，甚至有些人笑了，我想，那多半是些不普通的人，只可惜，很难找到证明的依据。无论怎样，对多数母亲来讲，这应当是极其英雄极其美好的一天，可是，之后的生日似乎只是自己的，庆贺或慨叹跟生产者一点关系都没有。

　　成年之后的生日带给人的感受总是感慨多于快乐的，因为那意味着衰老。起初也许还不明显，但却实实在在地朝着衰老而去。因此，最愚钝的人都愿意在这个日子里做深思状，最乐观的人都会在这个日子表现出感伤。很多人会在此时回顾过去的岁月，检讨得失，从而对未来生出新的希望或绝望。在这些思考者里，最令人感动的是诗人海子。他在第 25 个生日的时候，思考并选择

了死。

那是 1989 年 3 月 26 日的下午。那一天天气晴朗，海子在晴朗中度过了独自思索的一下午。地点是自山海关至龙家营的一段铁轨旁。

当黄昏越来越浓重时，海子从身边的墙壁上撕下了一张纸。那是他最后的文字，是他长期思索并在那天下午得出的结果："我是中国政法大学哲学教研室教师，我叫查海生，我的死与任何人无关。"然后，他平静地躺到了铁轨中间。

这一天是他的生日。他决定并完成了死。在他平静动人的死亡旁边，是随身携带的四本书——《新旧约全书》、《瓦尔登湖》、《孤筏重洋》和《康拉得小说选》。

我们对海子的全部情感似乎都集中在他那首《面朝大海，春暖花开》的诗歌中，那真是一首极其优美的诗。

> 从明天起，做一个幸福的人/喂马，劈柴，周游世界/从明天起，关心粮食和蔬菜/我有一所房子，面朝大海，春暖花开
>
> 从明天起，和每一个亲人通信/告诉他们我的幸福/那幸福的闪电告诉我的/我将告诉每一个人/给每一条河每一座山取一个温暖的名字/陌生人，我也为你祝福
>
> 愿你有一个灿烂的前程/愿你有情人终成眷属/愿你在尘世获得幸福/而我只愿面朝大海，春暖花开

祝愿所有人幸福的海子，在生命正年轻的时刻选择了死。人们相信，死亡对于海子，并非覆灭，而是一种延续。死亡的孤独或许并不比他活着时的孤独更加孤独。这位长期不被世人理解的诗人，被认为是新中国 70 年代新文学史中一位全力冲击文学与生命极限的诗人，他的死是对自己生日的黑色贺词。

每个人都以生日来祭奠青春。

容若生日这天天气很冷，容若静坐书斋，冥思苦想。这一年他进士及第，风华正茂。然而，他却只能枯坐书斋，学无以致用。朝廷迟迟没有任用的动静，容若不知何以面对师长与双亲的期待。他摩挲纸张，思潮如水，遂给结义

兄弟张纯修写了一封信，信中附上这慨叹之词。经过难耐的等待，任职侍卫的荣耀终于出现了。在等待任用的岁月里，容若失去了卢氏。等到终于踏上仕途，文武全才的年轻进士，却只能做一棵高高在上然而无用的玉阶青草，只能眼睁睁看政治风云诡谲，却始终不能步进翻云覆雨的殿堂。在近在咫尺又远在天边的功业面前，容若只能看光阴逝去，年华虚度。

如此星辰如此日夜，他只能沉醉酒乡，叹浮名如水，只能伫立残阳，期待最后的归去。

在那段赋闲的岁月里，为了填补心灵的寂寞，容若"拥书千卷、旁览百氏、肆力于诗古文辞，乃至撰经解序、著《大易集义粹言》等"，并与一帮江南士人于渌水亭唱和。这使他得到安慰，也使他重新思索自己的人生道路。长期的赋闲和卢氏的意外夭亡，使容若原本热烈的仕宦之心变得淡了。在奋力一跃之前，他遭到了剧烈的阻挡。这阻挡，成为他日后从仕途中逃跑的一种惯性。但更重要的是，容若并不甘心。

容若本有济世之心和济世之才，本应该去翰林院深造，或到地方任亲民之官。生来富贵的他不需要金钱，需要的是一展志向的广阔天地，但事不遂意，容若未料竟跻身虎贲之列，荣耀而寂寞。和容若同龄的皇帝玄烨，一意将他留在自己身旁。也许，他从容若热烈的眼中看到了自己。也许，他希望容若一解自己帝王的寂寞。但他的寂寞却以容若的失意为代价。

失意的日子里，容若忽然惊觉已经很久没同结义兄弟张纯修相聚了。曾经促膝相伴的少年，如今已被多变的世事分开，慢慢走向了不同的人生。然而，没有人能代替彼此心中的位置，那是青春中最明净的温暖——手足情深。

容若正思念张纯修，可巧他生日后不久，即接到张纯修要他过西山一聚的邀请。

"马首看山日向西，蓝田庄好一招携。"坐落于京师西郊潭柘戒台附近的西山见阳山庄，是张纯修在繁华尘世的清净地。张纯修本是岁贡生，没有考试的烦恼，只等朝廷某日开恩见用。他也并不在意何时见用，终日山居独坐，治印绘画，过着闲云野鹤般的隐居生活。

这日，容若驱骑前往西山，他一路行去，但见"罗荫别馆绿溪静，竹外繁花拂槛低"，"雨过林深云不散"，"千峰四面青如许"，又听闻"残春谷暖鸟

初啼"。行在这天趣自然中，容若压抑的心情慢慢被释放了。

这次相聚，容若同张纯修在山间肆意放马狩猎，倾泻内心的烦闷。他们纵马驰过山间，两旁满是雨后残花。张纯修知容若心事，便勒住胯下骏马，抬起手中的马鞭，指着纷纷落红，劝慰道："风雨摧残花蕊，正如高标见妒，不过人生常态，吾弟幸勿介怀。"张纯修的安慰令容若感到一如当日的温暖。

同张纯修的相会仿佛使容若回到了天真的少年，他于自由驰骋间勃发胸中豪情，愁绪虽不能尽去，但烦闷却消解了不少。他拱手答谢，吟道：

> 车尘马迹纷如织，美君筑处真幽僻。柿叶一林红，萧萧四面风。
>
> 功名应看镜，明月秋河影。安得此山间，与君高卧闲。

张纯修挥手扬鞭，笑道："正该如此！"两人在山间偃仰啸歌，至黄昏方惜别而去。

随着容若任职日久，同张纯修的欢聚变得越来越不可求。尽管内心抗拒，但容若无法拒绝皇恩浩荡，也无法拒绝父亲明珠热切的目光。他是儒家最虔诚的弟子，忠君、孝亲，他没有选择。从此，这位史上最才华卓绝的乾清门三等侍卫，终日为扈驾、入值、巡幸等琐事所苦，其"所欲试之才，百不一展；所欲建之业，百不一副；所欲遂之愿，百不一酬"，一日日陷于"蛾眉谣诼"、"冰霜摧折"的疑惧中。

卢氏去了，志向远了，夜阑人静之时，容若在痛苦中无法自拔。他唯一的选择是向朋友倾诉。他给张纯修写了一封又一封信：

> 鄙性爱闲，近苦鹿鹿。东华软红尘，只应埋没慧男子锦心绣肠。仆本疏庸，那能堪此。……值此好风日，明早准拟同诸兄并骑而来，奈又属入值之期，万不得脱身。中心向往，不可言喻。

但有空闲，容若便打马前去西山，他一次次抑郁，又一次次在与天地唱和中获得纾解。如此一来，容若的经世之心已大打折扣，虽"身在高门大厦"，却已萌生了"山泽鱼鸟之思"。这时候，他已经认识了严绳孙。这位前朝遗少

本来自江海，并随时准备"小舟从此逝，江海寄余生"，故而颇能理解容若的
囹圄之困，也就时时收到容若流露对现实困境无奈的来信。容若曾对严绳孙写
道："弟深秋始得归，日值驵苑，每街鼓动后，才得就邸。昔者文酒为欢之
事，今只堪如梦耳。"

他更以一首《送荪友》透露了离去的渴望：

> 我今落拓何所止，一事无成已如此。
> 平生纵有英雄血，无由一溅荆江水。
> ……
> 君今偃仰九龙间，吾欲从兹事耕稼。

就这样，正值青年的容若，怀抱着才华和抑郁，在璀璨而无趣的侍卫职务
上消磨了斗志。

康熙18年，清军刚刚收复一度被吴三桂、吴世璠占领的湖南，容若少年
时期最亲密的朋友张纯修即将奔赴江华，走马上任。放外任，造福一方百姓，
这是容若的夙愿。然而世事难料，孜孜以求的往往落空，而随遇而安者却得到
更多。

容若一边惆怅，一边为张纯修感到高兴。他写下一首《菊花新·送张见
阳令江华》：

> 愁绝行人天易暮，行向鹧鸪声里住，渺渺洞庭波，木叶下楚天何处？
> 折残杨柳应无数，趁离亭笛声催度。有几个征鸿相伴也，送君南去。

这首充满离愁别绪的词泄露了容若心底的失意。友人离京，不知何日再
见，固然令人愁苦；而张纯修上任之地，刚刚经历了惨绝的战火，"败壁颓檐
孤署冷，满目苍烟"，必然"楚国连烽火，深知作吏难"，亦可忧。然而此两
者毕竟尚不至于"愁绝"。容若的愁，是为张纯修得以大展胸中济世之志而快
意欢喜之余，回想自己仕途蹇阻的深愁。他依依不舍，折柳无数，他徘徊惆
怅，劝慰友人前路孤单，尚有征鸿相伴，当张纯修离去，容若极目远眺之际，

他看到了自己向往的南方，也看到了自己满心的惆怅。

张纯修的湖南任职，使容若心底以天下为己任的热情找到了出口，他以超乎寻常的兴奋加入到张纯修的新生活中。

当张纯修来信，诉说湖南百废待兴的一切："独倚寒窗，衙斋无处无残破；挑灯且坐，留影相伴我。郢调长吟，那博千人和。君知么？知心谁个，窗外峰如朵。"乾清宫里寂寞的侍卫容若立即回信勉励，他写道："渌水一樽黯然言别，渐行渐远，执手何期。心逐去帆，与江流俱转，凉知己同此眷切也。衡阳无雁，音问久疏。忽捧长笺，正如身过临邛，与我故人琴酒相对，乡心旅况，备极凄其。人生有情，能不惆怅。念古来名士多以百里起家者，愿足下勿薄一官，他日循吏传中，籍君姓名，增我光宠。种种自当留意，乃劳凉嘱耶。鄙性爱闲，近苦鹿鹿。东华软红尘，只应埋没慧男子锦心绣肠。仆本疏庸，那能堪此。家大人以下仗庇安和，承年并谢。沅湘以南，古称清绝，美人香草，犹有存焉者乎。长短句固骚之苗裔也，暇日当制小词奉寄，烦呼三闾弟子为成生荐一瓣香，甚幸。邮便率泐，不尽依驰。成德顿首。"

容若此信，不单是勉励张纯修，实则通篇流露对自己无所作为生活的无奈。他急切地希望张纯修兴利除弊，仿佛身在湘江边的不是张纯修而是自己。

给张纯修回信的次日清晨，无须入值的容若独自坐在渌水亭里，思及张纯修之江华，不由自主魂兮归兮。容若难以抑制内心的激动，立刻又给张纯修修书一封："朝来坐渌水亭，风花乱飞，烟柳如织，则正年时把酒分襟之处也。人生几何，堪此离别。湖南草绿，悽咽同之矣。改岁以还，想风土渐宜，起居安适。惟是地方兵燹之后，兴除利弊，动费贤令一番精神。古人有践历华要，犹恨不为亲民官，得展其志愿者，勉冉勉冉，勿谓松棘非鸾凤所栖也。蕞尔荒残，料无脂腻可点清白。但一从世俗起见，则进去既急，逢迎必工，百炼钢自化为绕指柔，我辈相期，定不在是。兄之自爱，深于弟之爱兄，更无足为兄者。至长安中烟波浩浩，九衢画昏，元规尘污非便面可却。以弟观之，正复支公所云，卿自见其朱门，贫道如游蓬户耳。诗酒琴人，例多薄命，非为旷达，妄拟高流。顷蒙远存，聊惠鄙念。来扇并粗笔写寄，笔墨芜率，不足置怀袖间。穆如之清，籍此奉扬。楚云燕树，宛然披拂，或暂忘其侧身沾臆也。努力珍重，书不尽言。成德顿首。"

　　远在江华的张纯修接信，仿佛自纸间看到容若热烈的脸庞和期许。张纯修并没有令容若失望，他在江华任上，勤勉为政，著绩有声，得到上司傅腊塔等人的赏识，屡受擢拔，又先后任扬州府江防同知、江南庐州知府、广东督粮道等职。

　　虽未躬身实践，容若的理想，毕竟还是透过他挚爱的友人，辗转实现了。

那畔行

在容若入值宫禁的日子里，他一直有一个隐秘的愿望，他期待在宫中能够见到一位故人，那是他的堂姐——康熙的惠贵人。容若与他的皇帝玄烨之间，其实有着极深的渊源。当年，容若的祖先叶赫东城贝勒金台石有子德尔格勒和尼雅哈，在战争中，金台石战死，他的儿子德尔格勒投降了玄烨的祖先努尔哈赤，并被授为三等副将。德尔格勒有两个儿子：南褚和索尔和。德尔格勒死后，其爵位由南褚承袭。南褚因为招降他的姐姐、蒙古察哈尔部林丹汗的大福晋苏泰太后和林丹汗的继承人额尔克孔果尔及察哈尔部余众，并令苏泰太后献出"传国玉玺"的功劳深得皇太极欢心。为了嘉奖他，皇太极将自己的第三福晋赐予南褚为妻，并让他掌管两牛录军民。苏泰太后则改嫁手握重兵的和硕郑亲王济尔哈朗。从此德尔格勒一系日益显贵。南褚死后，他的儿子没有承袭爵位，而由他的兄弟索尔和承袭，这个索尔和，正是康熙惠妃的亲生父亲。而金台石的另一个儿子尼雅哈则落魄得多，尼雅哈官只牛录额真，爵不过骑都尉，并且容若的父亲明珠甚至也没能承袭这一微薄的爵位。

虽有贵贱差异，但满人历来对血亲关系极其重视，堂兄弟之间视同一家，容若和堂姐年龄仅相差一岁，幼时常在一处玩耍。这位堂姐从小便生得极美，而性情更十分温柔，不似一般满洲女子多少有些马背民族的爽辣，因此，自小便是容若心目中最完美的女性。她同容若一处玩耍时对容若照顾周到，甚至在

187

某种意义上弥补了容若严厉的母亲所不能给予的关爱,在容若心中,这位堂姐在某种意义上左右了他对女性美的理解和认同。而这位完美的女性,正是容若的皇帝玄烨的贵人。他失去了她,而他拥有了她。同时,他还拥有无上的权力,包括剥夺自己的自由。

容若想到此,不禁苦笑。

自从堂姐入宫之后,容若便再也没有见过她,算起来大约有六七年光景了。然而,容若却又暗暗恐惧见到这位堂姐。到现在为止,容若经历了寒花的出家、卢氏的离世,感情上接二连三的重创使他原本纤细的心变得更脆弱了。作为康熙的随身侍卫,容若对自己的皇帝有着非同寻常的敬畏。这是无法揣测其强大的一位皇帝,他的妃嫔正如他的雄才大略般壮观。康熙死后,随他入葬景陵的后妃即达55人,而这还远非他生前的妻妾媵侍总数。据记载,康熙46年,宫中就有大答应64人,小答应104人,所内答应41人,共计209人,加上其他后妃,康熙妻妾数目相当多。他的皇帝如何将自己的情感分给众多的妃嫔——以容若那颗用情太深的心是难以想象的。因而,容若对堂姐的命运生出了隐忧。这种忧伤,在卢氏去世之后,仿佛变得更强烈起来。

这日,容若思及此,提笔写了一首《昭君怨》:深禁好春谁惜?薄暮瑶阶伫立,别院管弦声,不分明。   又是梨花欲谢,绣被春寒今夜。寂寂锁朱门,梦承恩。

这是容若想象的堂姐以及如堂姐一般寂寞深宫的妃嫔们的生活。宫墙外欲暮的春色,和墙内无人怜惜的将尽的青春,是容若心底那些可怜女子的命运。他甚至猜想,这些美丽的容颜于"薄暮瑶阶伫立",始终期待着天子的临幸。即便无数次等待的结局是听到来自"别院管弦声",无数个夜晚面对的都是"绣被春寒今夜",但却依然"梦承恩"。容若写完,只觉一阵心酸。

容若的辛酸好似被他的皇帝看穿了。暮春的一天,玄烨议完政事,笑着对容若说:"成侍中且随朕去看看惠贵人。"君臣到时,惠贵人正在读一本书,见皇帝甫至,忙起身迎接。玄烨含笑扶起,一边道:"惠贵人,我今日给你带了个故人。"惠贵人闻言,方向容若望过来。

容若心中激动,忙行礼道:"臣成德叩见惠贵人。"惠贵人起初惊讶,继而微笑道:"原来是成哥儿。"

乍与堂姐相见，容若已经流出了眼泪。惠贵人见容若这般多情，不禁微微摇头。她镇静自若地先谢过皇帝隆恩，然后对容若道："家里都好？这些年没见，成哥儿业已成才，实在难以辨认了。"

容若仍然难以克制，哽咽道："家里都好。六七年没见姐姐……弟弟记得当年姐姐入宫，也是这般飞絮季节。"

惠贵人闻言，也被惹动了思家之情，她眼里泛起泪光，但仍含笑道，"早听皇上夸你文思敏捷，我还记得弟弟当年做的那首词呢。"惠贵人侧过身，对玄烨道："皇上，当年成哥儿特为臣妾入宫写了贺词，'落尽深红叶子稠，旋看轻絮扑帘钩。怜他借得东风力，飞去为萍入御沟。'"玄烨见容若同惠贵人含泪相见，本有些不乐。要知天子总视天下全为己有，取人性命与青春本不在话下，别说他一向恩宠惠贵人，便是将她放在深宫之内，永远不临幸，也是天子的权力，谁敢妄下雌黄？而容若此际含悲带泪，倒似惠贵人入宫并非恩惠，而是受苦受难，未免令皇帝刺心。惠贵人自然知道个中利害，急忙将容若的词拿来取悦玄烨，而玄烨听词中将自己比作东风，龙颜大悦，便转念一想，亲人相见，喜极而泣也是常情，于是便将先前的不悦丢开，反而含笑一旁，让二人尽叙别情。

惠贵人说的这首词，原是当年她入宫之际，容若做的一首《咏絮》，那时容若15岁。在容若当时的心里，只有明珠灌输的荣辱观，认为堂姐入宫侍奉皇帝乃全族之荣耀，故有那样的比喻。但他经历了情感和事业的悲剧之后，对此有了不同于年幼时的理解，因而此刻听来，倒别有一番滋味，只是碍于皇帝在场，究竟惠贵人宫中生活的悲欢如何，却也不得多问。清代时规定，皇帝妃嫔一旦入宫，便不得再见家人，故而任凭玄烨如何隆恩，和堂姐两人略叙了一阵家常，容若便赶紧谢恩出来。

那天晚上，容若回到家中，将今日见惠贵人一事同额娘阿玛仔细说了一遍。两人又再三问了当时情状，觉罗氏道："你堂姐生得美，又懂得进退，只怕很快便要做贵妃了。"明珠也道："贵人三年生两子，足见皇上宠爱。成哥儿以后跟随皇上更要用心，更别常常要求觐见贵人，切莫连累贵人受罪。"容若忙答应了。

用过饭回到书房里，容若呆坐了一阵，想起白天的事情和额娘阿玛的话，

心下竟有些恍惚。他忽然意识到，自己心中的那个堂姐已经消失了。惠贵人白天见了自己，似乎并不特别欢喜。

说了不到十句话，倒有八句是向着皇帝。听额娘阿玛的话，皇上对惠贵人倒是极钟爱的，自己担忧堂姐宫闱冷落，倒是多事了。

容若胡乱想了一阵，只觉没有头绪。他又见书桌上的书散落着，想起当初卢氏如何替自己一一整理，想着想着，心头一阵轰响，一下子明白过来：是了，堂姐如今已是皇帝的妻子，自然事事处处以皇帝为重。而且，她那样一个聪明绝顶的女子，在倾轧诡谲的宫廷里，更懂得小心翼翼，唯恐动辄得咎。便是小时候也总是堂姐照顾自己，没得自己照顾堂姐的。自己这般为她伤春悲秋，只怕反而替她添了累赘。阿玛的话，大约就是这个意思。

想到这里，容若的这段心事终于放下了。然而同时他心中隐约也有一些失落。寒花有佛祖，卢氏已他生，而堂姐也有了一个天底下最大的天。已经没有什么人需要自己的怜惜了。容若的侍卫生涯更加寂寞了。

容若的寂寞那样明显，以致成了明珠夫妇的一桩心事。康熙19年，卢氏去世两年后，在双亲的操办之下，容若娶了官氏。

官氏是容若妻妾之中唯一的满族女子。她是光禄大夫、少保、一等公官尔佳颇尔喷之女。颇尔喷隶满洲正黄旗，曾任内大臣和领侍卫内大臣，是容若的顶头上司。方时，容若正处于康熙的恩宠与丧妻之痛的煎熬之中，这位上司看中了容若的英武及对亡妻的深情，便利用职务之便，征得了为儿子担忧的明珠的同意，将女儿嫁其为继室。

同官氏的婚姻，容若原本并不想接受。他没有见过这位女子，但他心目中已没有任何女子。他的心，在卢氏下葬的那一刻，也跟着被埋葬于黄土之下。但是，容若一生之中鲜能为自己做主，他可以放弃自己，却不能拒绝华发早生的阿玛和额娘。于是，在尚未淡去的对卢氏的怀念之中，容若娶了新妇。

谁都知道容若对卢氏深长的感情，官氏也知道。她体谅他。在她出嫁之前，官尔佳颇尔喷对她说："成哥儿对亡妻尚如此情深义重，绝不会慢待你。"

在这一点上，官尔佳颇尔喷可谓容若的知己。容若原不肯辜负任何人，他从来宁肯自己委屈，却绝不愿身边的人为自己受苦。多情者每被诟病滥情，只因他谁都不肯伤害。委屈只为求全，但世间哪得真正的双全法呢？不肯伤害旁

人，便只能伤害自己。同官氏新婚的那些日子，容若同官氏之间，是温和而遥远的。

康熙20年，三藩之叛底定。次年3月早春，玄烨出山海关东巡，即"榆关"，3月末4月初至盛京，在吉林乌拉望祭长白山，告祭永陵、福陵、昭陵，纳兰扈从。这仍然是一次枯燥而痛苦的旅程。

当夜晚来临，皇帝已经安睡，随扈的队伍也各自安营扎寨，金刀侍卫纳兰容若却夜不能寐。他走出帐外，放眼望去，只见夜色之下，帐幕林立，而帐中点点焰火，在漆黑的夜里，有着异乎寻常的震撼。容若独立风雪之中，听着一更又一更的风雪之声，不禁"乡心"陡起，长思"故园"。

> 山一程，水一程，身向榆关那畔行。夜深千帐灯。
>
> 风一更，雪一更，聒碎乡心梦不成。故园无此声。

而他的故园之中，唯有江南，几曾有聒耳的风雪声？这思念的愁苦使他辗转难寐，扈从皇帝、身兼要职的天子近臣，毫无风发意气，却陷落在无边的愁绪之中。

康熙21年秋，是容若侍卫生涯中真正令他骄傲的一个秋天。受天子委派，容若随副都统郎坦率兵往打虎儿、梭龙，以捕鹿为名，沿黑龙江行围，径薄雅克萨城下，勘其居址形势，侦察入侵到我国境内的沙俄军队的兵力。这是容若侍卫生涯中唯一一次冒险，他终于能够置身马蹄硝烟之中。在这场冒险中，容若的军事才华以及他未竟的抱负显露无遗。

所谓梭龙大致是个地域的概念，是指黑龙江上游和中游及精奇里江流域的广大地区。此次梭龙之行事出有因。清廷平定三藩叛乱期间，沙俄乘清朝忙于内顾之际，向东扩张，占据了黑龙江中上游地区。这无疑是一次过于孟浪的占据。对满人而言，作为龙兴之地的东北边疆受到沙俄武装势力侵扰，自然引起了极大震动。于是，平定三藩叛乱不久，康熙帝就决定对沙俄用兵。

为知己知彼，用兵之前，康熙首先选派由副都统郎谈、彭春率领的精干队伍，以狩猎为名前往梭龙地区侦察敌情。郎坦和彭春皆为清朝开国元勋之后，本人又多经战阵，经验丰富。按照清代军制，将军出征皇帝一般会派亲信侍卫

随从，以了解将军之行事及战况发展，直接向皇帝报告。于是，容若便以康熙心腹之人、御前侍卫身份随之出巡。

在那个初秋，军行二百余人悄悄离开京师，从山海关出辽东，途经吉林，取道松花江，水驿山程，行程月余，以狩猎为名，沿黑龙江朔流而上，进抵雅克萨附近。这支皇帝派出的侦探队伍在当地居民的协助下探敌虚实，测水路通道，进行战略侦察。此番"道险远……间行疾抵其界，劳苦万状"的军事行动远胜于平素的枯燥单调，成为日后容若最回味无穷的经历。

也是此次梭龙之行，使容若对官氏的情感发生了变化。这变化来自一封家信。

这是容若在前往梭龙途中收到的来信。那是官氏秀气的小字，信上说：秋节至，园内海棠亦盼归盛放。

那是卢氏亲手种下的海棠，那是让容若无法自处的海棠。

> 六曲阑干三夜雨，倩谁护取娇慵。可怜寂寞粉墙东，已分裙钗绿，犹裹泪绡红。　　曾记鬓边斜落下，半床凉月惺忪。旧欢如在梦魂中，自然肠欲断，何必更秋风。

旧欢如梦，不思已断肠，何必秋风。塞外如刀的秋风中，容若暗自洒泪动容。为自己，为卢氏，也为新妇。

这封家信，使容若在娶了官氏后第一次恣意思念卢氏。此前，他努力地按捺着自己的心事，深恐伤了官氏。想必官氏听人说起海棠故事，是以特地将这消息告诉容若。容若心内感动，他知道，这位官家千金小姐，是想以此表达对容若同卢氏感情的尊重以及自己同卢氏一般的情意。当官氏以海棠的盛放向他敞开内心，容若的心再度感到了温暖。在容若生前最后的岁月里，也许官氏始终未能同容若成知己之好，但毕竟赢得了他的眷念之情。

康熙21年春夏，容若扈从东巡，在乌龙江畔，他写道：

> 东风卷地飘榆荚，才过了、连天雪。料得香闺香正彻，那知此夜，乌龙江上，独对初三月。　　多情不是偏多别，别离只为多情设。蝶梦百花

花梦蝶。几时相见，西窗剪烛，细把而今说。

这首词里明白表露了容若对家的想念，而这想念里有官氏的身影。词中对独在空闺的官氏的描摹，是容若对官氏孤寂生活的揣想，多情的他深觉自己辜负这女子，因而潸然泪下。远驰塞外的辛苦与扈从的无奈，使容若对官氏的存在定格为一种家的存在。她不曾给过他刻骨的痛苦，然而却在秋风与冬雪中，给了他坚持的意义。

几时平

身向云山那畔行，北风吹断马嘶声。深秋远塞若为情。

一抹晚烟荒戍垒，半竿斜日旧关城。古今幽恨几时平。（《浣溪沙》）

　　康熙 20 年的那次东巡返程，所经皆容若祖先叶赫旧地，这意味着容若将经历一次与从前不同的扈从。自他跨入乾清宫第一天起便在他心底生出的隐恨又悄然泛起。这位叶赫部的后代，这位在开疆拓土被灭亡者的后代，经历了一次同天子的意味深长的对视。

　　4 月 13 日，玄烨容若一行过叶赫，4 月 16 抵铁岭，随即至龙潭口行围。黑龙潭位于画眉山北，在山嘴处东北石崖下。这里石色青黑，树木萧森，荫浓苔滑，汩汩泉水自深潭底冒出，幽深而苍凉。玄烨性起，兴致盎然地游历了"八大处"宝珠洞。

　　容若扈从玄烨凭高远望，往南是永定河一线经千万年泛滥冲刷形成的西山洪积扇，两岸是大片荒沙，累累土岗。山下不远是八宝山、老山、田村山和石景山，两千年前的汉墓已少为人知，山脚下元代翠微公主的陵墓湮没无寻，明代贵戚葬地也被清朝王公坟茔逐渐取代。东南望去，辽金残毁的城垣尤在，元大都址上的明清北京城紫气东来。

　　历史变迁，王朝更迭，都邑兴废，引发了容若无限感慨，行到西山黑龙潭时，他写下了《忆秦娥·龙潭口》：

　　山重叠，悬崖一线天疑裂。天疑裂、断碑题字，古苔横啮。

　　风声雷动鸣金铁，阴森潭底蛟龙窟。蛟龙窟，兴亡满眼，旧时明月。

　　容若的感慨中隐约可见败亡者的辛酸。而作为胜利者后裔的玄烨，在此行所作的《经叶赫故城》诗里则云："断垒生新草，空城尚野花。翠华近日幸，谷口动鸣笳。"其欣幸之情迥别于容若。

　　玄烨吟罢，微笑着看着容若。刹那之间，容若似乎忘记了自己的身份，他第一次正视玄烨，仿佛在这个同龄天子身上看到了变迁的历史，又仿佛看到了自己。彼此祖先金戈铁马的身影如同倒映在两个年轻人的身上，他们一个淡定，一个忧伤。智慧的天子并未将侍卫的这一瞥放在心上，他带着战胜者的宽容含笑走过容若身畔，坚定而愉悦地继续他的巡视之路。容若机械地跟了上去，胸中阵阵悲凉。

　　这种悲凉，在容若前往梭龙途中又出现了。这日，容若一行到达松花江畔。当他站立在江边，胸中涌起无言的痛苦。

　　那是容若心中的隐痛。这隐痛来自容若祖先那段难以启齿的历史。那段历史是一种辉煌的破灭，却又是另一种辉煌的开始。耻辱与荣耀，在容若先祖的历程中，曾相隔那样切近。随淋漓的鲜血而来的逼人的富贵，如同严冬之后尾随而至的春风，温暖中带些伤感甚至刺骨的料峭，成为容若家族再也无法摆脱的记忆，并使其后世子孙始终保持意味深长的缄默。

　　明初，满族在中国的东北边陲生息。这是一个完全不同于汉族的民族，民风剽悍、洒脱。16 世纪中叶，满族的一支——建州女真部落出现了一位伟大的首领，爱新觉罗·努尔哈赤。这位清太祖拥有常人难以企及的胆识，他"定国策，禁悖乱，戢盗贼，法制以立"，以其天生的虎背熊腰使得"环满洲而居者，皆为削平"。那时，在东北的草原上，每只逐风的鹰，都为"努尔哈赤"这个名字而胆战心惊。

　　同这支女真同时存在的满族部落，还有海西女真和野人女真。海西女真中的叶赫部，就是容若祖先的部族。他们在比努尔哈赤崛起于更早的 16 世纪初，就在部落首领杵孔格的率领下定居开原。这是一次具有历史意义的定居，因为就在不久之后的此地，两座新城出现了。被称东、西城的两座叶赫部的城池，是杵孔格后人对开拓者致敬的见证。东、西城时期，是叶赫部最繁荣和凶猛的

时期，当其时，海西诸部，皆"望风归附，拓地益广，军声所至，四境益加畏服"，叶赫，很快成为海西女真的一面旗帜。

可以想见，三大部族中的两个都各自为界开疆扩土，渐成对峙，一场正面交战越来越临近而不可避免。林布禄和努尔哈赤，这两头草原上的猛虎，都有意无意将目光投向了卧榻之侧的另一只猛兽。公元1593年，叶赫部领袖林布禄率领海西女真各部三万人马，发动了向努尔哈赤部建州女真的全面进攻。那是一场惨烈的战争，其分裂的惨烈情状恰恰同之后的部族融合一般深切。在两大部族割据之势已成燎原的扩张之下，这场满族各部统一前夕的劫战爆发了。

在努尔哈赤聪明的圈套之下，容若的祖先失败了，叶赫部首领之一布斋身死，"叶赫贝勒等皆痛哭；其同来贝勒大惧，并皆丧胆，多不顾其兵，四散而走。"努尔哈赤乘胜进兵，包围叶赫部东西两城，城俱破。曾经雄踞一方的叶赫部，经此一役，被融合到努尔哈赤的势力范围之内。明朝万历44年，已经统一满族各部落的努尔哈赤，在赫图阿拉创建了"大金"朝，在位10年。

1593年的这场战争在容若的家族史上是一出悲喜剧。悲剧是纳兰高祖金什台在失败不可挽回之际，自焚身死。而喜剧则是，努尔哈赤为了更宏大的企图和野心，采用怀柔政策，讨娶了这位在战火中香消玉殒的金什台的妹妹为妻。政治者的眼光和权力，使容若家族在短短的时间中经历了破灭和荣光。并且，随着时间的流逝，破灭的耻辱已经湮灭在山海关外的崇山峻岭之中，而纳兰一族的荣光，在金什台妹妹诞下皇太极之后，变得越来越耀眼、辉煌。也因此，对多年之前发生在先祖身上的惨剧，也成了纳兰家不可言说的故事。

此刻，站在祖先世代居住的混同江畔，极目远处那因形似而得名的土龙堆沙漠，容若沉默着。在他脚下，滔滔的松花江水，于西风之下，苍凉而缓慢地流淌。这条位于今天吉林城东，曾被呼为混同江的水流，不可思议地汹涌了容若中心摇曳的心潮。

这心潮就是那首《满庭芳》，他代表了纳兰容若甚至整个纳兰家族对于因祸得福，对于家仇与国恩之间无处放置、无可名状的心情：

堠雪翻鸦，河冰跃马，惊风吹度龙堆。阴磷夜泣，此景总堪悲。待向中宵起舞，无人处，那有村鸡？只应是，金笳暗拍，一样泪沾衣。

　　须知今古事，棋杆胜负，翻复如斯。叹纷纷蛮触，回首成非。剩得几行青史，斜阳下，断碣残碑。年华共混同江水，流去几时回。

　　这里，是阴森的古战场，也是容若先祖征战过后的废墟："堠雪翻鸦"，"阴磷夜泣"，无垠的白色沙漠，以乌鸦狞厉的声音，说尽了雪的冷和荒凉。暗夜里飘荡的磷火，仿佛亡魂无声的哀叹。那是一群群怎样的魂魄？是舍命厮杀的勇士，然而，"待向中宵起舞，无人处，那有村鸡？"容若想，中宵起舞，"黄沙百战穿金甲"，一切爱国者的热忱，终抵不过时光的黄沙。

　　岂止是爱国者？在容若心中，历经金戈铁马，而最终归于尘土的，岂止是爱国者，也有征服者。他的先祖以及而今圣上的先祖，女真部落最骁勇的首领，各自领土伟大的征服者，就曾经在这混同江水激荡的夜色中一决雌雄。

　　纳兰氏败了，努尔哈赤骄傲地征服了。他们为各自的后世子孙留下了伤痛和幸福，又各自在伤痛和幸福中死去。他们沙一般地死去了，那些伤痛和幸福也沙一般地吹散了。耿耿于怀的是他们的后世子孙。

　　那场焚毁金什台的烈火此刻正灼烧在容若心中。那并非切肤之痛，而是隐约而来，像一个梦境，会在模糊的痛楚中惊醒。而一旦真正醒来，那痛楚又消失了，只留下看不见的火焰和感觉得到的灼热。容若深知，作为一名享受着祖先流血生涯换来的富贵的后世子孙，这隐痛绝非也绝不能仅仅是因为失败，而是因为那个故事。

　　那是记载在《庄子·则阳》里的故事。故事写道："有国于蜗之左角者，曰触氏；有国于蜗之右角者，曰蛮氏。时相与争地而战，伏尸数万。"他祖先的雄心，早已在蛮触般手足相残中消失殆尽。

　　满族从来是一个信仰力量的民族，他们的信仰，从来不是纸上谈兵。他们的家园，他们的食物，他们的赫赫声威，都是来自马背和弯刀。无可否认，满族的发展统一，是以"骨肉相残，强凌弱，众暴寡"换来的。这不新鲜，人类社会的脚步从来都是践踏着弱者的鲜血和哀号行进的。作为一名崇尚武力的民族后裔，容若不应对此感到惊讶，相反，作为统一大业带来的承平盛世的享受者，他应当坦然并为之骄傲，因为这样得来的统一和胜利是真实的，绝非偶然的神的赐予。

然而，容若似乎对此并不感冒，他如此直白地表达了自己的惊讶。这位康熙跟前的带刀侍卫，这位文武双全的天子近臣，竟然极其自然地流露了惆怅而虚无的书生意气。

这发生在容若身上不可思议的情绪其实才真正是他的本来面目。他无法忍受同室操戈，这种痛苦或许更甚于他是那个在残杀中死去的手足的后世阴影而带来的挫败感。"斜阳下，断碣残碑。年华共混同江水，流去几时回。须知今古事，棋枰胜负，翻复如斯。叹纷纷蛮触，回首成非。"世事兴亡的变幻莫测，犹如棋局。难以参透，却终归于空。这种幻灭感袭击了容若。

大雪飘飞的季节，容若自索伦地区返回京师，以沙俄扰边情形具奏，为朝廷军事部署和制定战备计划，提供了重要依据。不辱使命的同时，容若还在索伦地区做了大量的安抚工作，令边疆各族心中充满了对朝廷的归属感，因而最终能够团结一致，抵御沙俄残酷的入侵。

这次梭龙之行后，容若的江南朋友们在渌水亭见到了一张《楞伽出塞图》，画中人正是身在边塞的容若，图上还有容若题的一首小词：

西风乍起峭寒生，惊雁避移营。千里暮云平，休回首、长亭短亭。

无穷山色，无边往事，一例冷清清。试倩玉箫声，唤千古、英雄梦醒。

虽然描绘的是容若在边塞的生活，然而，词中所流露的，却是在边塞生活中强烈的幻灭感。这种幻灭情绪，使容若自任侍卫之初的踌躇满志平添了几分苍凉，他越来越沉静了。

姜宸英见此，便提笔写道："一行秋雁促归程，千里山河感慨生。半鞯吟鞭望天末，白沙空碛少人行。奉使曾经葱岭回，节毛暗落白龙堆。新词烂漫谁收得？更与辛勤渡海来。"

严绳孙见姜宸英和词，只怕更增容若感慨，便岔开道："此画意趣生动，颇能得成哥儿清味，却不知是何人手笔？"

容若见问，倒笑道："此次梭龙之行，成德却有奇遇。"

原来，在梭龙的半年行程中，容若意外结识了一位奇人，名叫经岩叔，这

幅画正是他为容若所绘。经岩叔姓经名纶，浙江姚江人，乃供奉于内廷的御用画师。此人画"人物美女，殊有奇致，性狂好饮，酒酣挥染。"这并不足为奇，奇的是这经岩叔不但工绘画，而且通儒术，既风流孤峭，又重友尚义，他随容若觇使梭龙，本是为了绘测地形图，两人都不想在军中竟有这般风流人物，甚是投缘，是以在觇使梭龙的行营中，往往于政事之外，谈天说地，谈古论今，甚至在风雪毡帐彻夜寒之际，两人还挑灯夜话，共读《花间》。

为国难千里赴戎机，途中又有知己相伴，经岩叔的出现，使容若的梭龙之行完全合乎了他的理想，这是容若侍卫生涯中最幸福的时光。只可惜到达梭龙后不久，经岩叔因事于 10 月望日先行返京，两人同去不能同回，竟不得共始终。客里伤别，使容若"去去丁零愁不绝"。他感到，在自己的生命中，每有相会，别离必接踵而至，当经岩叔的坐骑消失在雪中，容若心中长叹，他似看到了未来更为萧瑟的命运。

握手西风泪不干

握手西风泪不干，年来多在别离间。遥知独听灯前雨，转忆同看雪后山。

凭寄语，劝加餐，桂花时节约重还。分明小像沉香缕，一片伤心欲画难。

（《于中好·送梁汾南还，为题小影》）

容若的一生，在政治上来不及有所建树便英年早逝，但在文学上，他却在有限的生命之中制造了无限的华美。容若的作品中长怀孤寂，这孤寂，既有个人生活的悲苦，也有时代的哀愁。容若并非一个孤独的吟唱者，他的周围，有一群同他一般孤独的吟唱者。这些吟唱者，大都来自江南。

康熙年间，繁华的紫禁城里有一个动人的去处，名叫渌水亭。作为当时京城最风潮艺术沙龙的主持者，渌水亭那高贵、风雅而好客的主人，为他的客人建造了一座梦一般的乐土：浮光云影下的女儿墙，遮掩了北地滚滚尘沙，荷叶田田中一片碧烟。风中的稻浪以生命的热烈和消褪应和着人类的放逐与尊严，太液池、景山——纳兰容若，这个身处轩昂京城，血液里流淌着游牧民族粗犷豪放气息的满族皇室后裔，凭借神灵般的灵巧，在北京城内什刹后海北岸的纳兰明珠府西园内建造了一座精致的北方"江南"。那是关外民族心目中最理想的华美世界。容若曾在一首《于中好》里描绘了这梦境般的所在：

小构园林寂不哗，疏篱曲径仿山家。昼长吟罢《风流子》，忽听桔桦响碧纱。　　添竹石，伴烟霞，拟凭尊酒慰年华。休嗟髀里今生肉，努力春来自种花。

这以流水、绿荷，以容若心中不尽的江南为底本的作品，就是"渌水亭"：凤城深处，野蔓萝萝。"渌水"意即"清流"，在容若心中，江南是一泓清澈的水，淡泊而灵秀。纳兰家由后海引玉泉水入园，辟为小湖。就这样，容若心中的水，便流进了现实的明府。

绵延不绝的湖光是容若心中的江南：野色湖光两不分，碧云万顷变黄金。分明一幅江村画，着个闲亭挂夕薰。

种满朱荷、随风摇曳的池塘是容若心中的江南：不将才思唱临春，爱着荷花狎隐沦。分付芙蓉湖上月，好将清影待归人。

容若就在这梦境般的塞上江南读书，也在此地迎接每一颗怀抱同样梦境的灵魂。一位位江南人，也带着江南的风雨，纷纷来到这凤城深处的"江南"之中，来到容若的生命之中。

Chapter 08

握手西风泪不干

飘零心事久

别后闲情何所寄？初莺早雁相思。如今憔悴异当时。飘零心事，残月落花知。

生小不知江上路，分明却到梁溪。匆匆刚欲话分携。香消梦冷，窗白一声鸡。

《临江仙·寄严荪友》

在容若并不长的人生中，一群江南人凭借各种机缘出现在他的身边，又一个个离他而去。当他们出现时，极大地丰富了容若的生命，然而，正是这丰富，使他们的离去往往在容若心中留下难以弥合的空洞。时间一长，这空洞渐成心病，却成就了容若诗词清新哀伤的格调。

第一位来到渌水亭的是严绳孙。

康熙 11 年的秋天，一位须发灰白的老者站在了京城威严的城楼之下。他举目仰望，肃杀的天光使他双目微闭。秋风中，一群乌鸦挑衅地飞过他的头顶，发出令人恐惧的叫声。但这老者只是淡然地目送这群恶禽的离去。

他叫严绳孙，字荪友，江苏无锡人氏。这时已经 50 岁。收回远眺的目光，严绳孙慢慢地踱进了京城。他的步履中既无置身帝都的惊喜，也无初临皇城的惊恐，毕竟他已经是知天命之年，人世的荣华对他已欠缺足够的吸引力。

当然，他也曾年轻过，明亡以前，他是官宦人家子弟。他的祖父曾在明朝廷任刑部侍郎。他的父亲，是明朝的贡生，明亡后，坚持隐居不仕。严绳孙作为二十七八岁的明朝遗少，目睹了明朝的倾覆。那场倾覆发生时，对垂暮的明朝而言，严绳孙尚年轻，然而对新生的清王朝，年近 30 的严绳孙无疑已经老矣。明亡了，随之消逝的还有严绳孙的热情。因此，满怀才智文采、满心兴亡之叹的严绳孙拒绝参加清朝的科举考试。他"优游环堵，终年笑傲，无动乎

203

其中，而亦无炫乎其外"。在新时代废弃他之前，他首先淡然拒绝了新的时代。

然而，当人努力去追求一个目标时，目标往往很远。当你被无从实现的目标折磨得筋疲力尽，决意放弃时，它又谄媚地来拉住你。严绳孙 20 年来刻意拒绝的生活，在他开始衰老的时候，以一种温婉的姿态召唤着他，这种姿态的名字，叫作渌水亭。

康熙 12 年春天，51 岁的严绳孙步入了渌水亭。作为一位亲身经历朝代更迭，饱经人生沧桑的老人，眼前的景象令他怀疑自己是否已经过于衰老，以致产生了幻觉，因为他竟然在气象恢宏的京都，看到了自己江南故土的柔媚景象。那缓缓流淌的湖水，那在风中风姿绰约的朱荷，那硕大亲切碧绿得让人心痛的荷叶，仿佛拂去了他身在异乡的淡漠悠远，而激起了他年轻时代的全部情怀。

对容若来而言，严绳孙所表现出的惊疑并不陌生，这种惊疑不定，他从许多人的眼里都曾经看到过。他感到一阵由衷的喜悦。这至少可以证实，他的"江南"并非是自己心血来潮的奢侈装饰物，它是真实而动人的。同时，他也从这老者脸上骤然舒展开的皱纹中，读到了和自己相同的江南情结。

他迎上前去，握住了老者的手。而严绳孙，也从容若的眼中，看到了久违的自己。那是个钟爱江南旖旎风光、愿以生命去亲近自然的自己，也是那个对生活充满矛盾和渴望的自己。这年，容若 21 岁，刚刚在礼部考试中考中举人。这两个年龄如此悬殊的人，因为心中共同的江南，结为忘年之交。

这日，两人在渌水亭里相对而坐。容若以欣喜的目光凝视着严绳孙。在容若看来，严绳孙身上有着江南的全部历史，即使是严绳孙花白的须发，也仿佛深藏着江南柳枝的不尽意味。容若渴望知道，经历了朝代更迭前后的江南，有着怎样的故事。

容若问道："荪友先生，不知明之江南，和清之江南，有何不同？"容若如此毫不隐讳，让严绳孙一时不知如何对答。

严绳孙捋捋胡须，沉吟着。作为江南遗老，当满洲人骑着骏马驰入关内，以狂放的风度据有天下，烟柳之都的严绳孙们内心其实是震惊的。但是，江南人特有的优越感，使他们的震惊保持了矜持的姿态。他们咏叹朝代的兴衰，事物的更替，在新朝代的夜晚流下伤感的眼泪。然而，面对新世界，每个人的心

情是不同的。严绳孙并不反清。在他看来，历史是无法也不应该倒退的。

严绳孙没有即刻回答。他看看眼前这位年轻的满清贵胄，正以纯真而热烈的眼光看着自己。严绳孙从那眼光中看到了真诚。他微微一笑，吟道："秫陵宫阙旧神州，桃叶听歌记昔游。紫禁月沉琼树夕，沧江枫冷石城秋。天门无复交仙杖，海气真成结蜃楼。总是兴亡千古意，莫教潮汐送闲愁。"当时代真正进入清朝之后，严绳孙走上曾经畅游的江南旧地，他看到新时代并没有改变这些旧物，真正改变的只是人们的心境。作为一个经明入清的人，严绳孙未始没有过怅惘的愁绪，然而，严绳孙胸中自有一段旷达，在他看来，由明入清，同由元入明，其实并无本质的不同。而他的故土江南，也不只是自己身处时代的兴亡之地，同时也是千百年来许多朝代的兴亡之地。因而，江南所有的，也不过是随潮汐而来，又随潮汐而去的阵阵闲愁而已。

容若听了严绳孙的吟咏，道："我记得荪友先生有首《燕台杂咏》是这么写的：'依旧西山爽气来，长安如弈使人哀。不知仙掌犹清露，欲向昆池问劫灰。秋入角弓鸣晓月，寒轻油壁走晴雷。昭王事业俱芳草，独立悲秋日几回？'这么说，先生认为，历史的潮汐，其实并非人能左右，即使如昭王般的帝王，也最终变成草芥。"严绳孙不意容若竟记得自己的诗词，且解得如此真切。他有些感动，答道："正是如此。"

如同严绳孙对容若所言，对历史更替的淡漠感，正代表了严绳孙对历史的观感，因而他的诗歌，意境多半平和冲淡，"澹然而平，盎然而和，雍容纡裕而不迫。"在严绳孙的《秋水集》中，抒发兴亡之感的诗章并不少，但多半都欠缺激昂。

这严绳孙，其实胸怀一段心结，他真正向往的是一种超然的生存境界。在《灵岩璺继大师》一诗中，严绳孙这样写道："兴亡满眼今何夕，去住无心我未僧。"因而，严绳孙对世代的翻云覆雨并无太大的切齿痛恨，他以一种旷达的情怀来面对发生在自己身边的一切。这种身入世而心出世的旷达，正是容若所追求的江南人之境界。后来，容若在其侍卫生涯中，在面临现实同梦想的交战时，也企图采用同样的姿态，只是他还来不及找到最恰当的节奏便不胜焦灼而凋谢了。

容若和严绳孙一样，都是在历史的夹缝中坚韧生存的人。既不过分谄媚，

也不过分拒绝。严绳孙踏入渌水亭之前，并没有想到，自己竟会在寒风呼啸的北地，遇见魂牵梦绕的江南，更不意的是，竟在这江南里，遇见这样一位忘年知己。他感到惊讶，在年轻的容若身上，似充满了儒道交错的影子。他没有料到，这位满清贵族青年，竟成了自己这汉家布衣的挚友。

康熙14年，在容若的盛情邀请下，严绳孙住进了明珠府，两人在"江南"柔软风光中朝夕论道，叠有唱和，共同面对历史的烽烟，消解无限愁绪。

有关这段忘年友情，严绳孙有诗云："两年风雨客金台，宛转浮生浊酒杯。画角晓听浑已惯，玉河秋别却重来。朱门月色寻常好，青镜霜华日夜催。但得新知倾盖意，不妨双屐卧苍苔。"

同严绳孙的结识相交，启发了容若对历史的思考，也同时逐渐形成他的咏史作品将高峻的人格、真醇的情感及对历史、现实、人生的思索，寓于花草树木之中，纯任性灵、别样清幽的风格。容若写有《眼儿媚·咏红姑娘》表达他的历史观：

骚屑西风弄晚寒，翠袖倚阑干。霞绡裹处，樱唇微绽，靺鞨红殷。
故宫事往凭谁问，无恙是朱颜。玉墀争采，玉钗争插，至正年间。

从容若的眼光望去，元代棕榈殿前，遍植的野果红姑娘，如今依稀尚存。但曾繁盛一时的元王朝却早已沦陷于历史的荒烟蔓草。在结句，容若清晰地道出：元亡非他，乃是因为至元末惠宗顺帝之时，皇帝昏聩，政治腐败，导致民不聊生，最终被朱元璋夺了天下。

严绳孙令容若想起了那位高蹈于世的顾亭林，他看着这位江南人，被胸中来去的江南幸福地蛊惑了。

因为有这样的去意，康熙15年初夏，严绳孙决定返回江南。临行之日，不巧容若寒疾复发。容若见了来辞行的严绳孙，便要从病榻上起来。严绳孙一步跨到塌前，将容若按住。容若道："一病一别，教成德如何消受？"严绳孙闻言难过，一时说不出话来。

容若见严绳孙默然，过意不去，强笑道："成德平生喜聚不喜散，偶染小恙，言语唐突先生，还请见谅。"

严绳孙这才笑着劝慰道："成哥儿宽心，荪友不过小别，他日定会再见。"容若点点头，神情振作了一些。他期望着在渌水亭同严绳孙重聚，却不知，严绳孙想的是和他再见于江南。

严绳孙别了容若出来，心中也是不舍。但他本是澹静之人，叹息一会，依旧上路。才行出京城不远，一骑快马过来拦在严绳孙跟前。一明府的下人从马上跳下，将一封信札拱手递给严绳孙，道："严先生，此乃我家公子所赠。公子还说，请先生珍重，早去早回。"

待那人离去，严绳孙这才拆开信札，原来是首拟古诗。诗云：

> 高云媚春日，坐觉鱼鸟亲。
> 可怜暮春候，病中别故人。
> 莺啼花乱落，风吹成锦茵。
> 君去一何速，到家垂柳新。
> 芙蓉湖上月，照君垂长纶。
> ……

严绳孙读罢，回想同容若于渌水亭对坐，相与谈诗论文，而今一别，不知何时重逢，心下一阵恻然。

大笑拂衣归

> 未得长无谓。竟须将、银河亲
> 挽，普天一洗。大笑拂衣归矣。如斯者、古今能
> 几。有限好春无限恨，没来由、短
> 尽英雄气。暂觅个，柔乡避。
>
> 《《金缕曲》》

　　康熙 13 年正月，一个人踏着风雪来到了渌水亭门前。他也不擦拭，只耸耸肩抖掉些身上的雪，便上前叩响门环。下人刚刚将这人领进门，一位俊逸公子从里屋快步奔来。他的笑容如阳光般穿透了飘飞的雪花。他是容若。这位令他载欣载奔的人是朱彝尊。当他们彼此紧紧握住对方的手，雪停了。阳光自他们的心间升起，照亮了身外冰冷的世界。

　　这是一次不畏天寒地冻的会面。当年王子猷居山阴，在大雪之夜醒来，忽然思念戴安道，当时戴安道远在剡溪，王子猷冒雪夤夜乘船前往。经过一夜方到达戴的门前，却不入而返。人问其故，王曰："吾本乘兴而行，兴尽而返，何必见戴？"遂成痴人佳话。而今天冒雪相见的两个人，也有着共同的痴迷——收藏。只是，他们收藏的是书，是布满历史香气、天地间最有灵气的物质载体。

　　朱彝尊，浙江秀水人，号竹坨，晚年又称小庐钓鱼师。朱彝尊的曾祖父朱国祚，曾任明朝的大学士礼部侍郎。父亲朱茂曙，乃天启初年诸生。嗣父朱茂晖，原是朱彝尊的伯父，乃明末复社中人。朱家一族，鼎盛于朱国祚时代，后来逐渐中落。

　　朱彝尊于最激情的青年时期适逢社会动乱，当时，他师从朱茂皖。这朱茂皖是个对政治态度冷淡的人，见"河北盗贼，中朝朋党"，便对朱彝尊道：

"乱将成矣，何以时文为？不如舍之学古！"于是弃时文八股，以《左传》、《楚辞》、《文选》等授朱彝尊。

朱彝尊原本对政治也缺乏热情，于是顺势选择了一头钻进故纸堆内借以逃避。他对反清复明没有兴趣，对汉满矛盾也没有兴趣，对一切"文社，兴诅誓，树同异"，"概谢不与"。

朱彝尊的确找到了属于自己的人生兴趣和乐趣，他"肆力于三礼、左氏、内外传、楚辞、文选、丹元子步天歌，人皆笑以为狂"。那是朱彝尊物质极贫而精神极富的岁月，当 17 岁的朱彝尊和归安县教谕冯镇鼎的女儿成亲时，因"贫甚，仅一布袍"，只能入赘冯家，依靠冯家接济为生。但是，古文中层出不穷的惊喜弥补了他的困窘。他很快成为古文名家，因功底深厚，所作诗词俱佳。

朱彝尊到中年，开始走出书斋，凭借自己多年在文学上的积累，一边授徒，一边考古读经。他"依人远游，南逾五岭，北出云朔，东泛沧海"，"所至皆以师宾之礼遇焉"。这一段时期，他一面交友授徒，一面钻研金石文物，"所至丛祠荒冢，金石断缺之文，莫不搜剔考证"，因此在考据词章方面卓有成就。

46 岁的朱彝尊这番来到渌水亭，乃应邀而来。去年，他曾收到过一封备述仰慕之情的信札，写信人便是容若。

两人落座后，容若见朱彝尊一脸风霜却精神矍铄，便问道："听闻先生到过岭南？"

朱彝尊道："岂止岭南，还同鉴躬先生一路到过云中，出过雁门关。"

容若无比神往，道："先生远游，是游历还是讲学？"

朱彝尊谦道："谈不上游历，不过到处教书，借以果腹。"

容若眼中放光，道："先生何必太谦？想当年，仲尼周游列国，也不过是同皇上讲学。及晚年回鲁，不但教出了七十二贤人，更教出了大汉儒学。"

朱彝尊听容若此言，竟将自己比作了孔夫子，心中震动。他虽不敢以圣人自居，然而也一向以文章自诩，只是未有功名，难免受人歧视，加之一向穷困潦倒，虽因学问好得以教学，到底是为了谋生东奔西走。此刻朱彝尊见容若神情恳切，全不似作伪，大为感动。要知当朱彝尊漂泊半生，穷苦潦倒，心中实

有难言之苦，不想却被容若一席话抚慰得中心温暖。

朱彝尊端起酒杯，一饮而尽，高声吟道："菰芦深处，叹斯人枯槁，岂非穷士。剩有虚名身后策，小技文章而已。四十无闻，一丘欲卧，漂泊今如此。田园何在？白头乱发垂耳。空自南走羊城，西穷雁塞，更东浮淄水。一刺怀中磨灭尽，回走风尘燕市。草履捞虾，短衣射虎，足了平生事。滔滔天下，不知知己谁是？"

英雄末路，美人迟暮，都是令人惋惜之事。朱彝尊的这首词，回顾自己半世飘零，而以田园荒芜、白发丛生，"一刺怀中磨灭尽"的悲凉，发出"不知知己谁是"的浩叹。朱词苍凉，因有数十载悲苦际遇的堆积，而容若一首《金缕曲》，同写有志难酬，内容相似，却因出自金玉公子之手，故写得繁华锦簇，另是一番景象。

> 未得长无谓。竟须将、银河亲挽，普天一洗。麟阁才教留粉本，大笑拂衣归矣。如斯者、古今能几。有限好春无限恨，没来由、短尽英雄气。暂觅个，柔乡避。
>
> 东君轻薄知何意。尽年年、愁红惨绿，添人憔悴。两鬓飘萧容易白，错把韶华虚费。便决计，疏狂休悔。但有玉人常照眼，向名花、美酒拼沉醉。天下事，公等在。

在容若的这首词里，所采用的意象都极华美。银河，麟阁，粉本，都是美景，美名，美艺。好春，柔乡，玉人，都有艳情。而当"两鬓飘萧"，韶华已去，这一切皆变为"愁红惨绿"。于是，失意公子决意"大笑拂衣归"，"美酒拼沉醉"，至于那还不够完美的滔滔天下，则由他人去支撑罢。

朱彝尊的词，看上去是黑白的，但只不过表达了过尽千帆之后的自嘲；而容若的词，写出来是缤纷的，实有不被欣赏的落寞和落寞中的绝望。因为朱彝尊家境寒微，无论他有怎样的心高气傲的家族历史，也不得不放下过往，为生存而折腰。但在这折腰的过程中，他反而获得了尊严；而容若衔金而生，养尊处优，一切富贵都与生俱来，他需要的是世间对超出于他的身份之外的价值的认可，一旦得不到，他就只剩空虚。相形之下，朴素的朱彝尊活得乐观，而华

丽的容若却活得悲观。这似乎也暗示了他后来的命运：买醉不成，便拂袖而去。有志难伸，便转投温柔乡。容若此词以及后来他与沈宛的一段感情，追根溯源，也源于他的江南情结。

当容若还是个少年时，就曾经因为完颜亮以 60 万大军南下攻宋，只为江南杭州之"三秋桂子，十里荷花"而怦然心动。而远在东北的完颜亮何以知之，乃是因为读了柳永的《望海潮》。这柳永，正是功名无望而寄身花街柳巷的著名人物。

柳永此人，天分极高，为人放荡不羁，首次科考失利后，只恨朝廷不识天才，便写了那首著名的《鹤冲天》："黄金榜上。偶失龙头望。明代暂遗贤，如何向。未遂风云便，争不恣狂荡。何须论得丧。才子词人，自是白衣卿相。

烟花巷陌，依约丹青屏障。幸有意中人，堪寻访。且恁偎红倚翠，风流事、平生畅。青春都一饷。忍把浮名，换了浅斟低唱。"

这原是一时牢骚，但因柳词写得太好，以致天子也听闻其名。当他再次参加考试并已考中之际，天子宋仁宗猛然想起了他那美艳的牢骚，于是道："此人好去'浅斟低唱'，何要'浮名'？且填词去。"挥手便将他的名字抹去了。柳永自知得罪了天子，从此功名无望，于是自称"奉旨填词"，更加偎红倚翠起来，以致"凡有井水处，即能歌柳词"。

其后，柳永的父亲、叔叔、哥哥，连儿子、侄子都先后中了进士，柳永直到年过 50，才被赐进士出身。之后柳永以两年仕途之功便载入《海内名宦录》，足见其才。柳永晚年穷愁潦倒，死时一贫如洗，由妓女捐资安葬，彻底实现了他温柔乡中寄此身的理想。

"便决计，疏狂休悔"，这种典型的江南人面对失意的方式，对容若产生了极大的影响。

这里容若闻朱彝尊其词写半生事，开口立就，悲凉中不失豪情，不禁叫好。他给朱彝尊斟上酒，问道："成德雅爱诗词，只是要似先生这般苍凉，却是不易。"

朱彝尊点头道："吾从前跟随鉴躬先生南游岭表，西北至云中，酒阑登池，往往以小令、慢词，更迭唱和。有井水处，辄为银筝、檀板所歌。念倚声虽小道，当其为之，必崇尔雅，斥淫哇，极其能事，则亦以宣昭六义，鼓吹

元音。"

容若闻言，只觉茅塞顿开。他道："诗乃心声，性情之事也，不知夫子以为如何？"

朱彝尊听容若此言，颇有见地，实出意外。他却不知是年容若刚开始撰辑《渌水亭杂识》，日日思之，是以每与人谈论，必胸有成竹。

朱彝尊道："成哥儿此言甚是。缘情以为诗。诗之所由作，其情之不容于己者乎！夫其感春而思，遇秋而悲，蕴于中者深，斯出之也善。"

想了想，朱彝尊又道："情之挚者，诗未有不工者。后之称诗者，或漫无感于中，取古人之声律字句而规仿之，必求其合。好奇之士，则又务离乎古人，以自鸣其异。均以为诗未有无情之言可以传后者也。"

两人自诗词渐渐谈到藏书。容若道："听闻竹垞先生嗜书如命，搜书如狂，拥有藏书几万卷。不知如何得来？"

朱彝尊只要论书，必滔滔不绝，他道："凡束修之入，悉之买书。及通籍，借抄于史馆者有之，借抄于宛平孙氏，无锡秦氏，昆山徐氏，晋江黄氏，钱塘龚氏者有之。"

容若道："建庵先生每出所藏之书，总令成德自觉寡陋。德欲广寻各家经解，还望凭借竹垞先生法眼，代为留意。"朱彝尊欣然答应。

这次会晤是一次愉快的会晤，朱彝尊从此成为渌水亭的座上客。在容若心里，朱彝尊是江南厚重的那一面，他的学识，他对书籍的狂热，都带有江南离乱的色彩。

朱彝尊走后，容若陷入了深沉的思索之中。

德也狂生耳

新来好，唱得虎头词。一片冷
香唯有梦，十分清瘦更无诗。标格
早梅知。（《梦江南》）

　　严绳孙回到江南后，著书立说，唯每当清风吹起，莲叶浮动，他便会思忆
起那京城中的江南以及那同江南人一般惆怅的容若。这日，他收到来自京城的
一封信札，仍是容若所赠，信中题词一首《水龙吟·再送荪友南还》：

　　人生南北真如梦，但卧金山高处。白波东逝，鸟啼花落，任他日暮。
别酒盈觞，一声将息，送君归去。便烟波万顷，半帆残月，几回首、相
思否。
　　可忆柴门深闭。玉绳低、剪灯夜语。浮生如此，别多会少，不如莫
遇。愁对西轩，荔墙叶暗，黄昏风雨。更那堪、几处金戈铁马，把凄
凉助。

　　这时，平三藩之战方炽，容若极想驰骋疆场，故诗中有"金戈铁马"之
思。容若的来信，每引起严绳孙对这位小友的怀念，但这位于功名懒怠的江南
人，始终不肯再次踏入那充满诱惑又充满危险的京城，他只希望那个经他介绍
认识容若的顾贞观，能稍解那孤单年青人的彷徨。严绳孙闭上眼，康熙 15 年
春夏之交的那天又回到了他心中。
　　那一天，一名面带风霜的中年男子径直踏入了渌水亭。他是顾贞观，字华

峰，号梁汾，江苏无锡人，应纳兰明珠的邀请来做家庭教师。

这不是顾贞观第一次来北京，5年前，他正是从北京离开的。想到5年前，顾贞观心里一阵酸痛。那时的他，曾怀着决绝的心情，以为从此再不会踏上这烟尘滚滚的北地。他不知道，这北地，是否还记得当年那个春风得意的少年？是否还记得那个失意南归的青年？而这一切，都还深深地刻在顾贞观那悲喜交加的心里。

他还记得，康熙6年，他扈驾东巡。那是他一生中最荣耀也最踌躇满志的时候。他震惊于天子出巡的宏大场面："一字围场分合。三十万铁骑无声，快风毛雨血，梦泽起神鹰。傍驾唯听、角弓鸣。"而他，在很久之后，仍然难以忘怀："难忘，当年此际，正戏马高台，扈跸长杨，又翻经蕉院，甘露分尝。"

是的，在那之前，他的人生都是美好光鲜的。

他早慧，年17便以文名闻于邑令；他在慎交社里年龄最少，时东南名士如吴门宋既庭，吴宏人，阳羡陈其年，无锡秦对岩，严藕渔等人立其中，而自己往来于诸前辈中，飞簏赋诗，才气横溢，为人赞赏。

顺治18年，24岁的顾贞观入京，寓于萧寺，偶题一诗于壁，有"落叶满天声似雨，关卿何事不成眠"之句，合肥龚端毅公见而惊赏曰："真才子也。"于是名噪公卿间。

康熙3年，奉特旨考选中书，以书法端丽、文辞典雅授中书舍人。不久蒙陛见。康熙5年，举顺天乡试第二名，擢修国史典籍。

顾贞观30岁成了举人，自觉惶愧。生日之际，写了一首自寿词《金缕曲》："马齿加长矣。向天公投笺，试问生余何意。不信懒残分芋后，富贵如斯而已。惶愧煞，男儿堕地，三十成名身已老，况悠悠此身还如寄。惊伏枥，壮心起。　　直须姑妄言之耳。会遭逢，致君事了，拂衣归里。手散黄金歌舞就，购尽异书名士，累公等他年谥议，班范文章庾褚笔，为微臣奉敕书碑记。千载下，有生气。"

那时的顾贞观，神情潇洒，风神俊朗，觉取富贵如探囊取物，满心兼济天下，事后挂冠而去，江海寄余生。那时的京城胜过江南，有他毕生见过最美的春天。

然而，在他未曾察觉的时候，他出众的才华，以及不肯媚俗的性格，已在

他的周围渐渐筑起了一座诽谤的高墙，当他被排挤到几无立锥之地的时候，顾贞观愤而请假归家。

那是康熙10年，他的请求被皇上不假思索地恩准了。顾贞观拖着从未有过的沉重的双腿，离开了北京，离开了他曾经梦想的京师，离开了他心中最灿烂的春天，"自此不复梦入春明矣"。

他没有料到，5年之后，他还会踏进这块伤心之地。这次5年之后的重返，也许缘于他心底未竟的志向，也许缘于严绳孙对容若的再三褒奖，也许缘于当朝宰相明珠的殷勤，总之，他又回来了。

顾贞观甫入渌水亭，没见到明珠，倒见一俊朗青年面带笑容朝自己迎了过来。顾贞观已经很久没有见到这样的笑容，友好而又带着渴慕，只觉眼前一亮。那青年身形消瘦，眉宇间一番出尘气象。同青年一道前来的，还有顾贞观的故人——严绳孙。

顾贞观尚未启齿相问，严绳孙早在一旁介绍："梁汾，此乃权相之子。"话音未落，那青年忙打断严绳孙，恭恭敬敬向顾贞观拱手道："梁汾先生，在下成德。久慕先生高名，今日一见，足慰平生。"容若举手投足之间发自内心的谦和，尽入顾贞观眼里。他见容若并不以权相之子的身份矜人，心中便起了好感，也拱手回礼。

容若将顾贞观让进园内。此时春意阑珊，花事将了，但园内清风徐来，朱荷方青，一派江南绵软，令顾贞观大为惊讶："黄沙北地，何来江南？"

容若见顾贞观神色，解释道："成德一向倾慕江南风致，勉强造之，虽稍得其形，却失其魂魄，梁汾先生见笑了。"顾贞观本无锡人，一向自负江南风雅，听得此话，觉容若真非俗人，不禁另眼相看。

三人于清风中坐定。顾贞观忽然想起，便自怀里掏出一帧小照，递与二人："此乃在下小影。"

容若一看，竟是一幅顾贞观的"侧帽投壶"图。画中梁汾顶上纱帽微侧，身佩宝剑，正以手握矢腰投壶，小照笔墨逼真，活脱脱一个疏狂不羁的文人。

说到"投壶"，便要说到"礼"，说道中国的"礼"，就必然提到周公。周公，姓姬，名旦，亦称叔旦，周文王的第四子，周武王的同母弟，是孔子之前的一位极圣之人，被尊为"元圣"，儒学先驱。武王死后，其子成王年幼，由

215

周公摄政当国。武王死后，周公又平定"三监"叛乱，营建东都，制礼作乐，还政成王，在巩固和发展周王朝的统治上起了关键性的作用。而周公做过的对中国历史影响深远的一件事便是制礼作乐，这是中国所以被称作"礼仪之邦"的源头。周公是孔子最崇敬的古代圣人，《论语》中子曾经说过："甚矣吾衰也！久矣吾不复梦见周公。"

孔子时时梦见周公，可见对其推崇。当年周公奉成王之命讨伐叛周的管叔蔡叔及武庚，曾代成王做《大诰》，其中有云："予惟小子，若涉渊水。"向叛变自己，即将讨伐的对象说出如此谨慎而谦逊之语，可谓知礼。正是周公制"五礼"，祭祀之事为吉礼，冠婚之事为嘉礼，宾客之事为宾礼，军旅之事为军礼，丧葬之事为凶礼。其中嘉礼是用于人际关系，沟通、联络感情的礼仪。射之礼为嘉礼的主要内容之一。"投壶"大约起源于春秋，是从射礼中衍生而来，常于贵族聚宴时进行。通常在典雅的鼓乐伴奏下，宾主温文尔雅地轮流以矢投向一定距离以外的壶中。司射根据各人投中与否和投矢插入壶中的状态记分，决出胜负，胜者立马，负者罚酒。这项活动风靡于魏晋时期，发展于唐宋，至明清时已逐渐衰败。到容若那时，投壶已成为失意士子用作赌酒征歌宣泄情绪的纯娱乐活动。

容若虽早知顾贞观身世，但初见之下，本有些拘谨，此刻见画中顾贞观这般脱落形骸，联想对方和自己的遭遇，豪气顿生，脱口道："德也狂生耳！"随即取来纸笔，即席题词一首：

德也狂生耳。偶然间、缁尘京国，乌衣门第。有酒惟浇赵州土，谁会成生此意。不信道、遂成知己。青眼高歌俱未老，向樽前、拭尽英雄泪。君不见，月如水。

共君此夜须沉醉。且由他、蛾眉谣诼，古今同忌。身世悠悠何足问，冷笑置之而已。寻思起、从头翻悔。一日心期千劫在，后身缘、恐结他生里。然诺重，君须记。

此词一出，顾贞观心下波澜顿起，眼眶已然湿了。

　　顾贞观才华横溢却被迫离职，虽人在江南，不得之志常萦怀抱，不想却被年轻的容若一语道破。他心下激动，未曾想初次相见的容若竟是知己！

　　顾贞观即刻挥毫，写了一首《酬容若见赠次原韵》：

　　　　且住为佳耳！任相猜，驰笺紫阁，曳裾朱第。不是世人皆欲杀，争显怜才真意？容易得、一人知己。惭愧王孙图报薄，只千金，当洒平生泪。曾不值，一杯水。

　　　　歌残击筑心逾醉，忆当年，侯生垂老，始逢无忌。亲在许身犹未得，侠烈而今已已，但结托、来生休悔。俄顷重投胶在漆，似旧曾，相识屠沽里，名预籍，石函记。

　　容若的一首《金缕曲》，使顾贞观的愁绪为之一振。这位 39 岁的失意才子同 22 岁的容若自此结为生死之交。之后的一年里，在渌水亭诗酒会中，两人常常鉴赏书画、聚论文史、情同手足，"尔汝忘形，晨夕心数"。

生还吴季子

洒尽无端泪，莫因他、琼楼寂寞，误来人世。信道痴儿多厚福，谁遣偏生明慧。莫更著、浮名相累。仕宦何妨如断梗，只那将、声影供群吠。天欲问，且休矣。

《金缕曲·简梁汾》

　　严绳孙的离京，令容若心中常升起惆怅，好在顾贞观的出现，使他稍解愁思。他们彼此酬作，表达人生的悲欢，也倾诉彼此心中的骚怨。顾贞观词，格调高亢，情绪激越，并不追求含蓄澹荡的意境，而以吐气如虹之势直抒胸臆，与容若极相契合。顾贞观也和容若一样，反对创作专师古人。他除了以词代信，还以词作题跋，以词代铭，他对容若道："吾词独不落宋人圈愦，可信必传。"

　　这日，容若步入草堂，见桌上墨迹尚温，顾贞观脸上隐有戚容。他拾起纸，见是两首新词：

　　季子平安否？便归来，平生万事，那堪回首。行路悠悠谁慰藉，母老家贫子幼。记不起从前杯酒。魑魅搏人应见惯，总输他，复雨翻云手。冰与雪，周旋久。　　泪痕莫滴牛衣透。数天涯，依然骨肉，几家能够？比似红颜多薄命，更不如今还有，只绝塞苦寒难受。廿载包胥承一诺，盼乌头马角终相救。置此札，君怀袖。

　　我亦飘零久。十年来，深恩负尽，死生师友。宿昔齐名非忝窃，试看杜陵消瘦，曾不减夜郎僝僽。薄命长辞知己别，问人间到此凄凉否？千万恨，从君剖。　　兄生辛未吾丁丑，共些时，冰霜摧折，早衰蒲柳。词赋

218

从今须少作，留取心魂相守，但愿得河清人寿。归日急翻行戍稿，把空名料理传身后。言不尽，观顿首。

　　容若细细读完，只觉其词有婉转不尽之悲戚，直捣人心肺，令人欲罢不能。他道："梁汾兄却为何人做此哀辞？"顾贞观听问，竟掉下泪来。一会儿，顾贞观抬起头，对容若道："此事一言难尽。"

　　容若道："请兄为成德说之。"顾贞观抹抹眼泪，道："丁酉科场案，成哥儿可听过？"

　　容若略一沉思，道："莫非是顺治朝那次？"

　　顾贞观点头，道："不是一次，是三次。顺治14年，岁次丁酉，先后发生了三次科场舞弊案，分别为丁酉顺天乡试案、丁酉江南乡试案、丁酉河南乡试案。发生在顺天乡试的科场案，乃因正考官曹本荣、副考官宋之绳，伙同考官李振邺、张我朴等人，公然在考场内互相翻阅试卷，照事先拟好的名单决定取舍。"

　　容若道："如此胆大妄为，必是为了结权贵，又或贪财纳贿。"

　　顾贞观道："谁说不是？因此发榜后，参加考试的众人不服，议论纷纷。之中便有考生提议，集体到文庙去哭诉，上千人啊，把文庙堵得满满当当。"

　　容若听罢，道："好！原该这样闹！"

　　顾贞观看了他一眼，道："这次乡试，主考官作弊，他们这样闹，原是好的。朝廷听闻，便要查是谁聚众闹事。给事中任克溥便立刻奏参，说中试举人陆其贤以银三千两送考官李振邺、张我朴，所以得中。顺治帝本来对汉人不大待见，闻奏大怒，立即令都察院会审。结果查出李振邺、张我朴等人受贿属实。于是，顺治帝便下旨，将李振邺、张我朴、蔡元禧、陆贻吉、项绍芳、田耜、邬作霖等七人立斩，抄没家产，父母、兄弟、妻子流徙尚阳堡。"

　　容若道："虽刑法未免太重，到底是自作孽。只是牵连父母、兄弟、妻子，未免太惨。"

　　顾贞观停了停，叹道："是啊。确是太惨。"

　　容若沉默一阵，道："这却与梁汾之词何干？"

　　顾贞观道："自是大有关联。当时的事却还没完。顺天乡试舞弊被揭发后

不久，又有人奏参江南主考官方猷弊窦多端，以联宗的缘故，取中少詹事方拱乾之子方章钺为举人。御史上官铉又奏参江南同考官龚勋出考场后被考生羞辱，事情可疑。顺治帝见奏，也不问青红皂白，便将主考官方猷、钱开宗和十八名同考官全部革职，令刑部派遣差役将主考、同考以及中试举人方章钺等迅速押解来京，严行审讯。"

容若道："这却奇了，如何不问便决？"

顾贞观道："这只因方猷、钱开宗被任命为江南主考时，顺治帝曾当面向他们提出过警告，要他们敬慎秉公，倘所行不正，决不轻恕。这般三令五申，两人竟敢公然抗旨，顺治帝如何不怒？"

容若点头道："原来如此。"

顾贞观接着道："原本，按照刑部的意思，顺天科场案中，同案犯王树德等获得了从宽处理，这江南科场的方猷等或可因缘解脱，便迁延观望。但顺治帝因科场接连发案，怒不可遏，严旨催促，于是方猷、钱开宗被正法，妻子、家产籍没入官。同考官十八人，除已死之卢铸鼎外，全部处绞刑。"

容若听得心惊胆战，深觉此举过于严苛。

顾贞观又道："不止对考官严苛，审理此案的刑部尚书、侍郎等也因'谳狱疏忽'，分别受到了处分。最惨的，对犯事的举人也一般重办。举人方章钺等八人，各责四十板，家产籍没入官，父母、兄弟、妻子流徙宁古塔。"他说完，忽地又掉下泪来。

容若听到这里，道："梁汾此词，莫非是写给那被重办的举人？"

顾贞观摇头叹息："确是写给重办的举人。本来，若是科场舞弊，就算重办，也是罪有应得。但之中有人，重办却办错了。"

容若道："这是从何说起？"

顾贞观道："吴兆骞你可听说过？"

容若道："莫不是'江左三凤'之一的？"

顾贞观点头："正是他。"

容若奇道："难道他也作弊科场？"

顾贞观顿足道："汉槎9岁作《胆赋》，10岁写《京都赋》，少年时即声震文坛，如何至于科场作弊！"

　　容若见顾贞观着急难过，急忙安慰。顾贞观略顿一顿，叹道："顺天事发之后，朝廷震怒，清查之余，要求将考生押往皇帝殿前面试，合格者则免。"

　　容若道："梁汾既如此说来，江南科场举人势必也曾到殿前一试，那吴先生何等样人，岂不正好剖白自己？"

　　顾贞观苦笑道："汉槎这人，才华是不必说，却有一点，胆子最小。他到了殿前，见到天子龙颜震怒，虽然自己并未参与作弊，拿起笔来，却'战栗不能握'，最终交了白卷。顺治帝如何得之究竟，即刻便勒令流放到东北宁古塔，可怜汉槎何样风流人物，竟至'数千里外银铛提锁，家业化为灰尘，妻子流离。'"顾贞观说完，淌下泪来。

　　容若这才明白，顾贞观的词作是写给故友、江南才子吴兆骞的，而词作之内，原有这样的血泪，难怪其词动人心扉。

　　顾贞观一边擦泪，一边又拿出一封信来，递给容若。

　　容若接过一瞧，是吴兆骞写给顾贞观的信，信中写道："塞外苦寒，四时冰雪。鸣镝呼风，哀前带血。一身飘寄，双鬓渐星。妇复多病，一男两女，藜藿不充。回念老母，茕然在堂，迢递关河，归省无日……"

　　容若听了顾贞观的一番故事，再看吴兆骞的来信，更觉悲苦。他想这人空有一身才华，却在冰天雪地为不白之冤受冻受苦，也赔着掉泪。

　　两人哭了一阵，顾贞观忽然止住眼泪，一把抓住容若，道："成哥儿，有件事想放在成哥儿身上。"

　　容若闻言便已明白了七八分，他含泪道："梁汾可是想救吴兄？"

　　顾贞观点头道："当年我同汉槎识于慎交社，吾不足20岁，汉槎长吾7岁。我们倾盖如故，诗酒唱和，便如现今吾同成哥儿一般。"

　　顾贞观忽然放开容若，双膝一软，便跪了下去。容若惊得急忙扶起，道："梁汾何须如此？"顾贞观只是流泪，已说不出话来。容若扶顾贞观坐下，只觉胸中沸腾难耐，他忽地提起笔来，望砚中一蘸，转身便在书房墙上写下十个字："顾梁汾为吴汉槎屈膝处。"

　　书罢，容若将笔一掷，对顾贞观道："今日读梁汾一词，何梁生别之诗，山阳死友之传，得此而三。此事三千六百日中，弟当以身任之，不需兄再嘱之。"

　　容若此话，真是知己之言。而容若，则是完全被顾贞观感动了。在容若心里，朋友之间的情意，甚至比男女之间的感情来得更为凶猛，男人之间的了解和相惜，是更伟大而深沉的友谊。所谓"知己"，实为生死之间的不离不弃。容若认为，顾贞观为吴兆骞所作之《金缕曲》，其沉痛深挚完全可与李陵给苏武的《别离诗》及向秀悼念亡友嵇康的《思旧赋》并论。

　　李陵与苏武的别离诗歌，虽被认为是后世伪作，然而个中深情厚谊、辛酸况味，却并非作伪。李陵乃飞将军李广之孙子，本是一员戮力抗击匈奴的悍将。天汉二年夏，李陵奉武帝之命迎击匈奴，不久被缇侯单于的三万大军包围，苦战数月后辎重耗尽，箭矢射空，终于全军覆灭，李陵被俘。期间因人挑唆致使汉武帝早对其产生了猜忌之心，故无法原谅李陵的失败。朝廷众臣于皇帝震怒之下，纷纷落井下石斥责李陵，这激怒了平素与李陵相交浅淡但却正直的司马迁，他毅然为李陵辩护，却为自己招来了可怕的腐刑。

　　一年后，汉武帝思及前事始有悔意，于是遣将再度出击匈奴，欲以完胜迎回李陵，然而汉朝再度败了，失败者为求自保，便造谣说李陵正替匈奴练兵。恼羞成怒的汉武帝于是杀了李陵全家，这使李陵再无退路。其实，汉武帝是再一次被欺骗了，替匈奴练兵的并非李陵，而是汉军边塞都尉李绪。李陵滞留匈奴日久，单于钦佩其英勇，将自己的女儿嫁给他，并封其为右校王，失去全部亲人的李陵从此在匈奴扎了根。

　　之后苏武来到匈奴，被困19年间，他和李陵成了朋友，并在匈奴成了亲。汉昭帝即位后，李陵拒绝了归家的邀请，却帮助苏武返回汉朝。于是，在那个风沙的夜晚，这两个身在异乡的故人要分别了。将去的苏武含着泪，对他患难中的朋友唱道："黄鹄一远别，千里顾徘徊。胡马失其群，思心常依依。何况双飞龙，羽翼临当乖。幸有弦歌曲，可以喻中怀。请为游子吟，泠泠一何悲。丝竹厉清声，慷慨有余哀。长歌正激烈，中心怆以摧。欲展清商曲，念子不能归。俯仰内伤心，泪下不可挥。愿为双黄鹄，送子俱远飞。"李陵也落泪了，他和道："携手上河梁，游子暮何之。徘徊蹊路侧，恨恨不得辞。行人难久留，各言长相思。安知非日月，弦望自有时。努力崇明德，皓首以为期。"回到汉朝的苏武常常会想起大漠中的李陵，想起他们那段背着匈奴人相对怀念故土的岁月，然而，直到死，他们也没有相见。那一别，便是永别。

　　永别，是挚友间最难堪的情景。向秀"与嵇康、吕安居止接近"，是至交好友，嵇康遇害后，在司马氏的高压下，向秀被迫应征至洛阳。去洛阳的道路，曾是当年他与嵇康共同走过的，当向秀经过嵇康的旧居，正感物是人非，忽听到邻人吹响了凄恻的笛声，向秀回想嵇康当年"临当就命，顾视日影，索琴而弹之"的情景，不禁悲从中来，涕泪纵横，遂写下了怀念之作《思旧赋》。其赋有云："经山阳之旧居。……惟古昔以怀今兮，心徘徊以踌躇。栋宇存而弗毁兮，形神逝其焉如。昔李斯之受罪兮，叹黄犬而长吟。悼嵇生之永辞兮，顾日影而弹琴。……听鸣笛之慷慨兮，妙声绝而复寻。"人去楼空，旧宅如同荒冢。往事堪哀，而今亦可悲。如同李斯被腰斩时对儿子说："吾欲与汝复牵黄犬，俱出上蔡东门逐狡兔，岂可得乎？"一切都已经不复重来了。

　　因为覆水难收，更见友情之珍重。这样的苏武与李陵，这样的向秀与嵇康，这样的顾贞观同吴兆骞，容若岂能旁观？容若心道："有友如此，夫复何言。"

　　顾贞观见容若答应，激动得老泪纵横。他也顾不得有得寸进尺之嫌，颤声说道："人寿几何，请以五载为期。"

　　容若略一思索，咬咬牙，道："便如梁汾所言。"

　　顾贞观见容若答应，念及吴兆骞生还有望，数年来的心事第一次有了着落，不禁喜得连连落泪。容若见之心酸不已，只不住劝解。

离人此夜凉

才听夜雨，便觉秋如许。绕砌蛩螀人不语，有梦转转愁无据。

乱山千叠横江，忆君游倦何方。知否小窗红烛，照人此夜凄凉。（《清平乐》）

容若自答应顾贞观营救吴兆骞回京，便在心里寻思如何找机会跟父亲明珠谈论此事。这日，正巧明珠在家里用晚饭，容若便将前因后果对明珠说了一遍。

明珠听了，沉思半晌，道："宁古塔地处边塞，风沙漫天，寒气逼人，吴兆骞一介文弱书生，的确难耐其苦。此人有真才而遭流徙，的确可惜。"

容若听明珠此话，两个"的确"，虽有同情之语，竟无插手之意，饭也不吃了，便在席间从怀里掏出顾贞观的两首词给明珠看。明珠读罢，道："梁汾之才，恐在吴兆骞之上，真真字字血泪。"

容若见明珠始终顾左右而言他，心里着急，却又不敢用强。他想了想，道："才华如何倒罢了，但这真心，却不易碰到。"

明珠见容若一脸焦灼，笑道："他人之事，成哥儿倒比自个儿的事上心。"

容若心里一沉，暗觉父亲似有责备之意。但他既然答应了顾贞观，便拼着给父亲责骂也要办成，便道："梁汾虽是汉人，但对成德一向披肝沥胆，他对吴兆骞怎样，便对孩儿怎样。我想这吴兆骞倒罢了，虽然文弱，也是男子，但他一家妻小，受此株连，也不得不在那荒漠之地受苦，实为人间惨事。"容若说到这里，又急又苦，竟掉下泪来。

觉罗氏因素日礼佛，曾发愿做善事，听闻便插嘴道："一个人犯事儿，全

家跟着挨冻受饿，听了让人心酸。老爷是什么人，这事儿还能做不到？若能帮帮他，也是替成哥儿积福。"

容若听母亲替自己说话，好一阵感动。

那明珠何等聪明人，岂会不知容若的心意，只是他如今身份矜贵，平日忙的都是些朝廷大事，既无天大的好处，便懒得管这些闲事，况且他稍加思索，已看出这件事情的一桩难处，知道未必能成，不想担这干系，故起初便想推脱。但如今听这母子心意一致，料想若要办，必有办的法子，他想何必令儿子为难，便道："既如此，我便想想法子。只是你们不知道这里面的厉害。这吴兆骞戍边案是顺治皇帝御定的，这要让他回来，等于是翻案，翻谁的案都容易，翻先帝的案可就太难。"

容若素知父亲极善筹谋，见明珠答应，已放了大半个心，他道："成德也是知道之中关系，是以起初只应承梁汾以'三千六百日'为期，只是梁汾道'人寿几何'，想那吴兆骞体弱心衰，塞外风霜凄苦，只怕捱不到'三千六百日'，故而才答应以五载为期。"

明珠点点头，道："你能想到这关窍，甚好。那我便合计合计，总不教成哥儿失言便罢。"

容若大喜，叠声道："多谢阿玛成全。"

容若回到房中，细想父亲先前所言，知道这并非易事，本来欢喜的心慢慢又沉了下去。他拿起桌上自己和顾贞观的那首《金缕曲》，默默读道："绝塞生还吴季子，算眼前此外皆闲事"，陷入了沉思。

这日，明珠下朝刚回来，容若便迎了上去。明珠知他关心吴兆骞事，也不故意难为他，道："此事甚是棘手。今日我在朝堂之上，只约略提了提，皇上倒还没说什么，但有人便说，此乃顺治爷的意思，顺治爷既令严惩，必有所出。如此一来，我却不好再奏。"

容若听了，心里失望，但嘴里只道："阿玛辛苦！"

之后明珠又寻机试探了皇上几次，都没有结果。看着时间一天天过去，容若终日思虑如何搭救吴兆骞，常与顾贞观在一处合计，不免又时常一处洒泪，容若尽忠于心，于别的事兴趣竟一时都淡了。

康熙16年10月，宫中传出消息，康熙即将封长白山神，极有可能要遣使

臣前往祭祀。这日，明珠回到家，便叫来了容若。

明珠道："皇上将封长白山神的事儿，你听说了没？"

容若道："成德刚刚听说。"

明珠道："若不出我所料，成哥儿要救吴兆骞，就着落在这事儿上。"

容若喜道："阿玛的意思，如何才能救得？"

明珠道："你先想法子知会吴兆骞，要他赶紧做一篇颂长白山的赋文，务必用心去做，尽显其才。一旦你知道是谁做使臣，便去好生联络。待这使臣去了长白山，吴兆骞把这赋文呈上，使臣再将这赋文带回呈给皇上，这事儿就八九不离十了。"

容若听了，心道"果然好计谋。"应了明珠一声，便急忙来找顾贞观。

顾贞观一听，也是叹声"好计谋"，便即展纸，备述其计，火速送往宁古塔交给吴兆骞。

到了 11 月，康熙果然定下了封长白山神之事，遣派的使臣主要有两人：正黄旗都统、内大臣武默讷和一等侍卫对秦。武默讷乃正黄旗，与容若同旗，而那对秦恰与容若同为乾清宫侍卫。容若待人一向宽厚温和，人缘极佳，是以他将吴兆骞之事一说，凭了同旗和同事的情分，两人不由分说立刻答应下来。亏了容若前后奔走，居中通消息，不久，吴兆骞穷尽心力苦撰的数千言"词极瑰丽"的《长白山赋》便放了了康熙的案头。

长白山乃满族发祥之地，故而康熙对救封长白山之神的祀典活动极为重视。吴兆骞的《长白山赋》迎合圣意，铺张扬厉，极尽渲染，极赞其悠久历史和丰富物产，辞藻华美雍容。因当时鲜有人歌颂清朝血脉之地，康熙读之随即龙颜大悦。

趁着皇上高兴，明珠便将吴兆骞之事禀明了康熙。明珠何等样人，一席话只说得玄烨为之动容，惜才怜才，当时就有赦免之意。只可惜，明珠风头太盛，每有"尼之者"，玄烨再度以先皇之决定不可轻易翻案为由，压下不决，容若等费尽心机，却还是落得个吴兆骞"不果召还"。

此事传开，凡知情者皆扼腕而叹："当年禁使出榆关，丽赋南腾霄汉间。推毂不须烦狗监，凌云竟说动龙颜。"顾贞观同容若见功败垂成，更是唯有相对洒泪。

不得已，顾贞观只好去信安抚吴兆骞，再三安慰，这边同容若商议再图他谋。

不久，吴兆骞的回信来了。此事几乎摧毁了他返回京师的信心。他在信中哀叹："漫说逢杨意，偏难召少卿。""杨意"是东汉蜀人"杨得意"名字的节缩，杨得意为狗监，尝呈司马相如《子虚赋》荐之于武帝，使司马相如得以重用。读了吴兆骞的信，容若越加难过，只恨自己办事不力。

次日，容若在房中呆坐，顾贞观来了。他见桌上铺有一幅画，原来是南宋陈居中绘的《胡笳十八拍卷》。陈居中，宋宁宗嘉泰年间任画院待诏，工人物蕃马，善画北方游牧民族放牧、行猎情景，对塞外草原、匈族服饰、驼马行装等景物道具描绘逼真，人物形态也显得鲜明生动，布景清旷，设色绚丽，富有感染力。《胡笳十八拍卷》又称《文姬归汉图》，是根据东汉末年才女蔡琰创作琴曲歌辞《胡笳十八拍》，用连环画的形式分为十八段，描绘出文姬在战乱中被匈奴掳去，后经曹操遣使赎回的悲欢离合的故事。此画为绢本，所绘三百余人，长仅寸许，面目各异，神情栩栩，衣褶俱见笔法。

容若见顾贞观来，思及营救吴兆骞未遂，沉默无语。

顾贞观道："成哥儿尽力了。此次不济，还要再想法子才是。"

容若只是摇头，他看着桌上的画，想起塞外孤独而羸弱的吴兆骞，虽未曾谋面，其惨状犹在眼前，容若吟道：

须知名士倾城，一般易到伤心处。柯亭响绝，四弦才断，恶风吹去。万里他乡，非生非死，此身良苦。对黄沙白草，呜呜卷叶，平生恨、从头谱。

应是瑶台伴侣，只多了、毡裘夫妇。严寒膏褧，几行乡泪，应声如雨。尺幅重披，玉颜千载，依然无主。怪人间厚福，天公尽付，痴儿呆女。

容若见此画中文姬思归，即想到吴兆骞流放之苦，而他的词中"万里他乡，非生非死，此身良苦"正是化用吴梅村《悲歌赠吴季子》诗句。

这吴梅村是江苏人，本是天才，为文"正大博雅"，乃明崇祯皇帝亲自点

录的一甲榜眼，并授他翰林院编修。天子的眷顾使吴梅村年少时便极荣耀，曾被目为"人间好事皆归子，日下清名不愧儒"。

顺治元年，李自成起义军攻入北京，崇祯帝自缢身死，深受皇恩的吴梅村立刻自缢跟随，幸为家人所救。为了父母而活的吴梅村在之后的10年里，屏居乡里，不肯出仕。顺治10年，在朝廷的再三逼迫下，在双亲恐惧的眼神中，吴梅村违心应诏入都，授秘书院侍讲，不久升国子监祭酒。然而，为官的吴梅村并不安心，他时时想起崇祯对自己的恩情，痛感煎熬，这样的一种心情，如同他描绘的吴兆骞的心情："生非生兮死非死。"

4年后吴梅村终于无法忍受，便以患病为由，辞归故里。然而，入仕清朝的4年生涯从此成为吴梅村的一块心病。据民国蒋芷侪《都门识小录》载："昔吴梅村宫詹，尝于席上观伶人演《烂柯山》，某伶于科白时，大声对梅村曰：'姓朱的有甚亏负于你？'梅村为之面赤。"康熙10年，吴梅村病重，临终道："吾一生遭际万事忧危，无一刻不历艰险，无一境不尝艰辛，实为天下大苦人。吾死后，敛以僧装，葬吾于邓尉灵岩相近，墓前立一圆石，曰：'诗人吴梅村之墓'。"吴梅村深恐后人以入清官职"祭酒"相称，坚持以"诗人"的身份离开人世。

到了容若的年代，随着清朝统治的稳固，人心思定，明朝遗老已不成气候，但江南人吴梅村等仍是江南一道黯淡却隽永的风景。

顾贞观听了容若之词，念及吴梅村，复吟道："人生千里与万里，黯然销魂别而已。君独何为至于此，山非山兮水非水。生非生兮死非死。十三学经并学史，生在江南长纨绮，词赋翩翩众莫比，白璧青蝇见排诋！一朝束缚去，上书难自理。绝塞千里断行李，送吏泪不止，流人复何倚？彼尚愁不归，我行定已矣。八月龙沙雪花起，橐驼垂腰马没耳，白骨皑皑经战垒，黑河无船渡者几？前忧猛虎后狼兕，土穴偷生若蝼蚁，大鱼如山不见尾，张鬐为风沫为雨，日月倒行入海底，白昼相逢半人鬼。噫嘻乎悲哉！生男聪明慎莫喜，仓颉夜哭良有以，受患只从读书始。君不见，吴季子！"

顾贞观所吟，正是吴梅村《悲歌赠吴季子》。

两人吟罢，相对无言，各自想着心事，心事中却一般是那流落飘零的吴兆骞，唯觉夜凉。

228

人生别易会常难

谁道飘零不可怜，旧游时节好花天，断肠人去自经年。

一片晕红才著雨，几丝柔绿乍和烟。倩魂销尽夕阳前。

(《浣溪沙》)

渌水亭的生活使容若的心前所未有地丰盛。他很少感到孤寂了，因为他的江南友人，以或敦厚或狷介的方式充实了他的心灵。

容若喜欢交友，然而不同声气者绝不相与。身为权相之子，又好交游，于是不少追名逐利、趋炎附势之徒对他争相逢迎。然而容若不是"相接如平常"，就是"辄谢弗与通"。"客来上谒，非其愿交，屏不肯觌面，尤不喜见软热人。"

是以，在渌水亭里出入的，多是"单寒羁孤侘傺困郁"的汉族士子，"于世所称落落寡合者"。这些人的才学和非同一般的品格，同容若如出一辙。

以磨勘落职的秦松龄、屡踬有司的姜宸英、为谣啄所中的顾贞观、因贫窭而流寓京师的梁佩兰、翁叔元和一度隐居山林的严绳孙都是容若的上宾。此外，宜兴人陈维崧、"号岭南三大家"之一、广东南海人梁佩兰也是座上常客。

这些人，大多为江南地主阶级知识分子，出身世家，博学能文，"皆一时之俊异"，其中不少人的父祖是明朝的鼎臣宿望。然而随着改朝易代，他们大多家道中落、仕途蹭蹬、生计窘迫。

容若爱这群江南人，爱他们过往的光辉和今时落魄中的独特。每有空闲，容若便同他们一起游园赏胜、切磋词艺，"剧谈文史，摩挲书画。"在和这些汉族士子交游中，容若越来越像江南那样活着了，他何曾想到，在不久的将来，他也将如江南般离去。

人生别易会常难

一声吹冷

城上清笳城下杵。秋尽离人，此际心偏苦。刀尺又催天又暮，一声吹冷蒹葭浦。

把酒留君君不住。莫被寒云，遮住君行处。行宿黄茅山店路，夕阳村社迎神鼓。

（《蝶恋花·散花楼送客》）

康熙 17 年，严绳孙被迫结束了江南的优游岁月，正月，康熙下征博学鸿儒诏。夏秋间，应征文士多至京。11 月起，令供应征文士食宿。施闰章、曹禾、汪琬、陈维崧、尤侗、朱彝尊、秦松龄、汤斌、徐轨、彭孙遹、陆元辅、徐嘉炎、毛际可、黄虞稷、严绳孙、周清原、吴雯、毛奇龄、阎若璩、潘耒、李因笃、叶舒崇等先后至京。

这次重入京城，严绳孙实情非得已，除去同容若重逢的喜悦，他心中是如履薄冰的深深忧思。

秋天，容若当上了侍卫，开始过上并非其理想的扈从生活。人人恭贺明珠之子从此得近天颜，唯独严绳孙表现淡然。经历了人世风雨的严绳孙知道，容若同自己一样，根在江南。他需要的，或是功名盖世兼济天下，或是江海余生独善其身。唯命是从的侍卫生活，给容若带去的只会是痛苦。于是，当容若随驾出巡，严绳孙赠诗以慰。这些诗句，装在容若的行囊之中，使他在后来日渐压抑枯燥的侍从日夜中，获得了安慰。

没想到，到了康熙 18 年的春天，连一向清净的严绳孙也再不能清净自在了。这日，容若见到严绳孙，直觉他沉默而伤感，便关切地问道："荪友先生因何沉吟？"

严绳孙长叹一口气，道："山雨欲来……"，这才道出原委。

原来，这一年康熙决定，朝廷在正统进士科之外特开博学鸿儒科取士。刑部主事俞陈琛为响应朝廷号召，便推荐著名布衣严绳孙参加博学鸿儒科。容若深知严绳孙有江湖之思，便问道："荪友先生有何良策？"

严绳孙道："某虽愚，自幼不希无妄之福，我还是打算婉辞。"

容若闻言，道："愿荪友先生得偿所愿。"

为了躲避入朝为官，严绳孙"赴吏部，自陈疾，不能应试，状至再四，终不允"。严绳孙的婉拒并没有打消朝廷的殷勤，他不断收到参加考试的催请。树欲静而风不止。

朝廷的殷勤令严绳孙无法拒绝，他不得不前往参加在太和殿的考试。他并不心甘情愿，但他无力反抗。于是，"御试之日，发题赋、序、诗各一首"，而严绳孙只写了《省耕诗》，搪塞了事。谁知玄烨无视严绳孙的轻慢，道："史局中不可无此人"，故严绳孙仍被选上，授翰林院检讨。严绳孙就这样被绑在名利的车轮上，违心地被拖着向前。

然而，不是每个人都是严绳孙。严绳孙是放逸的江南，而朱彝尊则是惆怅的江南。

当朱彝尊遇见容若时，正陷入现实和理想的矛盾焦灼之中，穷愁潦倒。穷愁潦倒的朱彝尊使容若坐立不安，他决意帮助朱彝尊。于是，经明珠推荐，朱彝尊和严绳孙、潘耒、李因笃等人应博学鸿儒科，以布衣入选，同严绳孙一起被任命为翰林院检讨，参加编纂明史的工作。他们都留在了京城，留在了容若的渌水亭里。但这一年，有个江南人却要自京城离去。他是姜宸英。

这年秋天，姜宸英站在岸边，他即将离开京城。是的，名义上他是为了奔母丧而回慈溪，但事实上他也是被迫离开的。京城之大，容不下他的狷介。在姜宸英心中，未始不曾感到后悔。然而，他已经没有了选择，继续狷介下去，是他唯一能保住自尊的方式。

他摇摇头，摆出一张平静的脸，准备登船而去。

"西溟先生，请留步。"姜宸英转过头，他看到一张清癯的脸，脸上有着动人的温暖。姜宸英有些意外："成哥儿，你怎么会来？"

容若一把扶住姜宸英，哽咽道："西溟先生……"他从怀里掏出几页纸和一个包裹递给了姜宸英。

姜宸英先不接包裹，只展开纸，读道：

长安一夜雨，便添了几分秋色。奈此际萧条，无端又听，渭城风笛。咫尺层城，留不住，久相忘，到此偏相忆。依依白露丹枫，渐行渐远，天涯南北。　凄寂，黔娄当日事，总名士，如何消得！只皂帽寒驴，西风残照，倦游踪迹。廿载江湖犹落拓，叹一人知己终难觅。君须爱酒能诗，鉴湖无恙，一蓑一笠。

何事添凄咽？但由他、天公簸弄，莫教磨涅。失意每多如意少，终古几人称屈。须知道、福因才折。独卧藜床看北斗，背高城、玉笛吹成血。听谯鼓，二更彻。　丈夫未肯因人热，且乘闲、五湖料理，扁舟一叶。泪似秋霖挥不尽，洒向野田黄蝶。须不羡、承明班列。马迹车尘忙未了，任西风、吹冷长安月。又萧寺，花如雪。

谁复留君住？叹人生、几番离合，便成迟暮。最忆西窗同翦烛，却话巴山夜雨。不道只、暂时相聚。衮衮长江萧萧木，送遥天、白雁哀鸣去。黄叶下，秋如许。　日归因甚添愁绪。料强似、冷烟寒月，栖迟梵宇。一事伤心君落魄，两鬓飘萧未遇。有解忆、长安儿女。裘敝入门空太息，信古来、才命真相负。身世恨，共谁语。

原来，听说姜宸英将要带着满腹失意离京，容若心中说不出的难过。姜宸英的狷介曾经引发了和容若之间的一些误会，世人皆谓姜宸英因悍奴迁怒容若，然而容若未觉自己冤屈，但悯姜宸英之被欺。容若只是恨自己，不能避免恶犬伤人。

在姜宸英离去的这一天，容若在家中徘徊，如同困兽般焦灼。末了，他连续写了三首悲愤长调，便向姜宸英离去的岸边而来。

此刻，原本落寞的姜宸英读罢诗歌，脸上竟浮出了笑意。他道："'以余之狂，终日叫号慢侮于其侧'，而君'不以予怪，盖知予之失志不偶而嫉时愤俗特甚也，然时亦以规予，予辄愧之。'"容若闻言，只是流泪。

姜宸英反毫无悲切之意，他对容若道："有成哥儿此调，西溟无恨矣。"他接过容若替他准备的回乡葬母的银子，既不道谢，也不再道别，径自去了。

　　姜宸英走了，带着他的狷介而去。容若不知道，他何时会带着这狷介重返京城。在容若的生命中，离别总是令他痛彻心扉，然而离别又总是那样挥之不去。

　　容若站在姜宸英离去的岸边，在江风吹拂中想起了这年春天自己参加的那次西山聚会。

　　那是春风最明快的季节，张纯修邀请大伙儿去他的西山别墅赏春。容若同陈维崧等人并马前往西山，路上又遇着词科试子秦松龄、施闰章、朱彝尊等人。众人一路纵马行去，只见山侧春花次第开放，春意盎然。陈维崧道："如此美景良辰岂能无诗？不若咱们联句助兴罢？"

　　众人自然道好。

　　陈维崧道："那我先来，'山郭寻春春已阑'。"

　　秦松龄道："才道赏春，却又嫌春去，那我便接，'东风吹面不成寒'"。

　　严绳孙捋着胡须，悠然接道："青村几曲到西山。"

　　众人道，"果真是荪友先生，春便也这般寡淡辽远。"

　　姜宸英不失狷介本色，纵声接道："并马未须愁路远。"

　　众人抚掌："当真潇洒得紧。"

　　朱彝尊接着姜西溟的意思道："看花且莫放杯闲。"

　　容若听着众人联句，一边看山花烂漫处几点枯黄，心中突然悲伤，便接道："人生别易会长难。"

　　每人接上一句，众人便赞声"好"，及至容若接了这句，严绳孙道："成哥儿此句算是点题，然而未免忧思泛起，有伤春之意。"

　　容若也自觉得，遂强笑道："成德若是坏了大伙儿雅兴，情愿待会儿罚酒。"

　　众人皆笑着点头，并辔疾驰而去。

　　容若骑马行在众人之间，见大伙儿并马寻春赏花，皆春风满面，不愁路远，但他睹此乐景，却只觉心中阵阵悲戚。恍惚之间，他骤然想起了10岁那年，父亲牵着自己游上元灯节的快乐同怅惘。又想起当年，他也曾经同卢氏一起在春风中缱绻。他不由自主地感到，生命之中，相聚往往不过一瞬，而别离却极其久远。

怀着这样的心事，容若随众人到了西山。

容若还记得，那日是曹寅同宗兄弟曹宾及带去的家酿美酒，本是请大伙儿尝鲜，却未料成了恭贺张纯修去江华赴任的喜酒。那是容若生命中第一个离去的友人。当时容若闻言，心中一紧。他朝张纯修望去，可巧张纯修也在望他。张纯修笑着，朝他微微点了点头。

张纯修走到众人中间，道："见阳接到任命，不日将赴江华。"

容若听了，心道："人生别易会长难，原来先前做的诗是应了这事。"一阵伤感涌上心头。

众人闻言纷纷同张纯修敬酒道喜，又间以吟咏赠别。各人喝至微醺，便闹着要去游耍。于是呼朋引类，随后历览了潭柘、戒坛诸名胜，晚间又留宿见阳山庄。在星辰的光芒之下，容若怀抱离愁别绪，带着醉意睡去。

因人热

何事添凄咽？但由他、天公簸
弄，莫教磨涅。失意每多如意少，
终古几人称屈。须知道、福因才
折。独卧蘩床看北斗，背高城、玉
笛吹成血。听谯鼓，二更彻。

（《金缕曲》）

在姜宸英离京的日子里，容若常常想起这江南狂友：

　　廿载疏狂世未容，重来依旧寺门钟。

　　晓衾何处还家梦，惟有凉飔起古松。

想到他离去时落木萧萧，同姜宸英相识的情形又回到容若心里。

康熙12年初夏，在徐乾学府上，容若见到了姜宸英。那日本是容若同和几位同门在徐府盘桓。他们同徐乾学清谈了约一个时辰，正欲告退，这时，一个人径直走了进来。

那人生着一张不苟言笑的脸，眼神深沉而轻蔑。

韩菼见了那人，拱手行礼。那人也不还礼，鼻子里"哼"了一声算是招呼，临走用逼视的目光盯了容若一眼便进去了。

容若等那人进去，问韩菼道："这是？"

韩菼笑道："这便是姜西溟。"

容若道："便是那工书法，以一手洋洋洒洒、'醇而不肆'的古文著称的姜西溟？"

韩菼道："正是此人。他同荪友先生齐名，不过荪友先生冲淡，此人正好

236

相反，大有狷介之气。"

容若听得是姜宸英，心里"咚"的一下，感觉脚底的血液涌上了头顶。他早就听严绳孙提起过此人。姜宸英、朱彝尊和严绳孙并称"江南三布衣"。

江南的儒林文苑，多有以"狂者"自居的文士。"不信道，不信仙释，故见人则恶，见僧则恶，见道学先生则尤恶"的李贽、"忍饥月下独徘徊"的徐渭、以割头而先饮酒为痛的金圣叹，这些江南士子以其傲视权贵的"狂怪"个性，离经叛道的启蒙思想熔铸了进步的江南文化。姜宸英正是这样一种人。

韩菼见容若低头不语，以为他因为姜宸英刚才无礼而不快，便道："自古有才之人，恃才放旷，往往不拘礼法。"

容若道："这西溟先生有意思，改日倒要好生结交。"

正如韩菼所料，一见面，容若就强烈感受到姜宸英身上那种独特的狷介。这种狷介是文人的恃才放旷，潇洒而令人不快。然而容若并不以为意。他直觉到姜宸英的狂怪中有傲兀的痛快，他认为这种狷介是江南文化脉搏中特有的"狂狷之气"，这是一向温文尔雅的容若自己从来不曾有过的，但这恰恰是容若认同姜宸英的根由。

姜宸英对于容若的意义，正在于他唤醒了容若心底的狂逸。后世人看容若，总以为他是翩翩浊世佳公子，只一派文人病弱气息。其实，容若毕竟是满人后裔，从小习射，至死都担任武职，他身上既有书生的醇厚，也有血性张狂，正是这种张狂，令容若一生都在儒雅的外壳之下坚持自己的至情。

姜宸英，字西溟，号湛园，浙江慈溪人。他经学根底深厚，文名不菲，当朝天子玄烨便一早知道姜宸英文名，曾对左右说："姜西溟古文，当今作者"，并有意罗致。

和康熙意愿相得的是，姜宸英对于功名也是狂放而热烈的。在与人交往中，他从不掩饰自己对仕宦的热衷和追求，因为他认为自己的才能足以傲视朝堂上任何一位在职朝臣。然而，世事往往如此，越是热衷的，最终越易以失意告终。姜宸英以狷介名，也以狷介不名。

康熙18年，叶方蔼、韩菼准备推荐姜宸英参加博学鸿儒科。恰巧叶方蔼于会试时期因事出京，推荐未遂。

姜宸英求官无门，在京城到处漂泊。这日，容若同他又在徐府遇见，容若

道："西溟先生如不嫌弃，不如暂居吾家家庙之中。"姜宸英见容若诚恳，自己又的确一文不名、无处可去，倒痛快答应了。

隔了一日，姜宸英正在庙里闲逛，容若来了。容若抱拳恭请："我寻了条小船，特来请西溟先生喝酒去。"那姜宸英正闲得无聊，便跟了容若而去。

两人先吃过饭，在渌水亭里并肩而行不远，便上了船。他们交替着操桨，在莲叶间出入，倒也快活。姜宸英吃饱喝足，值此好风好水，不觉狂性大发。他伫立在船头上，彼时东风乍起，吹得姜宸英须发尽散。他乘兴赋诗云："散漫杨花雪满堤，停船只在画廊西。东风底事吹归急，不管狂夫醉似泥。"容若见姜宸英尽显狂士本色，激动得眼中含泪。他感到，自己终于同另一个自己在江南重逢了。

以名士出山的方式失败后，姜宸英也参加过一些考试，力图仕进。但每以大闹科场告终。那日，风和日丽，天气温暖得有点发烫。然而，令考场里的考生们感觉到更加滚烫的，是姜宸英那飞扬的神采。姜宸英本来一早成名，"主试者争欲得"，听闻姜宸英参试，主考官倍感兴奋，都想为皇帝将此人纳入瓮中，好去邀功。

然而疏狂的姜宸英却不肯遂人愿，他来之前，因为志在必得，却因早负盛名，内心实在不愿同无名之辈同下考场，一点心事无人省得，竟至大醉。姜宸英也不在乎，就带着一身的才气和酒气进了考场。

主试官以其早有文名，也乐得放他一马，仍旧让他进了考场。谁知姜宸英并不买账，他"醉后违科场式"，闹得实在不像话，主试官便一再斥责他，希望他赶紧清醒，做出合乎要求的锦绣文章。好容易将姜宸英哄得做完了卷子，谁知他又在谢表中点窜尧典舜典语，受卷官疑所出，姜宸英带醉冲撞曰："义山诗未读耶？"这下终于捅了马蜂窝，受卷官怒而摈之。

如此一来，众人皆觉姜宸英太热烈了，热烈到无法停止自己的热情。他的狷介表演得太过，以致引起了朝廷的反感，每试都不中。

如此再三，姜宸英倒更愿至渌水亭盘桓，以销千愁。

隔日，姜宸英又来明府寻容若，在园子里碰到了官家安三。安三见到姜宸英，立马停下来，笑着对他道："姜先生早！成哥儿在亭子里呢。"

姜宸英自觉怀才不遇而受卑贱之辈的欺压，又素闻安三仗势凌人，此刻见

他嬉皮笑脸，万种心事涌上心头。于是，姜宸英不耐烦地白了安三一眼，道："我自寻你家主人，要你这奴才多事。"甩手去了。

安三被抢白加轻蔑，气得面色铁青。他看着姜宸英的背影，狠狠"啐"了一口。

恰巧这时明珠回到家里，脸色如常，心里却是不快。只因近来他同徐乾学的矛盾已经越来越公开了，今日在朝堂之上，徐乾学又当面驳了自己的面子。

他见了安三，因是心腹之人，便埋怨了几句，接着随口问道："成哥儿近日都在忙些什么？"

那安三趁机道："回老爷，这几日都同一个叫姜宸英的在一块儿。"

明珠听了没言语，安三又道："依奴才看，成哥儿对这姜宸英好得不值当。他安顿这人住在家庙里，又接济他，可是，成哥儿跟着老徐瞎闹，那姓姜的可没少掺和。"

明珠听了安三的话，心中更是疙瘩，道："岂有此理！"他转念一想，又道："成哥儿跟这些江南文人一块儿，不过图个吟诗作乐，尽可让他去。只是这些人大都想仰仗这府里的关系，求个前途。你把眼睛睁大点，替我看仔细些儿。"

安三应了。自此以后，明珠便不待见姜宸英，凡有人举荐，明珠总寻借口拖延，或压根儿就不办。明珠的首尾，徐乾学看得清楚，故一直想法保护。后来，徐乾学罢官，犹领《一统志》事，便乐得在家里修志，也将姜宸英带了南归。然而明珠权倾朝野，在很长的一段时间里，姜宸英都受到排挤，以后虽然被人推荐参加修明史，有了七品的职衔，但实际上并没有挤入仕途。直到明珠被扳倒罢官，姜宸英在徐乾学的支持下才得成进士。那时，他的朋友纳兰容若早已不在人世了。

这日，容若拿着姜宸英新写的诗歌诵读："不成终日竟安眠，底事喧喧道路传？池内蛟龙争得水，宅中鸡犬也升天。吾生岂合瓠瓜系，世路何妨社栎全。随意江湖堪把钓，肯将憔悴供衰年"。姜宸英此诗写得忿激，将人情冷暖和仕路险恶披露得淋漓尽致。容若读罢，心中呼声"痛快"。这时，韩菼来了，也要了去读。一边读，韩菼一边道："姜西溟'心思蹙缩，壅阏于内，挟其才气，忿愤欲出，则飚发泉涌，不可以古法绳尺裁量'。"容若深觉韩菼乃

的评。

这日，容若去见姜宸英，见其案头有一诗："平生读书每痛哭，此泪不知何时干。苍生讵合无长策，古之知者知其难。谋成如山不为用，马蹄倾毂毂倾辕。读书阴雨天正愁，划然云开飞龙虬。火车下烛群岩幽，天鼓硠訇纸上留。君子虽死魂正直，小人善佞多惭愧。屈原怀沙哀至今，我歌一曲东方白。"

容若沉默了一会儿，道："阿玛原本对西溟先生极其看重，然而始终未能助先生有所成，成德数次相请，阿玛也不肯答应，皆因有小人从中作梗。这人，先生也是认识的。"

姜宸英一听，"哼"了一声，道："可是那安三小儿?"

容若点头道："先生一身才华，为了个奴才被耽误，太不值。若先生能对那奴才稍假辞色，必能解除困境。"

容若一番好意，原是想帮姜宸英，谁知姜宸英闻言大怒，竟端起桌上的茶杯掷于地上，道："吾一向以为纳兰公子高洁，是以倾心结纳，谁知竟教我同奴才低头，便与君绝。请回吧。"

容若料不到姜宸英震怒，却又无人从旁劝解，一时无法，只得出了门来。

自此，姜宸英觉得自己失了面子，再也不到明府来。那安三也不知从哪里得了消息，巴巴地跑去跟明珠禀告了。明珠闻知姜宸英竟对容若无礼，想这姜宸英也太不将自己放在眼里了，心中对姜又多了一层恨意。

姜宸英的愤怒，容若并不以为忤。他的眼前，每常浮现姜宸英对书流泪的景象。于是容若隔三岔五仍去姜宸英处说话，始终恭敬如前，但那姜宸英是狷介中的狷介，只是不理睬容若。容若只得次次失意而归。

直到这次姜宸英南归，容若不以其潦倒而送行，才最终与姜宸英冰释前嫌。

淄尘老

西风一夜剪芭蕉，倦眼经秋耐
寂寥。强把心情付浊醪。读离骚，
愁似湘江日夜潮。（《忆王孙》）

　　渌水亭频繁地唱和中，容若逐渐找到了为人和为文之间的根本，即"抒写性灵"。在容若看来，"诗乃心声，性情中事也"，故而他虽为满人，其词却以直出机杼的"天趣""卓然冠乎诸公之上"。康熙 12 年，容若曾抱病写过一部读书笔记，题名为《渌水亭杂识》，后来又编校了《通志堂经解》，这都是身为一个满人的他取得的非同一般的汉学研究成果，而他的长短句水准甚至已经超过了汉族文人。

　　康熙 18 年，康熙朝最有影响力的文人朱彝尊、秦松龄、严绳孙、姜宸英、陈维崧、汪楫、张纯修等，先后走进了渌水亭。那是一次盛大的文人聚会。

　　文人聚会，同普通人的聚会相比，自有不同。在中国古代，有节日曰上巳节，指的是夏历三月的第一个巳日。这是一个被除祸灾，祈降吉福的节日。远在秦汉以前的周代，已有水滨祓禊之俗，朝廷会指定专职的女巫掌管此事。祓禊是通过洗濯身体，达到除去凶疾的一种祭祀仪式。《诗经·郑风·溱洧》就记载了春秋时的郑国，每逢阳春三月，男女秉执兰草，招魂续魄、祓除不祥的生动情景。

　　上巳至汉被确定为节。每逢该日，官民都去水边洗濯。不仅民间风行，连帝王后妃也去临水除垢，祓除不祥。后来，此俗又进一步演变为临水宴饮。魏晋以后，才将上巳正式改定为夏历三月初三，成为岁时节令中的重要节日。

"曲水流觞"是上巳节中派生出来的一种习俗，也即人们在举行祓楔仪式后，坐在水渠两旁，在上流放置酒杯，任其顺流而下，杯停在谁的面前，谁即取饮，彼此相乐，故称为"曲水流觞"。觞系古代盛酒器具，通常为木制，小而体轻，底部有托，可浮于水中。陶制的两边有耳，又称"羽觞"，因其比木杯重，玩时则放在荷叶上，使其浮水而行。这种游戏逐渐成为上巳节的一个重要组成部分。而令人感到有兴味的是，这种活动逐渐被文人们加入了独特的浪漫色彩，不仅饮酒，更需赋诗。

永和 9 年 3 月初 3 上巳日，晋代有名的大书法家、会稽内史王羲之偕亲朋谢安、孙绰等 42 人，在兰亭修禊后，临水赋诗，当时之盛传为千古佳话。当时，王羲之等在举行修禊祭祀仪式后，在兰亭清溪两旁席地而坐，将盛了酒的觞放在溪中，由上游而始，在曲折的溪流中漂流。当觞旋转或停顿，面对相邻的人便需即兴赋诗并饮酒。据载，这次游戏中，有十一人各成诗两篇，十五人各成诗一篇，十六人因未有诗作，各罚酒三觥。随即，王羲之将大家的诗集起来，用蚕茧纸，鼠须笔挥毫作序，乘兴而书，写下了举世闻名的《兰亭集序》，被后人誉为"天下第一行书"，王羲之也因之被尊为"书圣"。王羲之这次兰亭聚会，虽也举行修禊祭祀仪式，但其以吟诗作赋为主要内容的"曲水流觞"活动，对后世影响很大，使后世无数文人开始沉迷于类似的情怀表达方式。

因而，在那个渌水亭的聚会上，容若和他的朋友们临水而赋诗，观荷而写词。容若当场写下了《渌水亭燕集诗序》一文，文中表达了自己对汉家文化的热爱，他说："清川华薄，恒寄兴于名流；彩笔摇笺，每留情于胜赏"，又说："仆本恨人，我心匪石者乎。"这里，容若直接表白了自己乃失意抱恨之人，虽"身在高门广厦"，却"常有山泽鱼鸟之思"。

容若写罢，一帮来客纷纷欣然命笔，吟诗填词，"宁拘五字七言，不论长篇短制，无取铺张学海，所期抒写性情云尔。"当此之盛，各人诗酒相邀，务尽其欢，"尽日不教东阁闭，无时肯罢西园宴"，"一杯一杯又一杯，主人醉倒玉山颓。主人大醉卷帘起，招入青山把客陪。"渌水亭中，江南布衣和满族显贵，消泯了地位的悬殊，抹平了身份的差别，相互理解、平等相处，纵言高论，无所拘束。

这是容若要的生活，这是容若的江南。

康熙 21 年元宵节，容若与陈其年、严绳孙、朱彝尊、顾贞观、吴兆骞、姜宸英等人，同饮于花间草堂（即通志堂），作灯夕会。中席，容若笑道："不若我们以《沙灯图绘》为由，各为《临江仙》一阕。"

众人称善。起先，姜宸英和吴兆骞才写出一半，容若便道："某字于声未谐，某句调未合。"容若此言方出，"少时与客为长短句，亦不下百余曲"的猖介姜宸英，不觉气短，遂对吴兆骞道："此事终非吾胜场"，吴兆骞"亦笑起而搁笔"。

在同众多卓然不群的心灵的交锋之中，容若渐渐成为一个年轻的汉学名家。如同朱彝尊有《曝书亭词》、陈维崧有《湖海楼词》、严绳孙有《秋水词》、顾贞观有《弹指词》，容若也写出了清新隽永、哀感顽艳的《侧帽词》、《饮水词》，后世皆称纳兰词。

渌水亭是容若的乐园，也是这些寄居京城的江南人的乐园。

容若素性喜聚不喜散。然而，他却不得不面对一次次聚散。有些聚散，是缘于容若的侍卫身份。容若曾在《踏莎行》词中写道：

> 倚柳题签，当花侧帽，赏心应比驱驰好。错教双翼受东风，看吹绿影成丝早。
>
> 金殿寒鸦，玉阶春草，就中冷暖谁知道？小楼明月镇长闲，人生何事淄尘老。

他心中深怨驰驱扈从，贻误了他赏心悦目的时光，使他早生华发，销尽了他慧男子的锦绣心肠。

有些聚散，则是缘于他人的命运。参加"渌水亭雅集"的人们，大部分后来都曾入朝为官。而只要身居宦海，难免起伏。那时，清朝规定凡不得为官者，不能久居京城，于是，聚散便成了常事。容若的友人之中，严绳孙升为右春坊右中允，兼翰林院编修。任职期间，虽然这位被逼入仕的江南人参加"纂修明史，平定三逆方略，昼夜不辍"，并且"奉命典试山西，誓得真士"，但却思念故土，中心常悔。康熙 24 年，严绳孙退隐南归，居无锡县西洋溪畔，

溪上有藕荡桥，严绳孙自称"藕荡渔人"，以扫地焚香度过晚岁；朱彝尊被劾去官，后虽复官，但很快便辞官回到家乡，读书自娱，卒年81岁；朱彝尊，康熙20年充日讲起居注官。是年秋天，任江南乡试主考。康熙22年，入值南书房。自康熙18年至23年，朱彝尊深受皇帝宠爱，玄烨准他在紫禁城骑马，赐居于禁垣东边，还经常赏赐瓜果酒馔。他终于结束了四处飘零的生涯，在皇恩眷顾中幸福地读书藏书。而姜宸英，70岁时终成进士，授翰林院编修，72岁奉命主持顺天乡试。因御史鹿佑劾奏正主考李瑶受贿舞弊被牵连下狱，于狱中病死。

这些人，都曾带着满怀江南气息来到渌水亭，满足了容若对江南繁华的追想，但最终都烟消云散。

容若去世后，明珠府里，池亭冷落，词客星散。曾经绿水潋滟、朱荷绕门，如今逐渐萧瑟、破败。那些聚会时的陶然忘我，与别离时的情恸于中，皆成一梦。嘉庆年间，任丘诗人边袖石曾到什刹海寻访过渌水亭遗址而未果，写下了"鸡头池涸谁能记，渌水亭荒不可寻"的诗句。

君老燕南

人生南北真如梦，但卧金山高处。白波东逝，乌啼花落，任他日暮。别酒盈觞，一声将息，送君归去。便烟波万顷，半帆残月，几回首、相思否。

（《水龙吟·再送荪友南还》）

康熙 24 年春天，严绳孙再次踏入了渌水亭。

他在门外站立良久，迟迟不肯迈入明府。府内，容若坐在湖边，望着碧色的水沉思。近来他又感身体不适。此时，抱病的他在等待，等待一场无法挽回的别离。他知道，他的朋友，翰林院编修严绳孙将要"奉假南归"。严绳孙这次南归，名义是"奉假"，实际是辞官。

他为何要走？是已厌倦这北风中的江南吗？还是思念故土，渴望回归？容若听到了令他心惊的脚步声。严绳孙出现了，这是为了告别的出现。

容若上前一步，握住严绳孙的手，说不出话来。严绳孙强自笑道："成哥儿可还记得当初在这渌水亭？"他也哽咽，说不下去了。

从任职的第一天起，严绳孙就知道会有这么一天。从来到京城的那一日，他就已经准备离去。在他心里，从来没有真正将这巍峨的京城当成自己的故土。

然而，他必须来，朝廷看似温和的邀请里暗藏杀机。作为个体，是无法同整个体制抗衡的。他毕竟已经是清朝的子民，虽然有一段属于前朝的过去，但是，他不曾出仕，在政治履历上，他是干净的，他可以坦然地接受清王朝的任命和眷顾。不仅仅是坦然，也是必然。

他也有太多的无法离去：这渌水亭，这渌水亭中含笑的青年，也是他不忍

离去的理由。

　　他延宕着，既要给朝廷一个交代，也要给自己在这北地江南中得到的慰藉一个交代。直到朱彝尊降级、秦松龄夺职，严绳孙感到，自己应当离去了。

　　容若道："竹垞先生降职之事，真出乎意料。万没料到，高先生竟会如此……"

　　严绳孙缓缓摇头："这事不意外。自从高士奇由明相荐举，得了皇帝爷的赏识，朝夕之间便成了中书舍人、赐鸿博出身，入值南书房，这人就变了。他原本于学问"粗有间架，了无深入之功"，却又喜在公卿间招摇，自然得罪了不少人。我们这批人里，对他不满的尤其多。他渐渐地也就听说了，这次，只不过是杀鸡骇猴，逞威风之余，也是教这些人往后不敢小瞧他。"容若听了，不住摇头，道："只不过自取其辱，竟至如此报复，竹垞先生未免太冤。"

　　严绳孙看着容若道："朱竹垞却也不冤。他这事，跟另一个人还有关系。说起来，这个人，成哥儿也认识。"

　　容若沉思了一会儿，道："难道是徐？"

　　严绳孙点点头，道："正是，这也是个小人。朱彝尊搞成今天的样子，他可出了不少力。"

　　容若道："这么说来，是这徐嘉炎与族叔徐善为高士奇代作《春秋地名考略》一书，竹垞先生看不过眼，便作《咏史》二诗讽之，如此便开罪了高士奇。高士奇恼羞成怒，嗾使掌院学士牛纽对朱彝尊进行报复。"

　　严绳孙道："看起来这因果便是如此，但还不止。你还记得你同梁汾编《今词初集》的事吗？"

　　容若道："记得。啊……原来如此。"

　　严绳孙道："便是如此，那秦松龄的事，也是这二人一手炮制的。"

　　容若见说，不住点头又摇头。

　　见容若明白过来，严绳孙便叹息着不说了。

　　原来，朱、秦二人，都是典型的江南文人，恃才傲物，人与之相处，往往动辄得咎。当初朱彝尊有位同乡，名叫徐嘉炎，也是"鸿博"科试子、翰林院编修。徐嘉炎原本词写得不错，著有《玉台词》。当年"渌水亭"开建词社，曾有人将徐举荐给容若。后来容若与顾贞观同辑《今词初集》，在初稿中

已选徐词多首，并曾向徐出示过。徐嘉炎在《玉台词记》中，还颇为自豪地记载过此事，有"开亭渌水，雕镂梁溪，几成终南捷径"之语。但不久因徐嘉炎与朱彝尊二人争名成隙，也间接影响到其和容若的关系，因而在最后刊刻出来的《今词初集》中，徐作竟弃之不录："先选词，后见绝。"那徐嘉炎不敢得罪容若，却把这笔账算到了朱彝尊头上。

徐嘉炎后来依附翰林院侍读学士高士奇。高士奇也是浙江人，早年因家境贫困而流寓京师，以卖字画度日。适逢纳兰明珠在厂肆中看到他写得一手好字，就延至府中指导容若书法。容若与高士奇颇多唱酬，由于容若的关系，高士奇与朱彝尊、秦松龄、严绳孙亦有唱酬。

除了因朱彝尊不留情面的嘲讽之外，高士奇和徐嘉炎对秦松龄下手的原因，则是因为秦不给面子。高士奇曾将所著《扈从东巡录》，嘱徐乾学求秦松龄为其作序，秦未应，徐只好自己写了一篇。于是，高士奇心深恨秦，终于在"甲子顺天科场之狱"事件上"密为主之"，借事生风。其实，该案并无关节弊端，只是个别试卷中出现文体不正、文理悖谬的现象，以此坐罪，确实冤枉。

朱、秦之事都发生在康熙23年。朱彝尊因为携楷书手王纶入史馆私录四方经进书，为掌院学士牛纽所劾，以"漏泄"罪降职。秦松龄则因为主持甲子顺天乡试以有情弊被究夺职。

这两个人，都是在康熙18年同严绳孙一起被举荐参加博学鸿儒科考试，又同入翰林院为编修。两个人的遭遇其实都属于在政治斗争中落败。

兔死狐悲，这两件事接连发生，使一贯有山林之志的严绳孙感到了危险，他因之下定了离去的决心。

这一天，容若和严绳孙两个人，对着渌水亭碧色的湖水，"相与叙生平之聚散，究人事之始终。语有所及，怆然伤怀久之。"

康熙23年冬，典顺天武闱乡试事竣之后，严绳孙即提出请假回乡，尽管皇帝对他还提出"望日夕进用"的挽留之言，他还是毅然抽身退步，离开了喧争之地。

在朱、秦事件上，容若凭借着父亲昔日对高有过知遇以及自己与高之间的师友关系，从中斡旋，方保证朱彝尊不去职、秦松龄不入狱。要知当时，明珠

与索额图互相倾轧已两败俱伤，高士奇依仗着圣祖宠信，权势日盛，足与明珠相抗衡。

然而，他无法阻止严绳孙的南归。他也不能阻止。

这天，是严绳孙离京的日子，容若设宴为他送别。席上，容若始终难过。

严绳孙咏道："不是恩深便拂衣，涓埃生死报应稀。吴牛避热先愁喘，宋鹢冲风且退飞。十载青云双凤阙，三春红雨一渔矶。去来我亦无心者，何必从人定是非。"

从前，中国的水牛多生长古吴地，即长江、淮河一带，称吴牛。吴牛怕热，只要一见到太阳，便全身发热，喘个不停。以至于它在看到同样挂在天上的圆月时，误以为是太阳，也立刻吓得喘起气来。这种情形，同杯弓蛇影是一个道理。

《世说新语》里记载了晋武帝时一个叫满奋的人的故事。此人怕冷，尤惧冷风。一日入宫朝见，见宫里的琉璃窗户极薄，不禁发起抖来，脸色变得很苍白。武帝怪之，追问其原因，满奋据实以答。武帝听完大笑，道："琉璃窗不过实密似疏。"满奋羞惭，自嘲道："臣犹吴牛，见月而喘。"

严绳孙自比吴牛，实则同满奋一般，睹朱、秦之悲而物伤其类。

当夜，容若将严绳孙送至城门外，他口占一诗：

> 半生余恨楚山孤，今夜送君君去吴。
> 君去明年今夜月，清光犹照故人无？

严绳孙闻听此诗，眼里立刻涌起泪水。他勉强忍住，道："成哥儿保重，他日江南相见……"说罢抱拳而去。

严绳孙一路行着，一路回想容若刚才所咏诗歌，想到"君去明年今夜月，清光犹照故人无"，心中深觉难过和不安。他想："此诗太过伤感，实为不详。"

官场倾轧，朋友的渐次离去，渌水亭的逐日冷清，令容若怅然若失。严绳孙走后，容若独自在渌水亭畔，枯坐良久。没有人知道他在想什么。

这日，容若又在渌水亭畔流连，他想，严绳孙终摆脱樊笼，远在江南，此

际不知正如何潇洒？

回到书房，容若写道：

藕荡桥边理钓筒，苎萝西去五湖东，笔床茶灶太从容。
况有短墙银杏雨，更兼高阁玉兰风，画眉闲了画芙蓉。

容若将词作封好，遣人送江南严绳孙。

是夜，容若梦到自己到了江南，见到了友人严绳孙。在漂荡的小船上，他们握手言欢。然而，还未说上两句话，梦醒了。容若细细回想着梦里的一切，直到东方既白，鸡鸣四起。

乌衣巷口

康熙 20 年 7 月，顾贞观奔母丧南还。临走之前，他给仍在宁古塔的吴兆骞去了一封信。此时，在容若的再三努力之下，须发尽白的吴兆骞终于接到了赐还的诏书。

顾贞观在去信中写道："容兄自丙辰以来，即身任为吾兄作归计……知己之感，令人洒泪，此岂汉人中所可得者？……此举相公乔梓实费苦心……吾兄归当备悉之。容兄急欲晤对，一到祈即入城，前世宿缘，定知倾盖如旧也。"

康熙 20 年 11 月，身陷宁古塔 20 余年的吴兆骞终于在有生之年活着入关，容若重然诺，"思有以谋归汉槎"，实现了对顾贞观许下的"五载为期"的承诺。

年底顾贞观重入京，与吴兆骞相拥而泣。

归京后不久，吴兆骞入住明珠府，授揆叙、揆芳馆学，以回报容若父子的谋归之恩。当日，明珠设宴招吴兆骞小饮。宴罢，微醉的吴兆骞来到了容若的书房，见粉壁大书曰："顾某为吴汉槎屈膝处。"吴兆骞睹之，回想半生飘零及顾贞观等温暖友情，不禁大恸而哭。其肝肠寸断之声，闻者无不洒泪。

这年元月，容若与陈维崧、吴兆骞、顾贞观等宴集花间草堂。不久，顾贞观便回到了南方。

康熙 23 年，至此，容若已经做了 6 年侍卫。这是他一生中最黄金的年代，

却消磨在扈从与伫立中。在这消磨里，容若的经世之心渐渐远去了。

他越来越向往江南。

也许是容若的愿望太过强烈，康熙23年深秋，容若扈从康熙皇帝南巡，一向谨言慎行的纳兰侍卫不禁喜形于色。因为，他们即将途经无锡，容若心目中之江南。这是容若第一次，也是一生唯一一次江南之行。

"是日启行，往江宁府，驻跸无锡县南门。二十八日庚申，上幸观惠泉山。"那天早上，玄烨带着随从游览了惠山。有关这次游览，玄烨有诗为证，首二句云："朝游惠山寺，闲饮惠山泉。"下山后，扈从队伍即登舟从水路往丹阳开发，当晚，驻跸丹阳县南门。

而这次无锡之行中，容若也同样写了一首游惠山的诗，诗云：

> 九龙一带晚连霞，十里湖光载酒家。
> 何处清凉堪心骨，惠山泉试虎丘茶。

君臣眼中的惠山似乎不同，一个是朝游，一个是晚至。原来，就在玄烨游惠山的前一晚，一位神秘人物，陪同纳兰侍卫，先行游历了惠山。这个人是容若毕生最相知的朋友顾贞观。

容若的友人里有很多无锡人，但那时他们均在京城，唯有顾贞观在这一年的夏天由吴兴归无锡故里。这似乎证实了冥冥之中，两人与众不同的缘分。顾贞观当时本应容若之邀，准备于秋天动身去京，却在这时传来了康熙皇帝即将南巡的消息。没有谁比顾贞观更了解容若的江南之心，他猜测着，这次康熙南巡应该会带容若同行。果然，他很快接到约他江南相见的来信，那是在容若扈驾启程的前一天写给他的信。于是顾贞观立刻改变进京的日程，留在无锡恭候南巡队伍的到来，目的是为了接待他的朋友纳兰容若。

康熙南巡事关重大，曾任湖州知府的吴绮在《募修香界庵疏》中记载了这件事："兹幸梁汾居士，偶返故山；念彼楞伽山人，实为好友。解骖赎客，脱才子于流离；置驿延宾，以名流为性命。负信陵之意气，而自隐于醇酒美人；有叔原之词章，而更妙于舞楼歌扇。昔经斯地，愿把臂以入林；遥指此峰，可同心而籍卉。"

　　就这样，顾贞观和容若二人，得以在故人故里，与故人"把臂以入林"，同游惠山，一偿容若夙愿。

　　那是一次极为快意的游山。两人登上惠山顶，远眺太湖"十里湖光"，又在山间小憩，品尝惠山泉水冲泡的"虎丘茶"。这次江南之行，是容若宦从生涯中第一次充满喜悦的行程，他无法遏制自己的欣喜若狂，先后写下了十首《忆江南》：

　　　　江南好，建业旧长安。紫盖忽临双鹢渡，翠华争拥六龙看。雄丽却高寒。

　　　　江南好，城阙尚嵯峨。故物陵前惟石马，遗踪陌上有铜驼。玉树夜深歌。

　　　　江南好，怀古意谁传？燕子矶头红蓼月，乌衣巷口绿杨烟。风景忆当年。

　　　　江南好，虎阜晚秋天。山水总归诗格秀，笙箫恰称语音圆。谁在木兰船。

　　　　江南好，真个到梁溪。一幅云林高士画，数行泉石故人题。还似梦游非？

　　　　江南好，水是二泉清。味永出山那得浊，名高有锡更谁争，何必让中泠。

　　　　江南好，佳丽数维扬。自是琼花偏得月，那应金粉不兼香。谁与话清凉。

　　　　江南好，铁瓮古南徐。立马江山千里目，射蛟风雨百灵趋。北顾更踟躇。

　　　　江南好，一片妙高云。砚北峰峦米外史，屏间楼阁李将军，金碧蠹斜曛。

　　　　江南好，何处异京华？香散翠帘多在水，绿残红叶胜于花。无事避风沙。

　　这次江南之行，容若不单见到了江南美景，还邂逅了一位江南独居性灵的

女子。说起这位女子，正与顾贞观有关。此前，顾贞观在客居湖州的日子里遇见了一位奇女子。这位女子名叫沈宛。沈宛，字御蝉，浙江乌程人，乃一歌伎，颇有才华，著有《选梦词》刊行于世，当时居于湖州。

顾贞观到湖州不久，便听闻此女艳名，后辗转读到该女子的词作。顾贞观原以为风尘女子的词作，不过秾丽艳情，博人怜爱而已。孰料一读之下，竟清新如斯："黄昏后，打窗风雨停还骤，不寐乃眠久。渐渐寒侵锦被，细细香消金兽。添段新愁和感旧，拼却红颜瘦。"

后来，当顾贞观见到沈宛便更加讶异。原来这沈宛生得极其婉媚而不俗，因知书达理，举手投足之间别有一种风流，全无风尘之气，倒似一枝清荷立于沼泽之中。

于是，顾贞观在一次给容若的信里，提到了这女子。顾贞观的来信，不但激起了容若心底深处的江南情结，也激起了他对卢氏的追忆。

卢氏故去后，容若的心情其实从未真正平复。醒时梦里，清晨黄昏，在容若的每个呼吸里，卢氏都存在着：或明或暗……他渐渐习惯活在对卢氏的想念里，不为人知却又不肯放弃。每逢卢氏生辰、死忌，容若都在内心深处静静地怀念她，有时，他会背了人流泪。他写下了一首首悼亡词：

> 知己一人谁是？已矣。赢得误他生。有情终古似无情，别语悔分明。
> 莫道芳时易度，朝暮。珍重好花天。为伊指点再来缘，疏雨洗遗钿。

康熙 19 年 5 月，卢氏亡故 3 年的忌日，他还在问：

> 此恨何时已。滴空阶、寒更雨歇，葬花天气。三载悠悠魂梦杳，是梦久应醒矣。料也觉、人间无味。不及夜台尘土隔，冷清清、一片埋愁地。钗钿约，竟抛弃。
> 重泉若有双鱼寄。好知他、年来苦乐，与谁相倚。我自中宵成转侧，忍听湘弦重理。待结个、他生知己。还怕两人俱薄命，再缘悭、剩月零风里。清泪尽，纸灰起。

　　岁月的流逝并未能冲淡他对卢氏的情意，人到中年，卢氏在他心中栩栩如青春：

> 谢家庭院残更立，燕宿雕梁，月度银墙，不辨花丛哪瓣香。
> 此情已自成追忆，零落鸳鸯，雨歇微凉，十一年前梦一场。

　　这些词句，仿佛容若心底流出的生机，使他在回忆中、追念里，耗尽了自己的情义。即使过往已经随卢氏的坟茔而埋葬，他却还要坚持着，年少夫妻间知己般的恩爱，容若像是永远没法遗忘了。

　　容若对卢氏的怀念，似乎还因为同卢氏相伴的那段时光是他一生中最美好的岁月。虽然那时容若错失了殿试，虽然那时容若不被任用，虽然那时他似乎是个无用的男子，然而他却拥有一生最快乐而满足的心境。自那之后，他渐渐被套上了命运的绳索，失去自由，唯唯诺诺。

　　固然，他对官氏是有感情的，但那是近似亲情的感情，因为从未曾热烈过，也就毕生无法热烈。

　　容若对于卢氏的感情和那段岁月的执着，只有顾贞观最为清楚。因此，当顾贞观在湖州见到沈宛的情思容貌，便有了为她和容若撮合之意。顾贞观思之再三，在一封给容若的去信里录了几首沈宛的小词。

　　当容若拆开信，一阵似曾相识的芬芳使他惊愕了。一纸信笺掉了出来。容若拾起信笺，胸口好似被剧烈地撞击了一下，信笺上的小字，清雅一如当年卢氏手笔。容若想："难道卢氏的灵魂回来了？"容若逼自己镇静下来，再细细看去。

　　容若平静之后，明白那并非出自卢氏，其字迹虽有卢氏的文雅，却又在文雅之中另有一番清丽。他读着信上的词，"渐渐寒侵锦被，细细香消金兽。添段新愁和感旧，拼却红颜瘦。"是的，这般伤感并非卢氏，卢氏不曾也不善作此哀辞。然而，那种心与神会是一样的。

　　容若就这样开始追寻沈宛。沈宛的出现，使容若的心底生出了最后的渴望，他甚至暗暗期望沈宛是卢氏的重生。于是，他给顾贞观回信道："吾哥所识天风海涛之人，未审可以晤对否？弟胸中块垒，非酒可浇，庶几得慧心人以

晤言消之而已。沦落之余，久欲葬身柔乡，不知得如鄙人之愿否耳？"之后，在顾贞观居中联络之下，容若同沈宛开始书信往来，并渐生情愫。

康熙23年9月，顾贞观携沈宛赴京。岁暮，容若纳沈宛为妾。当时来贺的友人，皆惊讶于沈宛的才貌，以为其"丰神不减夫婿"。

沈宛的出现，是容若生命中最后的惊喜。他料不到沈宛同卢氏竟那样相似。同样的婉媚，甚至有更高妙的诗情。容若的重逢之梦仿佛真的实现了。他满怀期望，无聊尘事之余，可得佳偶慰藉彷徨。

然而，沈宛乃汉家女儿，又是歌伎出身，她的卑贱不容于坐落在槐树斜街的宰相府，容若从来不曾成功反抗自己身份带来的无奈，只得在德胜门外另置一曲房安顿沈宛。

对于容若的安排，沈宛并不埋怨，她怜惜这忧郁而脱俗的公子，如同怜惜自己那难以逃脱的命运。她不去想未来种种，只想此刻倾心。两人但凡有暇便沉溺诗词之乐，两颗飘零的心在命运的夹缝中相知互怜，感情颇为融洽。

然而这一切，到次年春天便戛然而止。当容若再一次出现在德胜门外时，沈宛消失了，随之一起消失的，还有她腹中容若的骨肉。那是容若并不知晓的骨肉。

沈宛回到了江南。容若生命中最后的安慰，就这样带着对他的情感和无奈，在宰相门第的威严之下怅然离去了。

站在德胜门外，容若只是无言地流泪。这一次，他再度毫无反抗地接受了命运。沈宛走后，容若常独自呆坐，充满内疚地思念她：

> 欹角枕，掩红窗，梦到江南伊家，博山沈水香。溮裙归晚坐思量，轻烟笼翠黛，月茫茫。

容若不知道，沈宛从来没有怨过他。她本是在命运的獠牙中求生的女子，知道如何看幸福来去。她痛苦着，然而也淡然着："难驻青皇归去驾，飘零粉白脂红。今朝不比锦香丛。画梁双燕子，应也恨匆匆。　　迟日纱窗人自静，檐前铁马丁冬。无情芳草唤愁浓，闲吟佳句，怪杀雨兼风。"

如江南缠绵不明的烟雨惆怅，沈宛同容若就此告别，再也没能重逢。

我是人间惆怅客

　　成容若君度过了一季比诗歌更诗意的生命，所有人都被甩在了他橹声的后面，以标准的凡夫俗子的姿态张望并艳羡着他。但谁知道，天才的热情却反而羡慕每一个凡夫俗子的幸福，尽管他信手的一阕词就波澜过你我的一个世界，可以催漫天的焰火盛开，可以催漫山的荼蘼谢尽。

Chapter 10

我是人间惆怅客

剑上飞花凝泪痕，蔷薇落尽已
三更，听箫深院月黄昏。
我是人间惆怅客，知君何事泪
纵横。断肠声里忆平生。（《浣溪
沙》）

同沈宛的一场萍水之缘，使容若心底原本存在的一个空洞变得更大了。那是自寒花开始的破碎，卢氏的死曾无限地扩大了这破碎，而今，沈宛的离去让这破碎渐成蔓延之势。"而今才道当时错、何如薄幸锦衣郎、薄情转是多情累、多情自古是无情"，这是容若对几位在自己生命中来去的女性全部的心情。

所有曾经给过容若温暖的往事已经远去了，理想已变成灰烬，爱情也无一圆满，容若的生命开始逐日消瘦：

谁翻乐府凄凉曲，风也萧萧，雨也萧萧，瘦尽灯花又一宵。
不知何事萦怀抱，醒也无聊，醉也无聊，梦也何曾到谢桥。

康熙 24 年 5 月 23 日，严绳孙走后一月，渌水亭再一次热闹起来。

沈宛南归之初，容若情绪十分低落，虽然不似卢氏病逝时那样形于外，但他的沉默显然比那时更令人感到不安。明珠看在眼里，深觉不详。

这一日，明珠刚回到府里，安三笑嘻嘻地迎了上来，一边伺候着，一边道："成哥儿今日精神不错，叫了几个小的在园子里种花呢。"明珠闻言，眉头一皱，问，"种什么花?"安三道："可不就是成哥儿老看的那两株合欢，说

是要动动土，好教少奶奶高兴。"明珠问："哪个少奶奶？"安三本是乐颠儿地来报喜，听明珠这么一说，心里"咯噔"一下，心道不好，嘴里却还是笑着："哪还能有第二个少奶奶？"明珠面上一黑，瞪了安三一眼，他方才不言语了。

安三的话并没有让明珠放心，相反，他的心更揪了起来。他清楚容若同官氏之间的平淡情形，并深知容若在沈宛去后，更加不可能对官氏心生更多的爱悦。那么，容若口中的"少奶奶"除了故去的卢氏不会有别人。想到这里，明珠的眉头皱得更紧了。

晚膳时，容若看上去的确精神不错，饭量也多了一些。明珠试探道："成哥儿别尽顾着自己吃，我看少奶奶最近清减了，倒劝少奶奶多吃些。"容若便依言给官氏夹菜，明珠见容若并无异状，倒想大约是自己多心了。定睛看时，容若却若有所思，并顾自微笑，这笑容使明珠更加疑心了。

自此之后的几个月里，外人看去，容若精神还算爽朗，也按时入值，侍奉皇上并未出什么乱子，只不大跟人说话，有空便去侍弄他的花草，尤其是那两株合欢，但凡晴好的夜里，容若倒有大半时间是对着那两株植物过的。明珠想，容若对植物这样殷勤，总是不妥的。但哪里不妥，却又说不出。

看起来，沈宛走后，明府的一切都很平静，但这平静里却有令人无法言喻的不安。

不久的一天，容若将要入值，一切都收拾停当，行到门口，忽然便病倒了。这病来得奇怪，明珠总觉惊慌。然而容若除了不能坚持入宫侍奉皇帝，也未见得有病重的样子。单是全身无力，腿脚发冷，都是些一贯的寒疾症状，太医也来看过，说并无大碍，开了些平常的方子便去了。

明府里的人大多以为容若的病和从前一样，将息几日便好。唯有明珠心中不安，他悄悄端详容若，见他显然周身倦怠，可是精神甚至比生病之前更见矍铄。明珠悄悄同觉罗氏说了，两人都来看容若。容若倒像很轻松，净拿话安慰额娘阿玛。出了门来，明珠对觉罗氏道："成哥儿的眼睛倒比平常更清亮些。"说这话时，明珠心里的不安更深了，不由自主叹了口气。但他也只是盼着容若早好，不愿深究。其实，那时的容若已是回光返照的迹象。

这一日，容若求父亲邀渌水亭的常客们来，说是病了几日，觉得寂寞，想热闹热闹。明珠自是满口答应，立刻差人去请。不一会儿，梁佩兰、顾贞观、

260

姜西溟、吴天章、朱彝尊等人都来了。因为容若病中，他们没有像往日一般泛舟渌水之上，而是应容若所求，围坐于园中两棵夜合欢旁，分题歌咏。合欢属落叶乔木，叶呈羽状，夜合晨舒，象征美好，常被文人视为释忿解忧之树，也多咏词。

容若斜倚病榻，形容憔悴，但精神却很亢奋，他率先写下了一首五律：

> 阶前双夜合，枝叶敷华荣。疏密共晴雨，卷舒因晦明。
> 影随筠箔乱，香杂水沉深。对此能销忿，旋移迎小楹。

容若写罢，已有些不支，他强作欢颜，指着合欢树道："此两株，乃成德手植，如今已亭亭如盖。《花镜》上说：'合欢，一名蠲人忿，则赠以青裳。青裳一名合欢，能忘忿'。嵇康的《养生论》也尝谓：'合欢蠲忿，萱草忘忧。但愿成德同各位能常在一处，饮食喝酒解忧。'"

众人见容若形容已灰，且言辞惨切，知他近日身体欠安，且心境萧瑟，均觉不忍，纷纷拿话劝解。容若只是微笑看着众人，却不答话。

那日参与聚会的人，每当回忆起当天的情形，都记得容若时而明亮时而黯淡的表情。他们只当他在病中，未免更加多愁多情，谁都没有想到，那一日竟是容若在同他们一一告别。

合欢树下聚会的次日，容若便卧床不起，不时昏迷，一连数日。这日，在朦胧的昏睡中，容若感到一双温暖的手握住了自己。他努力睁开眼睛——是徐乾学，他的恩师，那个带领他走进江南的人。

容若见了徐乾学，忽然涨红了脸，一下子清醒过来。他挣扎着半坐起来，用力对徐乾学道："先生来得正好，学生有话跟先生讲。学生承先生之教，思钻研古人文字，以有成就，今已矣。生平诗文不多，随手挥写，辄复散佚，不甚存录。辱先生不鄙弃，执经左右，十有四年。先生语以读书之要，及经史诸子百家源流，如行者之得路。然性喜作诗余，禁之难止。今方欲从事古文，不幸遘疾短命，长负明诲，殁有余恨。"

容若说完这一大段话，已是精疲力竭，随即颓然倒在床上。徐乾学听容若此言，竟像是临终之语，心下大恸。他年事已高，生平以容若为弟子中翘楚，

261

只因同明珠有隙，不肯轻易踏入明府，今日一见容若，不想竟似要诀别一般，只觉地转天旋，便要摔倒。

容若已是又昏了过去。

徐乾学给人扶回府中，只是叹息，整晚都难以入眠。

容若的病越发严重。严绳孙、顾贞观、姜宸英等人都来了。他们守在容若的病榻前，无一人肯稍离，看着容若日渐萎缩的生命，谁的心里都似被剜了一块去了。

容若自此一病不起，"七日不汗"，发烧不退。朦胧中，容若觉得自己身子飘浮了起来，飘进了一团潮湿的雾里。雾霭中，容若看见卢氏正笑吟吟地望着自己，她的脚下是朵朵盛开的莲。容若感到心里一阵安详，他想向卢氏走去，却发现自己身在虚无之中，此时有一位女子无声地穿越雾霭而来，不知何故，容若停了下来，他尚在张望，忽见女子已远去了，空中传来一阵合欢花的香气。等他努力要寻那处时，那香气却一阵烟似的消失了。容若心里发紧。这时，他发现卢氏不见了，但又分明感到了一种注视。容若努力回想，想起那是沈宛清丽的眼神，但也倏忽过去了。什么都抓不住，只是这样匆匆来去。容若觉得这时自己是走在地上了，但他感到很吃力，难以迈步。忽然，惠贵人的声音响起了，容若只听她道："成哥儿何必用情太深，难道不知枝上柳绵，总有吹去的一天？"容若闻言，迷离之间被说中了心事，只觉好生气苦，胸中剧烈绞痛，他站立不稳，全身热血便要奔涌而出，容若用力支撑，但终于昏了过去，在昏迷的瞬间，他依稀看到了官氏悲戚的脸。

容若再也没有醒来。在经历了七日七夜的昏迷之后，没有同额娘阿玛以及他最后的妻子官氏道别，容若溘然长逝。他的朋友们相信，他们曾经目睹容若在临终之际，曾努力望向窗外，他也许是在遥望园里的合欢，也许是在遥望他毕生魂牵梦萦的江南。那一天，园子里的合欢花漫天飞舞，容若带着一腔凄凉和不世才华，在双亲模糊的泪眼中，在天子殷勤的问候中，在他的江南友人焦灼的情义中，和着合欢的梦中，永远离去了。

他走的那一天，是康熙24年5月30日，也是卢氏逝世8周年忌日。这一年，容若31岁。这位满怀惆怅的人间过客，终于用尽了最后的情感，蔷薇落尽，雪花飘零。

剑上飞花凝泪痕，蔷薇落尽已三更。听箫深院月黄昏。

我是人间惆怅客，知君何事泪纵横。断肠声里忆平生。

　　容若去后不久的一个晚上，他最挚爱的友人顾贞观梦见了他。顾贞观看到容若在梦中向他告别道："文章知己，念不去怀；泡影石光，愿寻息壤。"是夜，其嗣君举一子。梁汾就视之，面目一如侍中，知为后身无疑也。心窃喜甚。弥月后，复梦侍中别去，醒起，急询之，已卒矣。顾贞观悲痛而不肯赋诗，道："呜呼，容若已矣！余何忍复拈长短句乎？"

　　而容若的异姓昆弟张纯修，当容若离世之际，已任扬州府江防同治，因远离京师，未能一哭寝门，以为终生憾事。自那之后，张纯修"每画兰，必书容若词"——"太虚游刃不见纸，万首自跋纳兰词。数往事，辄相太息，或不可止。"

　　得知噩耗的那一晚，容若一生最后的爱恋——沈宛，独对苍穹，将清泪统统洒入无尽的太湖之中。沈宛在容若最爱的江南生下了他的孩子，一边以词作抚慰她心中的伤痛，一边抚养孩子长大。光阴荏苒，岁月蹉跎。据说，这个叫富森的遗腹子70岁时曾被乾隆邀上太上皇所设的"千叟宴"。不知当他踏足京城之际，是否想起并原谅了他那多愁多病而又天才早夭的父亲？

　　康熙30年，徐乾学于同明珠南北党之争如火如荼之际，仍为已不在人世的容若辑刻《通志堂集》，并含泪作序。后来，张纯修同顾贞观两人聚于广陵署语石轩，一起整理了容若遗作，刊成《饮水诗词集》。又共曹寅一道，三人于楝亭宴集，秉烛夜话，追念容若。触绪伤怀之时，曹寅写道："家家争唱饮水词，纳兰心事几曾知？"